Das Recht der Pfandbriefe und Hypothekenbanken in Vergangenheit und Gegenwart

Forschungen zur Wirtschafts-, Finanz- und Sozialgeschichte

Band 7

PETER LANG
Frankfurt am Main · Berlin · Bern · Bruxelles · New York · Oxford · Wien

Leopold-Michael Marzi

Das Recht der Pfandbriefe und Hypothekenbanken in Vergangenheit und Gegenwart

PETER LANG
Frankfurt am Main · Berlin · Bern · Bruxelles · New York · Oxford · Wien

Die Deutsche Bibliothek - CIP-Einheitsaufnahme

Marzi, Leopold-Michael:

Das Recht der Pfandbriefe und Hypothekenbanken in Vergangenheit und Gegenwart / Leopold-Michael Marzi. - Frankfurt am Main ; Berlin ; Bern ; Bruxelles ; New York ; Oxford ; Wien : Lang, 2002
(Forschung zur Wirtschafts-, Finanz- und Sozialgeschichte ; Bd. 7)
Zugl.: Wien, Univ., Diss., 2001
ISBN 3-631-37830-0

ISSN 0941-4754
ISBN 3-631-37830-0

www.peterlang.de

Inhalt

Abkürzungsverzeichnis

Abs	Absatz
AG	Aktiengesellschaft
ALR	Allgemeines Landrecht
Art	Artikel
BGB	Bürgerliches Gesetzbuch
BGBl.	Bundesgesetzblatt
CA-BV	Creditanstalt-Bankverein
dEGKO	(deutsches) Einführungsgesetz zur Konkursordnung
dKO	(deutsche) Konkursordnung
EWR	Europäischer Wirtschaftsraum
EU	Europäische Union
GBl. f. Ö.	Gesetzblatt für Österreich
HBG	Hypothekenbankgesetz
iVm	in Verbindung mit
LGBl.	Landesgesetzblatt
lit	litera
NÖ	Niederösterreich
RGBl.	Reichsgesetzblatt
Z	Ziffer

Vorwort

Das vorliegende Werk stellt den Versuch dar, die Geschichte des Pfandbriefs und der Hypothekenbanken von ihren Anfängen bis ins Jahr 2000 darzustellen. Da die Geschichte des Pfandbriefs in der 2. Hälfte des 18. Jahrhunderts beginnt, umfaßt der Beobachtungszeitraum mehr als zwei Jahrhunderte.

Wenngleich primär die Entwicklung des österreichischen Pfandbriefs Thema dieser Arbeit ist, kann auf Grund der historischen Fakten nicht an einer Beobachtung der deutschen Pfandbriefe vorbeigegangen werden, da im Laufe der Geschichte wechselseitige Beziehungen nachgewiesen werden können.

Der Aufbau der Arbeit folgt im wesentlichen der zeitlichen Schiene vom 18. Jahrhundert bis in die Gegenwart, dennoch muß immer wieder zum besseren Verständnis die strikte Chronologie durchbrochen werden, um das Verständnis für Zusammenhänge deutlicher herausstreichen zu können.

In gewisser Weise stellt die vorliegende geschichtliche Aufarbeitung eine absolute Novität dar, da eine umfangreiche Zusammenfassung des Pfandbriefwesens von seinen Anfängen bis in die Gegenwart nicht vorhanden ist. Zwar ziehen manche der zitierten Autoren einen zeitlich weit zurückgehenden Bogen, dennoch sind ihre Ziele andere, etwa die historische Entwicklung eines Hypothekenbankinstituts darzustellen, das seine Wurzeln im vorigen Jahrhundert hat. Dennoch fehlte es bisher an einer auch die Rechtsquellen der vergangenen Jahrhunderte berücksichtigenden Gesamtschau.

Die angestrebte Breite der Arbeit steht freilich auf Grund der großen Masse an historischem Material (etwa Landtagsprotokollen, Gesetzesentwürfen und dergleichen) in einem ständigen Konflikt mit der doch nötigen Straffung, nicht zuletzt deshalb, weil ein allzu umfangreiches Eingehen auf die historischen Details den Leser wohl eher abschrecken würde. Es wurde daher versucht, bewußt Schwerpunkte zu setzen, einige Details näher zu betrachten, andere aber eher kursorisch bloß anzudeuten.

Im Gegensatz zum reichlich vorhandenen Primärquellenmaterial gibt es - in Österreich - wenig Literatur zum Pfandbriefrecht. Dies verwundert umso mehr, als es sich beim Pfandbriefrecht um eine Materie handelt, die vielfältige Querbezüge aufweist, etwa zum Grundbuchsrecht, zum Konkursrecht, aber natürlich auch zum besonderen Verwaltungsrecht und nicht zuletzt auch zum EU-Recht.

Der Autor ist sich der Unvollständigkeit seines Werkes insofern durchaus bewußt, als etwa eine vollständig durchgängige Betrachtung der historischen

Entwicklung in Deutschland bis zur Gegenwart nicht geboten wird. Dies ist aber insofern vertretbar, als sich die deutsche Rechtslage seit 1900 in Wirklichkeit nur marginal verändert hat. Ebenso war es im gebotenen Umfang nicht möglich, jedes einzelne Institut bis ins Detail historisch zu betrachten.

Wenn es aber durch diese Arbeit ermöglicht wird, sowohl historische als auch rechtliche Zusammenhänge im Hypothekenbankwesen klarer sichtbar zu machen und die wertpapierrechtliche Sonderstellung des Pfandbriefs übersichtlich und transparent darzustellen, ist wohl schon einiges erreicht.

Die Quellensammlung umfaßt einen Zeitraum bis inklusive 1999, insbesondere wurden noch die Bilanzergebnisse 1999 der Hypothekenbanken, die im Frühjahr 2000 veröffentlicht wurden, eingearbeitet.

Wien, im September 2000

1. Kapitel: Die Anfänge des Pfandbriefs

I. Frühformen des Realkredits

1. Vorbemerkung: Die Reallasten[1]

Unter Reallasten versteht man Rechte auf wiederkehrende Leistungen, gerichtet gegen den (jeweiligen) Eigentümer eines Grundstücks, wobei die Leistungen in Naturalien, Diensten oder Geld bestehen konnten und entweder regelmäßig (Anteil an einer jährlichen Ernte) oder unregelmäßig (zB bei Besitzwechsel) wiederkehrend zu erbringen waren. Bezüglich der Dauer sind ewige und zeitlich begrenzte Reallasten zu unterscheiden.

Die Entwicklung der Reallasten war zunächst untrennbar verbunden mit den frühmittelalterlichen Herrschaftsverhältnissen, insbesondere den Grundherrschaften, Vogteien, Gerichtsherrschaften und dergleichen. Die Leistungspflichten wurden nicht bloß als schuldrechtliche Verpflichtungen, sondern als auf das Grundstück radizierte Lasten angesehen. Diese Vermengung mit dem Herrschaftselement zeigt sich etwa im Z e h n t (der Verpflichtung zur Leistung einer Ertragsquote an den Grundherrn oder an die Kirche), ferner in den Z i n s e n und F r o n d e n.

Seit dem 12. Jahrhundert kamen vor allem in den Städten rein privatrechtliche, nicht mehr an die Herrschaft gebundene Formen der Reallasten auf und spielten auch eine anfangs weitaus bedeutendere Rolle als Rechtsform der Kapitalanlage als das Liegenschaftspfand.

2. Leibrentenvertrag und Rentenkauf

Der mittelalterliche Leibrentenvertrag enthielt begriffswesentlich das Versprechen zur Leistung einer lebenslänglichen Rente. Das Leistungsversprechen sicherte dem Rentner ein durch die Lebensdauer einer natürlichen Person befristetes Forderungsrecht. Bis in die zweite Hälfte des 13. Jahrhunderts war der vorherrschende Typus des Leibrentenvertrags die Schenkung mit Leibren-

1 Hofmeister in: Handwörterbuch zur deutschen Rechtsgeschichte (HRG), 25. Lieferung, Sp 203 f

tenvorbehalt, wobei meist Grundstücke oder grundstücksgleiche Rechte geschenkt wurden. Ende des 13. Jahrhunderts entwickelte sich der Leibrentenvertrag zum Leibrentenkauf. Der Rentengeber verpflichtete sich gegen Empfang einer einmaligen Geldleistung, eine lebenslängliche Rente zu gewähren. Nicht die Rente an sich, sondern das Forderungsrecht war der Gegenstand des Leibrentenkaufs, der im deutschen Raum weite Verbreitung fand. Sobald die Rente gegen Zahlung einer Summe Geldes bestellt wurde und auch die Rente in Geld bestand, mußten Bedenken hinsichtlich des kanonischen Zinsverbotes aufkommen. Obwohl vom wirtschaftlichen Standpunkt aus nur wenig Unterschied zum zinsbaren Darlehen bestand, wurde der Rentenkauf im Mittelalter trotzdem nicht als wucherisch angesehen, denn nicht der wirtschaftliche Zweck, sondern die rechtliche Form des Kaufes rechtfertigte ihn gegenüber dem kanonischen Zinsverbot.[2]

Als Rentengeber traten in der Epoche der Naturalwirtschaft ausschließlich geistliche Grundherrschaften auf, etwa Klöster und Spitäler, der Schenker verfolgte auch religiöse Motive (Förderung seines Seelenheils). Mit der Änderung der wirtschaftlichen Gegebenheiten, dem Übergang zur Geldwirtschaft, löste sich das Geschäft vom religiösen Hintergrund der Seelenheilsschenkung, der Kreditzweck trat in den Vordergrund.[3]

Auch danach traten geistliche Institute als Rentengeber auf, wobei die Leibrenten nicht mehr als Gegenleistung für die Hingabe von Grund und Boden, sondern für die Übertragung von Bargeld versprochen wurden. Damit wurde die Leibrente zu einer Anleiheform. Die Städte, die wegen neuer Aufgaben einen erhöhten Finanzbedarf aufwiesen, konnten so ebenfalls den Vorteil der raschen Kapitalbeschaffung nützen.[4]

Am Beginn der Neuzeit ging die Bedeutung des Leibrentenvertrags als Form der öffentlichen Anleihe immer mehr zurück. Die Ursache dafür lag im wirtschaftlichen Strukturwandel der Zeit, in der Folge wurden kurzfristige oder zumindest beidseitig aufkündbare Kreditformen bedeutender, auch in den Städten verdrängte das durch Pfand gesicherte Darlehen die Leibrente immer mehr.[5]

---

2 Ogris, Der mittelalterliche Leibrentenvertrag, 103 ff
3 Ogris, 109 ff
4 Ogris, 114 ff
5 Ogris, 130 f

3. Das ältere deutsche Grundpfandrecht

a. Die früheste Stufe der Entwicklung

Anfangs konnte die Rechtsordnung den Zweck, einem Gläubiger in einer Liegenschaft einen Haftungsgegenstand zu verschaffen, nur schwerfällig erreichen. Die Sicherung für eine Schuld konnte nur dadurch bewerkstelligt werden, daß der Gläubiger einen Wertgegenstand erhielt, der ihm im Falle der Nichtleistung seitens des Schuldners als endgültiger und vollwertiger Ersatz für die ausgebliebene Leistung dienen konnte. Im germanischen Recht stand dafür nur die Form der Liegenschaftsübertragung zur Verfügung. Bei der ältesten Form, dem Eigentumspfand, wurde dem Gläubiger das Eigentum am Grundstück nur bedingt übertragen, und zwar mit der Klausel, daß das Eigentum des Pfandgläubigers nach Bezahlung der Schuld erloschen sein sollte.[6]

b. Ältere Satzung

Sie sicherte den Gläubiger ohne Änderung der Eigentumsverhältnisse. Das Pfand entwickelte sich zum Nutzungspfand, der Pfandgläubiger nutzte das Gut als Inhaber der leiblichen Satzungsgewere, welche ihm nur ein vererbliches und übertragbares Nutzungsrecht verschaffte, nicht aber die Befugnis, über die Substanz des Gutes zu verfügen. Nach Erfüllung der Schuld kehrte das Gut wieder in die Gewere des Eigentümers zurück. Der Abschluß des Geschäfts erfolgte vor Gericht oder Rat. Die ältere Satzung konnte auch mit einer bedingten Übereignung verknüpft werden, was ihr dann den Charakter eines Verfallspfandes verlieh und für den Schuldner besonders gefährlich war, weil ein Wertunterschied zwischen dem Pfandgrundstück und der Schuld nicht berücksichtigt wurde und auch der etwaige Mehrwert des Grundstücks dem Gläubiger ohne weiteres zugute kam. Manche Rechte ersetzten das Verfallspfand durch das Verkaufspfand, der Gläubiger durfte mit gerichtlicher Ermächtigung verkaufen und den so erzielten Erlös zur Befriedigung verwenden, einen Mehrerlös mußte er an den Schuldner herausgeben. Die Herausgabe des Mehrerlöses allerdings stellte schon eine Abschwächung des in der älteren Satzung vorhandenen Prinzips der reinen Sachhaftung dar.[7]

---

6 Hübner, Grundzüge des deutschen Privatrechts[5], 403 f

7 Hübner, 404 ff

c. Jüngere Satzung

Zwar kam die Verpfändung einer Liegenschaft unter Zurückbehaltung von Besitz und Nutzung schon seit der fränkischen Zeit in verschiedenen Formen vor, wurde jedoch erst später vom Stadtrecht her zu einem selbständigen Rechtsinstitut entwickelt, welches man jüngere (neuere) Satzung nennt. Im Fall der Nichterfüllung der Schuld stand in den Städten die gerichtliche Zwangsvollstreckung zur Verfügung. Begründet wurde die Satzung rechtsförmlich vor Gericht oder Rat, wesentlich wurde die regelmäßige Einschreibung in das Gerichts- oder Stadtbuch oder ein besonderes Pfandbuch, doch wurde in einzelnen Gegenden auch die Verpfändung durch Übergabe einer das Besitzrecht an der Liegenschaft verbriefenden Urkunde (Haus- oder Erbbriefes) als wirksam anerkannt. Der Gläubiger erlangte ein dingliches Recht, der Schuldner behielt Eigentum und Sachgewere. Die Gestattung mehrfacher Verpfändung drang immer mehr vor und wurde zu einem Hauptvorteil der jüngeren Satzung. Im Falle der Nichterfüllung konnte der Gläubiger sein Recht auf Befriedigung mit Gerichtshilfe geltend machen und die sofortige Zwangsvollstreckung in das Pfand betreiben. Wenn ein Pfandverkauf erfolgte, wurde der Gläubiger oder eine Mehrzahl von Gläubigern aus dem Erlös befriedigt, ein Überschuß wurde dem Schuldner herausgegeben.[8]

d. Das Grundpfandrecht in Deutschland im Lichte der Rezeption des römischen Rechts

Mit der Rezeption kam die Hypothek nach Deutschland und wurde dort gemeines Recht.[9] Das von jeher mit den Prinzipien des deutschen Rechts unvereinbare römische Pfandrecht hat jedoch in Deutschland den Realkredit geradezu zerstört.[10] In wichtigen Punkten stand es in einem schroffen Gegensatz zum einheimischen Recht, indem es zum Beispiel hinsichtlich der Verpfändung bewegliche und unbewegliche Sachen gleichstellte und das deutsche Publizitätsprinzip nicht kannte. Um dem Pfandrecht dingliche Wirksamkeit zu verschaffen, waren weder Besitz noch öffentliche Bekundung erforderlich, wie bei anderen Sachen genügte zur rechtsgeschäftlichen Bestellung einer Hypothek ein formloser Vertrag oder eine letztwillige Verfügung. Unter mehreren Pfandrechten galt zwar die Rangfolge des Alters, diese Regel wurde aber durch eine Reihe von Pfandprivilegien durchbrochen, die dem deutschen Recht fremd gewesen

8 Gierke, Deutsches Privatrecht, II. Band, 818 ff
9 Ogris, HRG, II. Band, Sp 278
10 Wesenberg/Wesener, Neuere deutsche Privatrechtsgeschichte, 117

waren.[11] Durch die Aufnahme des römischen Pfandrechts wurde jeder zuverlässige Realkredit unmöglich gemacht, weil niemand wissen konnte, ob nicht sein Pfandrecht durch eine ältere Hypothek entwertet oder wegen mangelnden Eigentums des Bestellers ungültig war, eine Generalhypothek wurde nötig. Auch besaß die Hypothek, dem deutschen Recht völlig entgegengesetzt, einen streng akzessorischen Charakter. Die meisten Partikularrechte erkannten zwar die formlose Pfandbestellung an, ließen aber daneben das deutsche Recht weiter gelten. Das Verfallspfand wurde völlig abgeschafft, weil es mit dem Verbot der lex commissoria nicht vereinbar war.[12]

II. Die Vorbildfunktion Preußens auf dem Gebiet des Hypothekenwesens

1. Die Hypotheken- und Konkursordnung 1722

Dieses unter Friedrich Wilhelm I entstandene Gesetzeswerk kann als sehr fortschrittlich bezeichnet werden. Es sah vor, daß bei jedem mit dem Hypothekenwesen befaßten Gericht ein vollständiges Grund- und Hypothekenbuch eingerichtet werde, das alle Immobilien des Bezirkes mit genauer Bezeichnung und Numerierung enthalten sollte. Jedem Grundstück war der Name des Eigentümers, der Erwerbstitel und der Erstehungspreis beizufügen. Ferner wurde die Anlegung eines Namenregisters vorgeschrieben, mit dessen Hilfe die gesamten grundbücherlichen Verhältnisse von Personen für den Bezirk sofort ermittelt werden konnten. Alle Verpfändungen von unbeweglichen Gütern mußten beim Gericht der belegenen Sache eingetragen werden, andernfalls sie nicht ungültig waren, aber den Vorzug der eingetragenen Hypothek verloren.[13] Es gelang dem Gesetzgeber, die alten Prinzipien der Publizität und der Spezialität wieder heranzuziehen und damit dem Leihkapital verstärkt Anreize zu geben, sich den Immobilien mehr als bisher zuzuwenden.[14]

---

11 Gierke, 826

12 Hübner, 413 ff

13 Weyermann, Zur Geschichte des Immobiliarkreditwesens in Preußen mit besonderer Nutzanwendung auf die Theorie der Bodenverschuldung, 19 f

14 Weyermann, 23

2. Das Verhalten von Gläubigern und Schuldnern bis zur Hälfte des 18. Jahrhunderts

Ein Charakteristikum des gesamten städtischen Hypothekarkredits bis zur Mitte des 18. Jahrhunderts ist die Tatsache, daß der Gläubiger vom Schuldner unbedingt ein allmähliches Herauswirtschaften der Schuld erwartete.[15]

Auch auf dem Land war die Kurzfristigkeit typisch, man tilgte so schnell wie möglich, und hätte sich der Schuldner dazu nicht bereiterklärt, hätte er so leicht keinen Kredit gefunden. Da der Zustand der Verschuldung von beiden Seiten tunlichst abgekürzt wurde, gab es damals auch nicht das Bestreben zur Schaffung von Institutionen zur Erleichterung einer dauernden Verschuldung. Das Bestreben nach schleunigster Zurückführung der Güter in die Schuldenfreiheit führte direkt zu einem niedrigen Niveau der Grundstückspreise im Verhältnis zu den Erträgen, während das Bargeld gegenüber dem Boden eine hohe Kaufkraft aufwies, wobei dieses Verhältnis direkt aus der Immobiliarkreditverfassung resultierte.[16]

3. Die erste große Fridericianische Justizreform 1748/50 und ihre unmittelbaren Auswirkungen auf die Verschuldung

Ab 1748/50 war das Hypothekenwesen so weit buchmäßig formalisiert, daß für den Geldgeber das einwandfreie Eigentum des Besitzers der einzige Punkt war, den er über den Inhalt des Buches hinaus zu prüfen hatte.[17]

1748 wurde das System der Gläubigerklassifikation mit Berücksichtigung des Verschuldungsgrundes beseitigt und durch eine reine Altersrangfolge nach dem Datum der Eintragung ersetzt. Es kam nun wesentlich darauf an, daß der Hypothekengläubiger möglichst an erster Stelle eingetragen war. Welcher Art das zugrundeliegende Schuldverhältnis war, insbesondere ob und wieweit es zu dem belasteten Grundstück in einer Beziehung stand, war gleichgültig. Der Eingetragene brauchte nicht mehr mit einer späteren Rangverschlechterung durch privilegierte Gläubiger rechnen, nunmehr entstand eine neue Kategorie von privilegierten Hypothekengläubigern, die der „Ersteingetragenen". Waren es vorher bestimmte Momente des materiellen Rechts, gewisse Qualitäten des zugrundeliegenden persönlichen Schuldverhältnisses, die den Vorzug begründeten, so war die Sicherheit der nun bevorzugten Gläubiger von der formellen Seite hergelei-

---

15 Weyermann, 47
16 Weyermann, 55 ff
17 Weyermann, 28

tet. Aus der 1748 geschaffenen Schematisierung entwickelte sich die künftige unpersönliche, formale Bevorzugung. Dies hatte zur Folge, daß die Gläubiger nicht mehr ängstlich wachen mußten, nicht nachträglich in ihrer Stellung beeinträchtigt zu werden. Ferner fielen die Hauptschwierigkeiten weg, welche der Zession im Wege gestanden waren, die Hypothek war verkehrsfähiger geworden. Wenn nun ein Kreditgeber wirklich auf einer Rückzahlung zum festgesetzten Termin oder nach kurzer Zeit bestand, war für den Schuldner leicht ein Ersatzgläubiger zu finden. Für die Hypotheken war ein Markt entstanden, den es vorher nicht gegeben hatte. Seit 1750 kann man bei der Verschuldung des einzelnen Grundstücks von einem Dauerzustand sprechen, während vorher Grundstücke oft selbst nach vorübergehend hoher Belastung wieder völlig schuldenfrei dastanden. Dieses Phänomen war jetzt verschwunden, Immobilien wurden reichlich belastet, die Grundstückspreise stiegen an. Je höher aber die Liegenschaften bewertet wurden, desto stärker wurde der Hypothekarkredit zur Realisierung der Preissteigerung beim Besitzwechsel erforderlich, was zur Folge hatte, daß reichlicher Hypothekarkredit durch steigende Bodenpreise und den folgenden Besitzwechsel einen noch weiteren, umfangreicheren Hypothekarkredit verlangte.[18]

III. Die Lage Preußens Mitte des 18. Jahrhunderts

1. Die politische Situation

Friedrich II war in seinem expansionistischen Bestreben 1740 in Schlesien eingefallen und hatte so den 1. Schlesischen Krieg (1740-1742) begonnen. 1742 erreichte er im Frieden von Breslau, daß Österreich Schlesien abtreten mußte. Mit dem Frieden von Dresden 1745, der nach dem 2. Schlesischen Krieg (1744-1745) geschlossen worden war, war der Besitz Schlesiens bestätigt worden. Nach dem siebenjährigen Krieg (1756-1763) fiel mit dem Frieden von Hubertusburg Schlesien 1763 endgültig an Preußen.

2. Die wirtschaftspolitischen Leitlinien

Der Merkantilismus, der im 17. und 18. Jahrhundert die Wirtschaftspolitik beherrscht hatte, wurde in Preußen erst relativ spät bedeutend, seine schärfste Ausprägung fand er 1763-1786.[19] Friedrich Wilhelm I hatte in den Finanzen die

18 Weyermann, 64 ff
19 Rachel, Der Merkantilismus in Brandenburg-Preußen, in: Moderne Preußische Geschichte 1648-1947, 951 f

Grundlage des Staates gesehen. Der König, der die ganze Finanzwirtschaft in festen Einnahme-Ausgabe-Etats organisiert hatte, war jedoch der Ansicht, daß der Staat nicht wirtschaftlicher Unternehmer sein solle, weil dies mit den festen Etats nicht vereinbar wäre.[20] Friedrich II stand diesbezüglich auf dem Standpunkt seines Vaters, Heer und Finanzen waren für ihn die Grundlagen, denen schließlich alle Staatstätigkeit gelte, im besonderen die Wirtschaftspolitik, die Förderung der landwirtschaftlichen und gewerblichen Produktion und eine Versorgungspolitik, deren Ziel es war, die notwendigsten Lebensmittel und Rohstoffe zu sichern und deren Preis gering zu halten.[21] Dem Bemühen um eine aktive Handelsbilanz kam der Erwerb Schlesiens außerordentlich zugute, denn Schlesien besaß große Leinenmanufakturen, die neue Provinz war in der Folge das stärkste Überschußgebiet des Staates.[22]

Friedrich II war bestrebt, die alten Ständegliederungen aufrechtzuerhalten, jeder sollte in seinem Stand bleiben und tätig sein, Vorrechte weiter Gültigkeit besitzen, über allem sollte die Krone stehen.[23]

IV. Die Kreditnot in Preußen

1. Ursachen

Nicht allein der siebenjährige Krieg war an der Kreditnot in Preußen schuld, die Wurzeln des Übels lagen in der Verschuldung durch Kaufgelder und Erbabfindungen, ferner in Schwankungen des Zinsfußes. Während des siebenjährigen Krieges sind die Preise der Güter nicht nur nicht gefallen, sondern derart gestiegen, daß in späteren Taxvorschriften das Zugrundelegen von Kaufpreisen aus jener Kriegszeit wegen der übertriebenen Höhe als unzulässig erklärt wurde. Die neue Hypothekengesetzgebung hatte als Hebel für die Aufwärtsbewegung der Immobilienpreise gewirkt.[24]

2. Generalmoratorium

Obwohl am 1.8.1765 ein Generalmoratorium erlassen worden war, führte diese vom Staat den Gläubigern aufgezwungene Maßnahme zu keiner Besserung. Die tiefer liegenden Ursachen der Kreditnot konnten so nicht behoben werden. Das

---

20 Rachel, 961
21 Rachel, 966 f
22 Rachel, 971
23 Marcks, Das Königtum Friedrichs des Großen, in: Moderne Preußische Geschichte 1648-1947, 140
24 Weyermann, 72 f

Generalmoratorium bewirkte das Gegenteil, weil sich die Kapitalisten großteils als zugunsten der Schuldner geschädigt ansahen und infolgedessen von weiteren Beleihungen Abstand nahmen.[25]

3. Die Vorschläge von D. E. Bühring

Im Jahr 1767 wandte sich der Berliner Kaufmann Diederich Ernst Bühring mit dem Vorschlag an Friedrich II, eine Kreditinstitution für den notleidenden preußischen adeligen Grundbesitz einzurichten. Eine sogenannte „Generallandschaftskasse" als freiwilliger Zusammenschluß von adeligen Gütern sollte die Betriebe nach festen Grundsätzen taxieren und beleihen.[26]

Bühring ging davon aus, daß Grund und Boden eines Landes den weitaus überwiegenden Teil des Volksvermögens enthalten. Er ließ vorläufig den Grad der bestehenden Verschuldung außer Betracht und strebte ganz allgemein eine Vermehrung der Zahlungsmittel und dadurch ein Sinken des Geldwertes an, um eine Erhöhung des Kreditraumes zu erreichen. Das zu gründende Institut sollte die Grundstücke beleihen und seinerseits sogenannte Pfandbriefe ausgeben, Inhaberpapiere, die zu 4% verzinst werden sollten. Der Grundstückseigentümer hätte an das Institut 4,5-5% an Zinsen zu leisten, die Differenz wäre zur Deckung der Verwaltungskosten und zur Bildung eines Fonds für besondere Unglücksfälle zu verwenden. Die Landschaftskasse hätte die Pfandbriefe jederzeit gegen Bargeld einzulösen, jedoch wäre nicht zu vermuten, daß viele Pfandbriefe eingelöst würden, weil sie schon nach kurzer Zeit mit Agio gefragt wären, sodaß es die Inhaber vorziehen würden, sie mit Gewinn zu verkaufen. Bühring hielt es ferner auch nicht für nötig, den Namen eines speziellen Schuldners beziehungsweise eines verpfändeten Gutes auf dem Pfandbrief zu nennen.[27] Als Vorbild könnten ihm, der in Amsterdam tätig gewesen war, Beleihungen Amsterdamer Bankiers in den westindischen Kolonien, welche durch Obligationen refinanziert wurden, gedient haben. Da er ursprünglich aus Bremen stammte, waren ihm auch die „Bremer Handfesten" bekannt, aus dem Rentenkauf hervorgegangene Inhaberpapiere, in denen Erträge von Boden und Gebäuden übertragen wurden und die Haftung des Grundstücks für diese Leistungen verbrieft wurde. Nach Siegelung durch einen Ratsherrn ermächtigten die Handfesten zum Leistungsempfang, im Falle der Nichtleistung konnte ohne weiteres die Zwangsversteigerung betrieben werden.[28]

---

25 Weyermann, 77 f

26 Schubäus, Das Hypothekenbankgeschäft in den Niederlanden und in der Bundesrepublik Deutschland, 19

27 Weyermann, 78 f

28 Schubäus, 20 f

V. Die Gründung der Schlesischen Landschaft

1. Rechtsform und Haftung

Die 1770 gegründete Schlesische Landschaft war ein genossenschaftliches, öffentlich-rechtliches Institut, das auf den adeligen Grundbesitz beschränkt war. Den Genossen wurde durch hypothekarische Beleihung ihrer Güter Kredit gewährt. Für die Pfandbriefe, die auf ein bestimmtes Gut lauteten und einzeln im Hypothekenbuch eingetragen waren, haftete außer der Sicherheit des betreffenden Gutes die Genossenschaft, also in letzter Konsequenz die Genossen mit ihrem gesamten Immobiliarvermögen solidarisch.[29]

2. Beleihungsgrundsätze und Pfandbriefausgabe

Auf die Güter der schlesischen Rittergutsbesitzer sollten bis zur Hälfte des Gutswertes Hypotheken ausgestellt werden. Auf Grund dieser Hypotheken wiederum gab die Landschaft Inhaberpfandbriefe aus, die entweder dem Darlehensnehmer zur Geldbeschaffung übergeben wurden oder im Publikum untergebracht wurden. Als Muster dienten die in den - ehemals österreichischen - Fürstentümern Schweidnitz und Jauer gebräuchlichen sogenannten „ledernen Briefe", welche sich im Publikum wie Geld im Umlauf befanden.[30]

3. Privilegien

Der Schlesischen Landschaft wurden besondere Privilegien hinsichtlich der rechtlichen Verfolgung ihrer Forderungen eingeräumt. Wenn die Zinsen an die Landschaft nicht pünktlich gezahlt wurden, konnte sofortige Sequestration bewirkt werden, bei Konkurs eines Gutes gingen Besitz und Administration auf die Landschaft über, sie brauchte nichts zur Konkursmasse herauszugeben, ehe sie nicht in Hinblick auf ihre Zinsforderung befriedigt war. Weder Pfandbriefgläubiger noch Landschaft durften jemals in einen Konkurs verwickelt werden.[31]

4. Zielsetzungen

Friedrich II war dem Vorhaben der Gründung einer völlig neuen Art einer Kreditinstitution, um die es sich bei der Landschaft handelte, zunächst ablehnend

---

29 Dannenbaum, Deutsche Hypothekenbanken, 1
30 Weyermann, 80
31 Weyermann, 81 f

gegenübergestanden. Angesichts der dringenden Kreditnot, insbesondere in Schlesien, änderte er seine Meinung.[32] Friedrich II war bemüht, einen Wechsel im Eigentum zu verhindern und die alteingesessenen Familien in ihrem Besitz zu sichern. Sie sollten sich aus dem Zustand der Not herauswirtschaften und damit ihre und auch die Zukunft ihrer Nachkommen sicherstellen. Eine Werterhöhung der Grundstücke sollte nur auf einer Vermehrung des Ertrages basieren, da Preissteigerungen ohne Ertragserhöhung bloß dem Güterhandel dienten.[33] Das Pfandbriefsystem sollte in seinem zeitlichen und räumlichen Umfang nicht mehr als nötig ausgedehnt werden, später nach der Erreichung des Zwecks, also der Beseitigung der Kreditnot, schließlich wieder zurücktreten.[34]

5. Auswirkungen auf die Grundstückspreise

Nachdem um 1750 die Landgüter nach bis dahin jahrzehntelanger Stabilität im Preis gestiegen waren, hatte sich diese Entwicklung in den darauffolgenden Jahren fortgesetzt, und jene Güter, die zwischen 1760 und 1765 den Eigentümer gewechselt hatten, waren am stärksten von der Preissteigerung betroffen. Die zweite Periode des Preisaufschwungs war speziell auf das landschaftliche Pfandbriefsystem zurückzuführen, wegen der Ausbreitung der Landschaften war diese Tendenz auch in anderen Provinzen feststellbar.[35]

VI. Folgegründungen

1. Ältere Landschaften

Nach dem Vorbild der Schlesischen Landschaft wurden solche Organisationen auch in Pommern 1781, in Westpreußen 1787 und in Ostpreußen 1788 gegründet. Sie werden als „ältere Landschaften" bezeichnet. Es handelte sich bei ihnen um öffentlich-rechtliche Zwangsvereinigungen adeliger Großgrundbesitzer, die der Beschaffung billigen Kredits durch die Ausgabe von Pfandbriefen dienten.[36]

---

32 Dannenbaum, 1
33 Weyermann, 85
34 Weyermann, 87
35 Weyermann, 125 ff
36 Tremer in Steffan, Handbuch des Real- u. Kommunalkredits, 463

2. Ritterschaften

1777 wurde in Berlin von Vertretern der Märkischen Ritterschaft das Kur- und Neumärkische Ritterschaftliche Kreditinstitut gegründet, welches die Aufgaben einer Landschaft erfüllen sollte, jedoch nicht „Landschaft" genannt wurde, da es sich nicht um einen Zwangsverband handelte. Dem Institut gehörten nur Rittergüter an, die tatsächlich einen Pfandbriefkredit erhalten hatten. War ein solcher Kredit getilgt, schieden die Güter wieder aus der Vereinigung und damit auch aus der mit der Mitgliedschaft verbundenen Haftung aus. Das erste Institut dieser Art außerhalb Preußens war das Ritterschaftliche Kreditinstitut des Fürstentums Lüneburg in Celle 1790.[37]

VII. Gesetzgeberische Maßnahmen in Preußen auf dem Gebiet des Hypothekenrechts

Mit der Hypothekenordnung aus dem Jahr 1783 wurde der seit 1748/50 in das Hypothekenrecht eingedrungene Gedanke der Erleichterung des Verkehrs fortgeführt und präzisiert. Besondere Beachtung fanden die Verpfändung und die Zession von Hypotheken.[38] Später folgten die allgemeine Gerichtsordnung über die Immobiliarvollstreckung (1793), hinsichtlich des materiellen Rechts das Allgemeine Landrecht (1794). Das Hypothekenrecht wurde sowohl materiell als auch formell auf einen erweiterten Kreditverkehr und vor allem auf Sicherheit für dauernde Belastung hin konzipiert. Die Wirkung der Gesetzgebung zeigte sich darin, daß die Hypothekenverschuldung bis nach 1800 eine nie dagewesene Höhe erreichte.[39]

VIII. Die Bauernbefreiung in Preußen und ihre Auswirkungen auf den Realkredit

1. Dauer

Die Bauernbefreiung dauerte in Preußen von 1807-1850.[40] Anfangs war man radikal gewesen, hat sich dann aber für die weitere Durchführung reichlich Zeit gelassen.[41]

---

37 Tremer in Steffan, 464
38 Weyermann, 136 f
39 Weyermann, 141 ff
40 Lütge, Bauernbefreiung in Preußen, in: Moderne Preußische Geschichte 1648-1947, 416

2. *Die Probleme des bäuerlichen Grundbesitzes*

Zu der geringen wirtschaftlichen Festigkeit des eben geschaffenen freien bäuerlichen Besitzes trug noch die 1811 verfügte Verschuldungsbeschränkung für Bauerngüter bei. Hinsichtlich der Kreditfähigkeit der Güter wurde eine Differenzierung getroffen, je nachdem, ob der Besitzer Gutsherr oder Bauer war. Daher gab es Rittergüter mit organisiertem Landschaftskredit und Bauerngüter ohne Kreditorganisation und einer Begrenzung der Verschuldbarkeit auf ein Viertel des Wertes. Auf Seiten der Behörde war man von der Schädlichkeit des Schuldenmachens überzeugt, verschiedene Ansätze zur Bildung bäuerlicher Immobiliarkreditinstitute wurden zurückgewiesen. Übersehen wurde dabei, daß der Bauer zu dieser Zeit seinen Betrieb auf veränderter Basis zu führen hatte und das Geldkapital sicherlich nicht weniger benötigte als der Großgrundbesitzer.[42]

3. *Die neueren Landschaften*

Mit der Verfassung von 1850 wurde in Preußen die ständische Ordnung abgeschafft. Bei den ab dieser Zeit gegründeten Landschaften handelte es sich nicht mehr um ständische Zwangskorporationen, sondern um regional tätige Kreditvereine, die auf freiwilliger Basis errichtet worden waren. Sie erhielten durch königliche Verleihung das Recht zur Pfandbriefausgabe und - teilweise erst nach Jahrzehnten - den Status von Körperschaften des öffentlichen Rechts. Den Anfang machte 1857 die Posener Landschaft. Schon seit 1849 konnten in Ostpreußen und Schlesien Bauern der Landschaft beitreten, wobei der „Rustikalbesitz“ einen besonderen Kreditverband innerhalb der Landschaft bildete, während der alte ständische Kreditverband erhalten blieb. In Brandenburg (1869) und Pommern (1871) schufen die bestehenden ständischen Verbände selbständige Rustikal-Landschaften für den bäuerlichen Besitz.[43]

IX. Unterschiede zwischen den „alten“ und den „neuen“ Pfandbriefen

Bei Kreditbedarf eines Mitglieds war eine ältere Landschaft diesem gegenüber verpflichtet, bis zur Höhe einer auf das Gut eingetragenen Hypothek in Teilsummen gestückelte und auf den Inhaber lautende Pfandbriefe auszustellen. Das

---

41 Lütge, 446
42 Weyermann, 160 f
43 Tremer in Steffan, 464 f

Mitglied erhielt die Pfandbriefe, um sie selbst zu verwerten. Die Landschaft gewährte kein Hypothekardarlehen, sondern erleichterte die Aufnahme des Kredits durch die Ausstattung der Pfandbriefe mit besonderen Sicherheiten. Dem Inhaber haftete hypothekarisch das Gut des Kreditnehmers und daneben auf Grund einer Generalgarantie die Landschaft sowie subsidiär deren Mitglieder mit ihrem gesamten Vermögen. Der Pfandbrief trug den Charakter eines Teilhypothekenbriefs auf den Inhaber. Durch die zusätzliche Garantie der Landschaft unterschied er sich von älteren Grundpfandverschreibungen mit Inhaberklausel.[44] Gegen Mitte des 19. Jahrhunderts kamen neue Pfandbriefe in den Verkehr.[45] Diese Art von Pfandbriefen wies gegenüber dem Inhaber nicht mehr eine Haftung des Grundstückseigentümers auf, da im zunehmend beweglicher werdenden Kapital- und Kreditverkehr die sachenrechtliche Natur der älteren Pfandbriefe als hinderlich empfunden wurde. Die Institute gingen daher dazu über, das Darlehen des Kreditnehmers zu ihren Gunsten hypothekarisch abzudecken, während sie sich selbst durch die Emission von dinglich nicht gesicherten Pfandbriefen refinanzierten. Der Pfandbrief wurde so zu einer Schuldverschreibung, deren Sicherheit zunächst allein in der Einhaltung des Gleichgewichts von ausgegebenen Pfandbriefen und gewährten Darlehen bestand.[46]

X. Der Versuch der Begründung eines organisierten Bodenkredits in den Niederlanden

1. Die Zielvorgaben

Die guten Erfahrungen mit dem preußischen Pfandbriefsystem veranlaßten den niederländischen Gesandten in Berlin, Johannes Goldberg, die Gründung eines landwirtschaftlichen Kreditinstituts in den Niederlanden vorzuschlagen. Die vom Institut gewährten Hypothekardarlehen sollten durch Schuldverschreibungen refinanziert werden. Wie schon bei Bühring geplant, sollte es eine Trennung von Kreditnehmer und Kreditgeber geben, beide Parteien sollten ausschließlich mit der Bank zu tun haben. Der Pfandbriefgläubiger sollte weder einen direkten Anspruch gegen den Darlehensnehmer noch ein eigenes Pfandrecht an dem beliehenen Grundstück besitzen. Der Vorschlag fand erst nach einiger Zeit durch die Gründung der Groningschen Landschaft 1823 Verwirklichung.[47]

---

44 Sedatis, HRG, III. Band, Sp 1674
45 Dannenbaum, 2
46 Sedatis, HRG, III. Band, Sp 1675
47 Schubäus, 55 f

2. Ursachen des Scheiterns der Groningschen Landschaft

Nach einem bloß bescheidenen Aufschwung fiel die Landschaft binnen einiger Jahrzehnte in die völlige Bedeutungslosigkeit zurück. Eine Ursache dafür war, daß die Pfandbriefe mit halbjähriger Frist kündbar waren, die Darlehen aber frühestens nach 50 Jahren gekündigt werden konnten, was darauf hindeutet, daß die Gründer der Landschaft nicht zutrauten, Pfandbriefe jederzeit zurückzukaufen. Mit der Regierung wurde vereinbart, daß die Pfandbriefe nicht an Private, sondern nur an einen staatlichen Fonds zur Wirtschaftsförderung und später an eine staatliche Kasse verkauft werden sollten. Die Abhängigkeit vom Staat, das starre Reglement, das Zinsanpassungen verhinderte, schließlich die Liquidation des staatlichen Wirtschaftsfonds, der durch undurchsichtige Machenschaften in Mißkredit geraten war, führten zum Ende der Groningschen Landschaft.[48]

XI. Zusammenfassung

1. Organisierter Bodenkredit

Durch die Gründung der Landschaften wurde für den kreditsuchenden Grundbesitz erstmals eine Organisationsform geschaffen, welche die Beschaffung billigen und langfristigen Kredits erleichterte. Bemerkenswert ist in diesem Zusammenhang die Tatsache, daß dies auf Grund der besonderen Notlage des Grundbesitzes, die ihre Ursache in der hohen Verschuldung und den Folgen des siebenjährigen Krieges hatte, zunächst auf der Basis von Zwangsgenossenschaften erfolgte. Die Vorteile des organisierten Realkredits wurden später auch von Kreditvereinen genützt, deren Gründung freiwillig erfolgt war.

2. Zusammenhang zwischen Hypotheken- und Grundbuchsrecht und der Ausbreitung des Pfandbriefsystems

Vereinfacht kann man sagen, daß der Pfandbrief sich vor allem dort durchsetzen konnte, wo ein gut entwickeltes Grundbuchs- und Hypothekenrecht existierte. Deshalb ist es auch nicht verwunderlich, daß in Preußen, das auf dem Gebiet des Grundpfandrechts als Vorreiter angesehen werden kann, innerhalb weniger Jahrzehnte etliche Landschaften gegründet wurden.

---

48 Schubäus, 56 f

Als die Hypothek zu einer Form der Dauerverschuldung wurde, der Gläubiger nicht mehr unbedingt auf einer raschen Rückzahlung bestand, weil er in seiner Position gesichert war oder, wenn er das Geld brauchte, seine Forderung leicht zedieren konnte, war die Basis für die Langfristigkeit der Darlehen und ihre Refinanzierung durch die Emission von Pfandbriefen geschaffen.

3. Der Pfandbrief als langfristiges Anlageinstrument

Während der Pfandbrief in seiner ursprünglichen Konzeption bloß als ein vorübergehend einzusetzendes Mittel zur Beseitigung der Kreditnot angesehen worden war und er nach Wiederherstellung normaler Verhältnisse wieder zurücktreten sollte, wurde er vom anlagesuchenden Publikum als ideale Form der sicheren und langfristigen Geldanlage entdeckt und genutzt.

4. Risikominderung für den Anleger

Der Geldanleger, der auf hypothekarische Sicherstellung seiner Forderung Wert legte, konnte mit dem Erwerb eines Pfandbriefs, für den zusätzlich eine Garantie der Landschaft bestand, das Risiko praktisch gänzlich mindern. Benötigte er sein Geld wieder, stand ihm die Möglichkeit des Verkaufs an der Börse offen, wobei er bei günstiger Kursentwicklung unter Umständen einen Gewinn lukrieren, allerdings auch - wenn der Kurs gesunken war - einen Verlust erleiden konnte.

5. Auflösung der unmittelbaren Beziehung zwischen Gläubiger und Schuldner durch das Dazwischentreten eines Dritten

Durch das Dazwischentreten einer Institution, die zwischen dem kreditsuchenden Grundbesitz und dem anlagesuchenden Publikum vermittelte, wurde die Verbindung von Gläubiger und Schuldner zunehmend gelockert, schließlich aufgelöst. Der Schuldner leistete seine Zinsen an die Landschaft, der Gläubiger erhielt seine Zinsen von der Landschaft, welche die Zinsspanne zur Bestreitung der Verwaltungskosten und der Bildung eines Fonds verwendete.

6. Ausdehnung des Pfandbriefsystems auf den bäuerlichen Grundbesitz

Die Errichtung von Landschaften war anfangs dem adeligen Grundbesitz vorbehalten, doch konnten auf Grund der politischen Entwicklung auch für den bäuerlichen Grundbesitz - wenngleich mit Verzögerung und Schwierigkeiten - Kreditvereinigungen geschaffen werden, die langfristige Darlehen vergaben und sich durch Pfandbriefausgabe refinanzierten. Ihre Beleihungstätigkeit war - wie auch bei den anderen Pfandbriefinstituten - regional beschränkt.

7. Gemeinnützigkeit

Die Landschaften waren nicht auf Gewinn ausgerichtet, daher wurde die Differenz zwischen Pfandbriefzinsen und Darlehenszinsen sehr gering gehalten. Auf diese Weise gelang es, die Hypothekarzinsen zu senken.

2. Kapitel: Die Fortschritte des Pfandbriefsystems in der zweiten Hälfte des 19. Jahrhunderts

I. Die Entstehung der privaten Hypothekenbanken in Deutschland

1. Die zunehmende Bedeutung der Aktie

Ab etwa 1840 wurden in Deutschland viele Aktiengesellschaften gegründet, insbesondere zum Zweck der Finanzierung der Errichtung von Eisenbahnen. Dem Kapitalisten bot sich mit der Beteiligung an einer Aktiengesellschaft ein Vorteil, den er bei den bisher vorherrschenden Anlageformen - den Staatspapieren und den Pfandbriefen - nicht besaß, nämlich die Möglichkeit der Realisierung eines Kursgewinns binnen kurzer Zeit.[49]

2. Auswirkungen auf den Realkredit

Mit der Ausbreitung der Aktie wandte sich das Kapital zunehmend von der Finanzierung des Kreditbedürfnisses des Grundbesitzes ab, was zur Folge hatte, daß Realkredit schwerer und bestenfalls zu überhöhten Zinskonditionen erhältlich war. Die Landschaften waren wegen ihres beschränkten Geschäftsbetriebs bald nicht mehr in der Lage, den gestiegenen Kreditbedarf zu befriedigen. In Preußen wurden schon seit den 40er Jahren Neugründungen auf landschaftlich-genossenschaftlicher Grundlage mit vielfachen Privilegien erwogen, was jedoch seitens des Staates auf Ablehnung stieß. Pläne zur Errichtung von Pfandbriefe ausgebenden Erwerbsgesellschaften wurden in den maßgebenden Kreisen abgelehnt, weil man Erwerbsgesellschaften für ungeeignet hielt. Schließlich wurde aber der 1852 in Paris gegründete Crédit Foncier zum Vorbild für Deutschland. Dieses Pfandbriefinstitut war eine privatrechtliche Aktiengesellschaft und nicht - wie die preußischen Landschaften - eine gemeinnützige öffentlich-rechtliche Genossenschaft.[50]

49 Weyermann, 176 f
50 Dannenbaum, 2

3. *Die ersten Gründungen privater Hypothekenbanken*

a. Die Banken in Leipzig, Frankfurt und Meiningen

1858 wurde die zwei Jahre zuvor errichtete Deutsche Kredit-Anstalt in Leipzig gemischte Hypothekenbank[51]. 1862 erfolgten die Gründungen der Frankfurter Hypothekenbank und der Deutschen Hypothekenbank in Meiningen, die bereits reine Hypothekenbanken waren.[52]

b. Preußen

1863 entstand die „Erste Preußische Hypotheken-Aktiengesellschaft" in Berlin, nachdem der Staat für sie und etwaige Folgegründungen die sogenannten Normativbestimmungen vom 6.7.1863 erlassen hatte, die sich jedoch schon bald als mangelhaft erwiesen, unter anderem deshalb, weil die Beleihungsgrenzen zu niedrig angesetzt waren. Trotz erheblichen Bedarfs wurden in dieser Frühphase in Preußen nur zwei weitere Pfandbriefinstitute ins Leben gerufen, nämlich die Preußische Hypothekenbank (1864) und die Pommersche Hypotheken-Aktienbank (1866). Obwohl Frankfurt am Main 1866 Preußen eingegliedert wurde, konnte die Frankfurter Hypothekenbank ihr Statut aus dem Jahr 1862 beibehalten und unterlag so nicht den preußischen Normativbestimmungen. 1870 wurde in Preußen selbst die privilegierte, von den Normativbestimmungen befreite Preußische Central-Bodenkredit-Aktiengesellschaft gegründet.[53]

c. Bayern

Die bereits seit 1835 bestehende Bayrische Hypotheken- und Wechselbank in München erhielt 1864 das Recht zur Pfandbriefemission und wurde so gemischte Hypothekenbank. Bereits ihre Gründung 1835 war zum Zweck der Förderung des Realkredits erfolgt. Sie wurde von der bayrischen Regierung finanziell unterstützt, mit dem Privileg der Notenausgabe ausgestattet und war verpflichtet, 3/5 ihres Aktienkapitals bis zum Betrag von zwölf Millionen Gulden auf bayrische Grundstücke hypothekarisch zu 4% anzulegen.[54]

---

51 Der Ausdruck „gemischte" Hypothekenbank weist darauf hin, daß neben dem Pfandbriefgeschäft auch Personalkreditgeschäfte betrieben werden. Im Gegensatz dazu ist eine „reine" Hypothekenbank auf den Realkredit und dessen Refinanzierung durch die Pfandbriefemission spezialisiert.

52 Dannenbaum, 7

53 Dannenbaum, 3

54 Dannenbaum, 3

4. Die preußischen Normativbestimmungen

a. Die Fassungen der Jahre 1863, 1864, 1867

Nach preußischem Gewerberecht konnten Aktiengesellschaften nur mit staatlicher Konzession gegründet werden, auch die Emissionen von Inhaberschuldverschreibungen bedurften einer staatlichen Genehmigung. Die Grundstücksbeleihung war nur bis zu zwei Dritteln eines veralteten Steuermeßbetrags zulässig, der weit unter dem wahren Wert des Grundstücks lag. Der Umlauf an Pfandbriefen durfte nur das Zehnfache des bar eingezahlten Aktienkapitals betragen. Auf Grund der zu strengen Bestimmungen konnten sich die betroffenen Hypothekenbanken nur schlecht entwickeln. Auch die 1864 und 1867 vorgenommenen Abänderungen der Normativbestimmungen konnten die Situation nicht grundlegend bessern.[55]

b. Die Gewährung von Ausnahmen

Wegen des ungünstigen Geschäftsgangs mußte bereits 1870 die Erste Preußische Hypotheken-Aktiengesellschaft liquidiert werden. Sie wurde in die im selben Jahr gegründete Preußische Central-Bodenkredit-Aktiengesellschaft eingegliedert, die von den Normativbestimmungen befreit war. Das von finanzstarken Banken gegründete Institut war laut Statuten berechtigt, den Wert der zu beleihenden Grundstücke selbständig zu ermitteln. Die Umlaufgrenze für die Pfandbriefe lag beim Zwanzigfachen des Aktienkapitals. Der Bank wurde bereits ein staatliches Aufsichtsorgan beigegeben, dessen Aufgabe im wesentlichen darin bestand, auf den Pfandbriefen die Deckung durch satzungsgemäß gewährte Hypotheken zu bescheinigen. Neben dem Staatskommissär waren drei Revisoren mit der Überwachung der laufenden Geschäftstätigkeit beschäftigt.[56]

c. Die weitere Entwicklung

Obwohl vielfach eine Abschaffung der Normativbestimmungen gefordert wurde, blieb die Fassung aus dem Jahr 1867 weiter in Geltung. Die an die Steuereinschätzungen angelehnten schematisierten Beleihungsbestimmungen wurden für die preußischen Hypothekenbanken jedoch zunehmend unerträglich. Weil die Steuereinschätzungen Jahre zurücklagen, fand die Preisentwicklung der Grundstücke keine Berücksichtigung, was zur Folge hatte, daß die Banken auf die be-

---

55 Schubäus, 28
56 Schubäus, 28 f

sten Beleihungsobjekte, etwa im Innern der Großstädte, nur geringe Hypotheken geben konnten. Dies führte dazu, daß andere Geldgeber, insbesondere außerpreußische Banken, als Konkurrenten auftraten und die preußischen Banken nur dort zum Zug kamen, wo andere das Geschäft verschmähten. Verschärft wurde die Situation noch dadurch, daß unter den preußischen Banken Ungleichheit herrschte, da ja die Frankfurter Hypothekenbank und die Preußische Central-Bodenkredit-Aktiengesellschaft von den Normativbestimmungen befreit waren und die Grundstücke frei taxieren konnten. Selbst unter den von den Normativbestimmungen betroffenen Banken herrschte Ungleichheit, weil die Vorschriften seitens der Regierung nicht einheitlich gehandhabt wurden, teils die Genehmigung des Statuts von der Aufnahme strengerer Bestimmungen abhängig gemacht wurde, teils Erleichterungen zugestanden wurden. Um den unerfreulichen Zustand zu beenden, erließ der Staat schließlich 1893 im wesentlichen nach dem Vorbild des Statuts der Preußischen Central-Bodenkredit-Aktiengesellschaft erarbeitete neue Normativbestimmungen, wobei die beiden bisher befreiten Institute auch weiterhin ausgenommen blieben. Für die anderen Banken erwiesen sich die Änderungen als Vorteil.[57]

d. Die Fassung von 1893

Als die wesentlichsten Punkte der Neufassung der Normativbestimmungen von 1893[58] können angesehen werden:

da) Die Geschäftstätigkeit der Hypothekenbanken wurde auf die Gewährung von durch Grundpfandrechte gesicherte Darlehen, die Emission von Pfandbriefen sowie einige Nebengeschäfte begrenzt (§ 1).

db) Der Gesamtbetrag der ausgegebenen Pfandbriefe mußte in Höhe des Nennwerts jederzeit durch Hypotheken oder Grundschulden von mindestens gleicher Höhe und gleichem Zinsertrag gedeckt sein, und zwar mindestens zur Hälfte durch unkündbare Amortisationsforderungen (§ 2 Abs 1).

dc) Die Ausgabe von Pfandbriefen, deren Einlösungswert den Nennwert übersteigt (Zuschlagspfandbriefe), sowie von solchen Pfandbriefen, deren Inhabern ein Kündigungsrecht eingeräumt ist, war nicht gestattet (§ 2 Abs 2).

dd) Bei einem eingezahlten Grundkapital von weniger als zehn Millionen Mark durfte der Pfandbriefumlauf nicht mehr als das Fünfzehnfache, bei einem höheren Betrag nicht mehr als das Zwanzigfache des bar eingezahlten Grundkapitals ausmachen (§ 2 Abs 3).

57 Dannenbaum, 4
58 abgedruckt bei Dannenbaum, 292 ff

de) Aus dem Pfandbrief mußte das Wesentliche des zwischen der Hypothekenbank und dem Inhaber bestehenden Rechtsverhältnisses, insbesondere in Betreff der Kündbarkeit der Pfandbriefe, ersichtlich sein. Die Hypothekenbank durfte auf das Recht zur Kündigung der Pfandbriefe nur insoweit verzichten, als ihr gegenüber die Kündbarkeit der zur Unterlage dienenden Hypotheken- und Grundschuldforderungen ausgeschlossen war. Die Kündbarkeit der Pfandbriefe durfte keinesfalls für mehr als zehn Jahre ausgeschlossen werden (§ 2 Abs 4).

df) Besonders wichtig war die Neuregelung hinsichtlich der Beleihungsgrenze: die Beleihung durfte gemäß § 3 Abs 1, soweit die Hypotheken und Grundschulden als Unterlage für Pfandbriefe benutzt wurden, nur nach folgenden Grundsätzen erfolgen:

Z 1: Die Beleihung war der Regel nach nur zur ersten Stelle zulässig; sie durfte bei ländlichen Grundstücken 2/3 , bei städtischen Grundstücken die Hälfte, bei besonders gut gelegenen Grundstücken in größeren Städten mit normal fortschreitender Entwicklung 6/10 , bei Weinbergen, Wäldern und solchen Liegenschaften, deren Ertrag auf Anpflanzungen beruht, und deren Wert unter Berücksichtigung dieser Anpflanzungen abgeschätzt wurde, 1/3 (in besonderen Fällen 2/3) des ermittelten Wertes nicht übersteigen.

Z 2: Die bei der Beleihung angenommene Sicherheit mußte sowohl durch den Ertrags- als auch den Verkaufswert des beliehenen Grundstücks vollkommen gerechtfertigt sein, wobei bei der Abschätzung lediglich die dauernden Eigenschaften des zu beleihenden Grundstücks und derjenige Ertrag, welchen das Grundstück bei gewöhnlicher Bewirtschaftung in den Händen eines jeden Besitzers nachhaltig gewähren könne, zu berücksichtigen war, bei der Beleihung von Fabriken und gewerblichen Anlagen nur der von der jeweiligen Benutzungsart unabhängige Wert.

Z 3: Bergwerke, Steinbrüche, Torfstiche und ähnliche, einen dauernden Ertrag nicht gewährende Grundstücke, sowie Bauplätze durften überhaupt nicht beliehen werden. Darlehen auf Neubauten durften erst dann als Unterlage für Pfandbriefe benutzt werden, wenn die beliehenen Baulichkeiten vollkommen fertiggestellt und ertragsfähig waren.

dg) Die nach dem Vorstehenden zu erlassenden Vorschriften über die Wertermittlung waren der Aufsichtsbehörde einzureichen (§ 3 Abs 2).

dh) Die §§ 4-7 enthielten Bestimmungen hinsichtlich der Schuldner: Die allgemeinen Bedingungen der Darlehensgewährung, insbesondere die für den Fall verzögerter Zahlung den Schuldner eines Pfandbriefdarlehens treffenden Nachteile waren im Statut anzugeben (§ 4 Abs 1).

Die von den Banken ausgegebenen Darlehensprospekte und Antragsformulare mußten sämtliche vom Schuldner zu übernehmenden Barverpflichtun-

gen, auch hinsichtlich der sogenannten Nebenleistungen und einer etwaigen Hinausschiebung des Tilgungsbeginns, klar ersehen lassen (§ 4 Abs 2).
Die Darlehensvaluta war dem Schuldner stets in barem Geld zu gewähren (§ 4 Abs 3).
Die Voraussetzungen, unter denen die Hypothekenbank von ihr unkündbar gewährte Darlehen dem Schuldner ausnahmsweise aufkündigen durfte, waren im Statut festzusetzen (§ 5 Abs 1).
Bei unkündbaren Amortisationsdarlehen mußte der jährliche Tilgungsbeitrag des Schuldners mindestens 0,5% der Darlehenssumme betragen (§ 6 Abs 1).
Der Beginn der Amortisation durfte höchstens auf zehn Jahre hinausgerückt werden (§ 6 Abs 2).
Jedem Darlehensschuldner mußte urkundlich das Recht eingeräumt werden, spätestens zum Ablauf des zehnten Jahres nach der Darlehensaufnahme seine Schuld nach vorangegangener Kündigung ganz oder teilweise in bar zurückzuzahlen (§ 7).

di) Die §§ 8-10 regelten die Aufstellung der Bilanz sowie der Gewinn- und Verlustrechnung einer Hypothekenbank.

dj) Laut § 11 war die Aufsichtsbehörde befugt, zur Wahrnehmung des Aufsichtsrechts ständig oder für einzelne Fälle einen Kommissar zu ernennen, der berechtigt war, die Gesellschaftsorgane, einschließlich der Generalversammlung, einzuberufen, ihren Beratungen beizuwohnen und jederzeit die Kassen, Bücher, Rechnungen und sonstige Schriftstücke der Gesellschaft einzusehen.

e. Der Geltungszeitraum

Die eben zitierten Normativbestimmungen blieben nicht lange in Geltung, da am 1.1.1900 das Hypothekenbankgesetz vom 13.7.1899 (RGBl. I, S. 375), das wesentlich auf diesen Normativbestimmungen aufgebaut wurde, in Kraft trat und reichseinheitliches Recht schuf. Die Entstehungsgeschichte und der Inhalt des Hypothekenbankgesetzes werden an anderer Stelle ausführlich behandelt werden.

5. Die allgemeine Entwicklung der deutschen Hypothekenbanken

a. Der Unterschied zu den Landschaften

Die Hypothekenbanken waren im Gegensatz zu den Landschaften überregional geschäftlich tätig. Sie gewährten - entweder sofort oder nach einer kurzen

Übergangszeit - Bardarlehen statt Naturaldarlehen (bei diesen wurden die Pfandbriefe dem Schuldner zur Verwertung übergeben). Es bestand kein unmittelbarer Zusammenhang zwischen einem Pfandbrief und einem individuell für diesen haftenden Grundstück mehr, die Gesamtheit der Hypotheken wurde zu einer nur für die Besitzer von Pfandbriefen bestimmten realen Sicherheitsmasse zusammengefaßt, wodurch es kein Spezialpfand eines einzelnen Pfandbriefgläubigers an einem bestimmten Pfandobjekt mehr gab. Ein bedeutender Fortschritt gegenüber dem Landschaftssystem bestand darin, daß die Hypothekenbanken den Beleihungswert an Hand staatlich genehmigter Wertermittlungsanweisungen nach dem realen Wert (Verkaufswert) festsetzen konnten. In Preußen jedoch - mit den zwei oben genannten Ausnahmen - waren die Banken bis 1893 an die schematischen, veralteten und oft weit unter dem wahren Wert liegenden Steuerwerte gebunden.[59]

b. Das verstärkte Engagement im städtischen Bodenkredit

Während bei den frühen Gründungen von Hypothekenbanken teilweise noch der landwirtschaftliche Realkredit im Vordergrund stand, wandten sich die Hypothekenbanken nach 1870 verstärkt dem städtischen Bodenkredit zu. Beliehen wurden in der Regel nur bereits Ertrag bringende Rentenhäuser, um das Risiko einzugrenzen. Gewerbliche Beleihungen waren eher die Ausnahme, wobei Objekte mit nachhaltigem Ertrag bevorzugt wurden, etwa Brauereien und Hotels. Durch die zunehmende Industrialisierung und Verstädterung ging auch bei den mehr am Agrarkredit orientierten Instituten der Anteil der landwirtschaftlichen Beleihungen zurück.[60]

6. Das Hypothekenbankwesen in den Niederlanden

Nach langen Anläufen wurde 1861 eine Aktiengesellschaft, die „N. V. Nationale Hypotheekbank“, gegründet, nachdem - wie bereits an anderer Stelle erwähnt - sich das Landschaftssystem nicht hatte durchsetzen können. Die ausgegebenen Pfandbriefe wurden durch die Hypotheken und alle Eigenmittel der Bank garantiert. Als Vorbild für die Satzung dieser Bank dienten die Reglements der neueren Landschaften in Deutschland und insbesondere das Statut des 1852 errichteten Crédit Foncier de France. Neben der Satzung galten für die Nationale Hypotheekbank lediglich die allgemeinen Vorschriften des Handelsgesetzbuches.

---

59 Letschert in Steffan, Handbuch des Real- und Kommunalkredits, 502
60 Letschert in Steffan, 503

Die raschen Erfolge der Bank ermutigten zu weiteren Gründungen. Bis zum Jahr 1907 entstanden in den Niederlanden nicht weniger als 52 Hypothekenbanken. Dieser Aufschwung war nicht vorherzusehen gewesen, da die ersten Institute in der Absicht errichtet worden waren, ein Kreditsystem für die Landwirtschaft zu schaffen, sich die Hypothekenbanken jedoch schon bald der Finanzierung des Wohnungsbaus zuwandten.[61]

II. Das Problem der Wahrung der Rechte der Pfandbriefbesitzer

1. Der Unterschied zwischen „alten" und „neuen" Pfandbriefen

Beim „alten" Pfandbrief handelte es sich um einen verzinslichen, von einer Korporation von vereinigten Grundbesitzern einer politischen Provinz (einem Landschaftlichen Kreditverein) auf Grund einer Spezialhypothek statutenmäßig ausgefertigten Schuldschein. Die „neuen" Pfandbriefe hingegen stellten Schuldverschreibungen dar, die von einem dazu berechtigten Hypothekargläubiger auf Grund der ihm geschuldeten Hypothekarforderungen ausgegeben wurden und durch diese Forderungen gedeckt wurden. Die Sicherung der Pfandbriefgläubiger durch eine Spezialhypothek wurde ersetzt durch die Sicherstellung der Forderung zu Handen der die Pfandbriefe emittierenden Anstalt, welche solche Papiere bis zur Höhe der erworbenen Hypothekarforderungen ausgeben durfte.[62]

2. Die verschiedenen Arten der Sicherstellung

Pavlicek[63] unterscheidet bezüglich der Art der Sicherstellung bei den deutschen Hypothekeninstituten vier Kategorien:

a) Hypothekenbanken, deren Statuten nur die Bestimmung enthielten, daß ein Gleichgewicht zwischen Hypotheken und Pfandbriefen bestehe, ferner, daß die vorhandenen Hypotheken neben dem sonstigen Bankvermögen oder daß zunächst die Hypotheken und dann das sonstige Bankvermögen zur Befriedigung der Pfandbriefgläubiger dienen sollten.
b) Gesellschaften, die in ihren Statuten den Pfandbriefgläubigern ausdrücklich ein Vorzugsrecht vor anderen Gläubigern in Hinblick auf die erworbenen Hypotheken zusicherten, jedoch ohne Übertragung des Besitzes oder Mitbesitzes der Urkunden an ein besonderes Organ.

61 Schubäus, 60 ff
62 Pavlicek, Das Pfandbriefrecht, 11 f
63 Pavlicek, 23 f

c) Institute, bei denen den Pfandbriefgläubigern ein Vorzugsrecht oder Pfandrecht an den erworbenen Hypotheken durch die Übertragung des Besitzes oder Mitbesitzes der Urkunden an ein besonderes Organ gewährt werden sollte.
d) Pfandbriefinstitute, welche die Sicherstellung der Pfandbriefgläubiger durch die Erwerbung von Hypotheken für ebendiese herzustellen suchten.

3. Schlußfolgerungen

Pavlicek[64] hält diese Konstruktionen für nicht ausreichend:

ad a) Die allgemeine Gewährung eines Vorzugsrechts in den Statuten wäre den Gläubigern der Anstalt gegenüber offenbar ohne Belang und gewähre den Pfandbriefgläubigern höchstens einen obligatorischen Anspruch gegen die Anstalt selbst.

ad b) Auch hier verhalte es sich nicht besser als bei (a).

ad c) Dagegen würden schon, je nach der Verschiedenheit der einzelnen deutschen Partikulargesetze, gewichtige Bedenken bestehen. Es bleibe immer zweifelhaft, ob in dem Fall, in dem die Bank trotzdem eine Hypothek an jemand anderen zediert oder verpfändet hätte oder ein Dritter auf sie Exekution führen würde, diesem Dritten gegenüber jene Sicherheitsmaßregel immer und unbedingt wirksam sein würde.

ad d) Hier würden die Dinge insofern anders liegen, als die Hypothekenforderungen eigentlich in der Rechtszuständigkeit der Pfandbriefbesitzer stünden, während die Bank nur als deren Verwalterin oder Mandatarin erscheine, wogegen aber dahingehend Bedenken auftreten würden, daß eine Eintragung des Pfandrechts ins Hypothekenbuch für unbekannte, stets wechselnde Berechtigte nach den meisten deutschen Hypothekenordnungen unzulässig wäre.

4. Das Verhältnis der in den Statuten eingeräumten Rechte zur Konkursordnung

Besonders im Konkurs konnten die Mängel der Sicherstellung offenbar werden, denn gemäß der deutschen Konkursordnung vom 10.2.1877 war einerseits ein Generalvorrecht durch Vertrag überhaupt nicht einräumbar und die Rangordnung der Gläubiger im Konkurs ausdrücklich festgestellt, andererseits konnte ein

64 Pavlicek, 24 f

Spezialvorrecht auf vorzugsweise Befriedigung nur durch vertragsmäßiges Pfandrecht erworben werden (§§ 709, 710 der deutschen Zivilprozeßordnung), wobei es sich, sollte es einem späteren Pfändungspfandrecht vorgehen, um ein Faustpfandrecht handeln mußte. Nur insofern die in den Statuten den Pfandbriefbesitzern eingeräumten Vorzugs- oder Pfandrechte wirklich ein Faustpfandrecht begründeten, konnten sie im Falle eines Konkurses von Wirkung sein. Nach dem § 40 der deutschen Konkursordnung und den §§ 15 und 16 des Einführungsgesetzes zur Konkursordnung war aber ein Faustpfandrecht an Forderungen nur dann anerkannt, wenn entweder der Drittschuldner von der Verpfändung benachrichtigt war oder der Pfandgläubiger oder ein Dritter für ihn den Gewahrsam der über die Forderung ausgestellten Urkunden erlangt und behalten hatte oder die Verpfändung im Hypothekenbuch eingetragen war - außerdem in allen Fällen vorausgesetzt, daß auch nach bürgerlichem Recht ein gültiges Pfandrecht mit der Wirkung eines Besitzpfandrechts erworben wurde. Hinsichtlich der Eintragung ins Hypothekenbuch waren die partikularrechtlichen Bestimmungen hinderlich, da in den Hypothekenordnungen nur vereinzelt die Eintragung für unbekannte Gläubiger zugelassen wurde. Es stand fest, daß eine ganz unzweifelhaft wirksame Faustpfandbestellung durch diese in den Statuten enthaltenen Bestimmungen mit Rücksicht auf die Konkursordnung, auf deren Einführungsgesetz und die Zivilprozeßordnung schwierig war.[65]

5. Der § 17 des Einführungsgesetzes zur Konkursordnung

Da weder das Zivilrecht noch das Hypothekenbankwesen reichseinheitlich geregelt waren, man aber die Problematik der rechtlichen Sicherung der Pfandbriefgläubiger erkannt hatte, entschloß sich der Reichsgesetzgeber, im § 17 des Einführungsgesetzes zur Konkursordnung zu bestimmen, daß es der Landesgesetzgebung überlassen werde, die Sicherstellung der Pfandbriefgläubiger durch Faustpfandrechte an den Hypotheken im Sinne der Konkursordnung zu ermöglichen. Erst zwischen 1885 und 1896 machten einige kleinere deutsche Staaten vom § 17 EGKO Gebrauch.[66]

---

65 Pavlicek, 26 ff
66 Dannenbaum, 5

III. Zusammenfassung

1. Die Expansion des Pfandbriefwesens

Nach dem Vorbild des Crédit Foncier de France, einem Pfandbriefinstitut in Form einer Aktiengesellschaft, ging man auch in Deutschland daran, Hypothekenbanken in dieser Rechtsform zu errichten. Dabei wurden die wesentlichen Prinzipien des bewährten Pfandbriefsystems der Landschaften übernommen, die Geschäftstätigkeit aber überregional ausgeübt. Auf Grund des raschen Wachstums der Hypothekenbanken waren sie bald bedeutender als die Landschaften. Innerhalb der Institute waren die „reinen" und die „gemischten" Hypothekenbanken zu unterscheiden.

2. Uneinheitliche Rechtsvorschriften

Nicht alle Hypothekenbanken unterlagen denselben Rechtsvorschriften. So erwiesen sich etwa die strengen Normativbestimmungen in Preußen schon bald als Nachteil für die ihnen unterworfenen Banken, da sie bei der Grundstücksbeleihung einen veralteten Steuermeßbetrag zugrunde legen mußten, der bei weitem nicht dem wahren Wert entsprach. Weil dies zu Wettbewerbsverzerrungen führte, wurden schließlich 1893 neue Normativbestimmungen erlassen, mit deren Hilfe die Außenseiterstellung mancher Institute beseitigt wurde.

3. Die Hinwendung der Hypothekenbanken zum städtischen Bodenkredit

Während die ersten Hypothekenbanken noch vor allem landwirtschaftlich genutzte Grundstücke beliehen, wandten sie sich ebenso wie die später entstandenen Institute im weiteren Verlauf verstärkt dem städtischen Bodenkredit zu. Wie schon bei den Beleihungen von landwirtschaftlichen Gütern wurde auch beim städtischen Beleihungsgeschäft das Risiko bewußt niedrig gehalten. Die Tatsache, daß sich die Hypothekenbanken den geänderten Finanzierungsbedürfnissen bei gleichzeitiger Expansion anpassen konnten, spricht auch für die Flexibilität des Pfandbriefsystems.

4. Die Entpersönlichung des Realkredits und ihre Folgen

Der unmittelbare Zusammenhang zwischen dem Geldgeber und dem Darlehensschuldner ging nun völlig verloren. Die Sicherheit für den Pfandbriefgläubiger bestand im wesentlichen darin, daß er darauf vertrauen konnte, daß die unter staatlicher Aufsicht stehende Hypothekenbank - wie in den Statuten zugesichert - das Gleichgewicht zwischen der Summe der Beträge der ausgegebenen Pfandbriefe und der Summe der Beträge der aus diesen Geldern gewährten Darlehen aufrechterhielt. Diese Sicherheit, die faktisch nicht ernstlich gefährdet war, stellte sich rechtlich betrachtet als ungenügend dar. Dieses Problem war auch dem Reichsgesetzgeber bewußt geworden, er konnte allerdings, da sowohl das Zivilrecht als auch das Hypothekenbankwesen nicht reichseinheitlich geregelt war, vorerst nur eine Notlösung in Form des § 17 des Einführungsgesetzes zur Konkursordnung treffen, indem er die rechtliche Absicherung der Pfandbriefgläubiger dem Landesgesetzgeber zuwies. Eine ausreichend befriedigende Lösung des Problems war jedoch nur von einer reichsgesetzlichen Regelung zu erwarten, die jedoch, da dies auch ein einheitliches Zivilrecht voraussetzte, noch geraume Zeit auf sich warten ließ.

3. Kapitel: Der Pfandbrief in Österreich

I. Die politische und wirtschaftliche Lage nach 1848

1. Vorbemerkung

In diesem Kapitel soll die Anfangsphase des Pfandbriefwesens in Österreich dargestellt werden. Es erscheint zweckmäßig, die Ausführungen mit einer kurzen Darstellung der Rahmenbedingungen zu beginnen.

2. Die Grundentlastung

Die wahrscheinlich nachhaltigste Veränderung des Jahres 1848 stellte die Grundentlastung dar. Der Bauer wurde zum Alleineigentümer des von ihm bearbeiteten Bodens, alle aus der Grundherrschaft und dem damit in Zusammenhang stehenden Untertanenverhältnis abgeleiteten Dienste und Abgaben fielen weg, gleichzeitig endete aber auch die grundherrschaftliche Schutzfunktion. Der an die Naturalwirtschaft gewöhnt gewesene Bauer wurde nun plötzlich in viel höherem Maße mit der Geldwirtschaft konfrontiert und hatte als freier Eigentümer selbst die Verantwortung zu tragen.

3. Die Industrialisierung

Begünstigt durch die Hochkonjunkturphase von 1850 bis etwa 1857 nahm die Industrie einen großen Aufschwung. Ebenso wie im Ausland setzte sich die Aktiengesellschaft als Rechtsform der Unternehmungen durch, zunächst besonders im rasant wachsenden Eisenbahnbau, dessen Investitionsbedarf durch die Ausgabe von Aktien am besten finanziert werden konnte. Die Gesetzgebung trug diesem Trend mit der Erlassung des Vereinspatents vom 26.11.1852, RGBl. Nr. 253/1852, in dem unter anderem die Bewilligung für die Errichtung von Aktiengesellschaften geregelt war, und des Börsepatents vom 11.7.1854, RGBl. Nr. 200/1854, Rechnung.

4. *Der Bankensektor*

a. Das Entstehen der Aktienbanken

Auch im Bankensektor wurden Aktiengesellschaften gegründet, die Privatbankiers traten zunehmend in den Hintergrund.[67] Am bedeutendsten wurde die 1855 gegründete k.k. privilegierte österreichische Credit-Anstalt für Handel und Gewerbe, die rasch europäische Bedeutung erlangte.[68]

b. Die Rolle der Banken in der Gründerzeit

Die Aktienbanken übernahmen die Kapitalsammlung für die Industrialisierung und ihren Ausbau. Diese neuen Institute waren weitgehend als Universalbanken tätig, es gab kaum eine Spezialisierung und größere Arbeitsteilung wie etwa in England. Im Wertpapierumsatz kam es zu einer Konkurrenz zwischen Börse und Großbanken, da der Kauf und Verkauf von Wertpapieren immer mehr über die Banken und nicht über die Börse abgewickelt wurden.[69] Die Zahl der an der Wiener Börse notierten Aktiengesellschaften stieg von 31 Ende 1866 auf 374 am 9.5.1873.[70] Dieser einfache Zahlenvergleich zeigt recht anschaulich, in welchem „Gründerrausch" sich Österreich damals befand.

c. Der Konkurrenzkampf

Zwischen 1870 und 1872 erreichten die Dividenden der Aktienbanken eine in der Geschichte des Aktienbankwesens in Österreich einzigartige Höhe, wobei am Kampf um die Erzielung immer höherer Gewinnausschüttungen zunehmend auch altrenommierte Banken teilnahmen.[71] Die k.k. privilegierte Credit-Anstalt für Handel und Gewerbe blieb dem gesteigerten Spekulations- und Gründungswesen dieser Zeit fern und beschränkte sich vor allem auf das reguläre Bankgeschäft.[72]

---

67 Baltzarek, Die Geschichte der Wiener Börse, 11
68 Ein Jahrhundert CA-BV, 3
69 Baltzarek, 11 f
70 Baltzarek, 73
71 Matis, Österreichs Wirtschaft 1848-1913, 233 f
72 Ein Jahrhundert CA-BV, 57

II. Die ersten österreichischen Pfandbriefinstitute

1. Die Galizische ständische Creditanstalt

1848 gab es in Österreich erst ein Pfandbriefinstitut, nämlich die 1841 von den Ständen Galiziens errichtete „Galizische ständische Creditanstalt", Sie wurde durch einen freiwilligen Verein von Besitzern landtäflicher Güter unter Garantie der Stände gebildet und beruhte insbesondere auf Gegenseitigkeit und Solidarhaftung der Mitglieder. Mitglied konnte derjenige Gutsbesitzer werden, der wenigstens 1 000 Gulden Sicherheit bieten konnte. Die Pfandbriefforderungen wurden durch die hypothekarisch sichergestellten Darlehen der Anstalt, den Reservefonds, durch die Haftung des Domestikalfonds und die statutenmäßige Bestimmung gesichert, wonach jeder Pfandbriefbesitzer im Fall einer ausstehenden Zahlung das Recht besaß, nach seiner Wahl die Befriedigung bei der Anstalt, dem Domestikalfonds oder bei einem Gut, das einem der Anstalt beigetretenen Gutsbesitzer gehörte, zu suchen. 1868 wurde die Galizische ständische Creditanstalt in den „Galizischen Bodencreditverein" umgewandelt.[73]

Der galizische Landtag hatte sich bereits ab 1822 bemüht, nach dem Muster der Schlesischen Landschaft ein Kreditinstitut unter der Gesamthaftung des ganzen Tabulargrundbesitzes Galiziens und der Bukowina zu gründen. Das Institut sollte eine freiwillige Vereinigung des Tabulargrundbesitzes sein, die an die Mitglieder Darlehen in Pfandbriefen innerhalb der ersten Hälfte des Wertes vergibt. In der Landtagssitzung vom 19. Oktober 1825 wurde das Projekt durch die Stände einstimmig angenommen und dem Monarchen zur Genehmigung vorgelegt. Nach einigen Jahren beharrte der Landtag auf seinem Wunsch auf Errichtung einer eigenen Kreditanstalt, da die galizischen Stände 1827 und 1828 darauf hingewiesen hatten, daß das in Aussicht genommene Kreditsystem den Geldverkehr beleben werde. Ein kaiserliches Reskript vom 22. Juni 1829 versprach zwar eine baldige Erledigung der Angelegenheit, die Hofkammer (die damalige Hofkommission für Angelegenheiten der Gesetzgebung) und auch die Hofkanzlei äußerten aber Bedenken gegen die Ausgabe von kündbaren Pfandbriefen, da man befürchtete, daß dem Kreditinstitut die Mittel, seinen Verpflichtungen nachzukommen, fehlen könnten. Am 26. Oktober 1833 nahm der galizische Landtag schließlich ein den Änderungsvorschlägen der Reichsregierung entsprechendes Statutenprojekt an. Durch Allerhöchsten Erlaß vom 4. August 1835 wurde eine Regierungskommission mit der Prüfung des neuen Statutenentwurfes beauftragt. Die Reichsregierung verlangte vor allem eine Garantie der Stände für die Pfandbriefe, was in den Vorentwürfen nicht vorgesehen war. In der Folge war der

73 Pavlicek, Pfandbriefrecht, 48

Landtag - unter der Bedingung der Einräumung von Privilegien - dazu bereit (Beschluß vom 13. September 1839). Die galizischen Stände übernahmen somit die Garantie für die pünktliche Bezahlung der Zinsen der Pfandbriefe sowie deren Einlösung. Schließlich wurden durch das Allerhöchste Patent vom 3. November 1841 die Statuten genehmigt.[74]

2. Die Abteilung für den Hypothekarkredit bei der privilegierten österreichischen Nationalbank

a. Die Entstehungsgeschichte

Finanzminister Karl Freiherr von Bruck legte dem Kaiser am 16.7.1855 ein großes Projekt vor, in dem unter anderem die Gründung einer selbständigen „Creditanstalt für Handel und Gewerbe", aber auch die Errichtung einer Hypothekenabteilung bei der privilegierten österreichischen Nationalbank vorgesehen war. Nach Brucks Auffassung gehörte es zu den Aufgaben der Nationalbank, das Kreditbedürfnis des Grundbesitzes zu befriedigen, was er auch am 2.10.1855 dem Bankgouverneur in einer Note mitteilte.[75]

b. Der Erlaß des Finanzministeriums vom 21.10.1855

Mit Erlaß des Finanzministeriums vom 21.10.1855, RGBl. Nr. 185/1855, betreffend die der privilegierten österreichischen Nationalbank in ihrer Eigenschaft als Hypothekenbank eingeräumten Begünstigungen, wurde bestimmt:

Da die privilegierte österreichische Nationalbank auf Grund der mit Allerhöchster Entschließung vom 12.10.1855 erteilten Genehmigung zur Unterstützung des Realbesitzes eine Hypothekenbank zu errichten sich bereiterklärte und zu diesem Zweck ihre Fonds um 35 Millionen Gulden klingender Silbermünze vermehrte, wurden ihr mit der erwähnten Allerhöchsten Entschließung bezüglich jener Geschäfte, die sie in ihrer Abteilung als Hypothekenbank führte, neben den in den Statuten ausgesprochenen Vorrechten unter anderem folgende Begünstigungen eingeräumt:

---

74 Schulte, Die Bodenkreditinstitute der Österreichisch-Ungarischen Monarchie 1841 bis 1910, 43 f

75 Preßburger, Österreichische Notenbank 1816-1966, 85 f

ba) Sie wurde in allen Hypothekarkreditgeschäften von jeder die Höhe des Zinsfußes beschränkenden gesetzlichen Verfügung nicht bloß für die Gegenwart, sondern auch für die Zukunft befreit.

bb) Zur Geltendmachung ihrer Forderungen gegen die Darlehensnehmer und gegen dritte Besitzer des ihr verpfändeten Gutes wurden ihr alle Erleichterungen gewährt, welche der Galizischen ständischen Creditanstalt gegenüber ihren Schuldnern und dem Besitzer eines ihr verpfändeten Gutes mit Allerhöchstem Patent vom 3.11.1841[76] zugestanden wurden, und nicht durch die eigentümlichen Verhältnisse jener Anstalt bedingt waren.

bc) Sie wurde berechtigt, Pfandbriefe bis zum fünffachen Betrag des für die Geschäfte der Hypothekenbank bestimmten Fonds mit wenigstens zwölfmonatiger Laufzeit zu emittieren, kürzere Laufzeiten bedurften einer Zustimmung des Finanzministeriums.

bd) Ihre Pfandbriefe konnten zur fruchtbringenden Anlegung von Kapitalien der Gemeinden, Körperschaften, Stiftungen, unter öffentlicher Aufsicht stehenden Anstalten, der Pupillar- und Depositengelder verwendet werden, da für die pünktliche Verzinsung und Rückzahlung des Kapitals das gesamte bewegliche und unbewegliche Vermögen der Nationalbank und die zugunsten dieser Anstalt bestehenden Hypotheken hafteten.

be) Die Pfandbriefe durften an der Börse veräußert oder verpfändet und ihr Kurs im Börsenblatt notiert werden.

bf) Die Begünstigungen reichten auch über die Dauer des der Nationalbank verliehenen Privilegiums hinaus, insofern sie zur völligen Abwicklung ihrer Hypothekengeschäfte notwendig waren.

Der Zeitpunkt des Tätigkeitsbeginns und die näheren Bestimmungen wurden einer späteren Regelung vorbehalten.

c. Der Erlaß des Finanzministeriums vom 20.3.1856

Mit Erlaß des Finanzministeriums vom 20.3.1856, RGBl. Nr. 36/1856, wurden die mit Allerhöchster Entschließung vom 16.3.1856 genehmigten Statuten und das Reglement der bei der privilegierten österreichischen Nationalbank errichteten Abteilung für den Hypothekarkredit kundgemacht. Der Zeitpunkt der Aufnahme der Geschäftstätigkeit wurde mit 1.7.1856 festgesetzt.

76 Provinzial-Gesetzsammlung für Galizien und Lodomerien, Jahrgang 1841, 520

ca) Die Statuten der Abteilung für den Hypothekarkredit

Im § 2 wurden noch weitere besondere Begünstigungen gewährt, so lieferten etwa die Hauptbücher der Nationalbank den vollen Beweis über den Betrag einer in Exekution zu ziehenden Forderung, ebenso Auszüge aus den Hauptbüchern (§ 2 lit b). Fiel der Schuldner oder der Besitzer des hypothezierten Gutes in Konkurs, wurde der Nationalbank die Möglichkeit gewährt, das Liquidationsurteil noch vor Ablauf der Ediktalfrist und die Feilbietung des hypothezierten Gutes sogleich, nachdem das Liquidationsurteil rechtskräftig geworden war, zu erwirken (§ 2 lit f iVm § 35).

§ 4: Der für die Nationalbank bestellte landesfürstliche Hofkommissär hatte auch die Abteilung für den Hypothekarkredit zu überwachen und war dafür verantwortlich, daß kein Darlehen ohne vollkommene Sicherstellung (§ 6) gewährt wurde, ferner, daß bei der Ausgabe von Pfandbriefen (§ 39) die im § 41 festgesetzte Grenze genau beachtet wurde.

§ 6: Die Nationalbank war nur dann berechtigt, ein Darlehen zu gewähren, wenn es durch eine Hypothek vollkommen sichergestellt war, das hieß, wenn das Darlehen den Wert der angebotenen Hypothek - mit Hinzurechnung der auf dieser etwa schon haftenden Lasten - höchstens bis zur Hälfte erschöpfte; oder wenn die verbücherten Gläubiger und deren Aftergläubiger die einzuverleibende Erklärung abgaben, daß sie der Nationalbank für das zu erteilende Darlehen und die damit verbundenen statutenmäßigen Rechte den Vorrang einräumen, damit das Darlehen samt den statutenmäßigen Rechten in der ersten Hälfte des Hypothekenwertes die vollkommene Sicherheit erlange.

Gemäß § 7 durften Häuser, die für sich allein, und Wirtschaftsgebäude, die als Bestandteil eines Gutes hypotheziert wurden, nur dann als Hypothek angenommen werden, wenn sie bei einer oder mehreren inländischen Feuerassecuranz-Gesellschaften versichert waren.

Der Wert der Hypothek konnte durch gerichtliche Schätzungen, mehrjährige Erträgnisausweise oder durch Kaufkontrakte ermittelt werden, als Wert von Grundstücken konnte der hundertfache Betrag der ordentlichen Grundsteuer mit Weglassung der Zuschüsse angenommen werden (§ 8 Abs 2).

Laut § 10 wurde der Betrag des Darlehens, ob es in bar oder in Pfandbriefen (§ 39) gegeben werden sollte, die Festsetzung der Zeit der Rückzahlung und ob diese auf einmal oder in Raten oder Annuitäten erfolgen sollte, schließlich die Höhe des Zinsfußes dem beiderseitigen Übereinkommen überlassen.

Bei Nichterfüllung der dem Schuldner auferlegten Verpflichtungen - im wesentlichen Zinsenzahlung und allfällige Kapitalraten - war die Nationalbank berechtigt, das Darlehen ohne Aufkündigung und ohne Rücksicht auf die festgesetzten Zahlungsmodalitäten fällig zu stellen (§ 12).

Der Schuldner konnte die Rückzahlung des Kapitals ganz oder teilweise auch vor Ablauf der festgesetzten Zahlungsfrist leisten, wenn der zur Rückzahlung angebotene Betrag durch hundert ohne Rest teilbar war und der Schuldner entweder diesen Betrag wenigstens sechs Monate vorher in einer gerichtlich oder von einem Notar legalisierten Eingabe kündigte oder für die noch nicht abgelaufene Kündigungsfrist die vertragsmäßigen Zinsen entrichtete (§ 16 Abs 1).
Für die pünktliche Verzinsung und Bezahlung des Pfandbriefkapitals hafteten vorzugsweise die hypothezierten Kapitalien und außerdem das sonstige bewegliche und unbewegliche Vermögen der Nationalbank (§ 40).
Die Nationalbank war zwar berechtigt, Pfandbriefe bis zum fünffachen Betrag des für die Geschäfte der Hypothekarkreditabteilung bestimmten Fonds auszugeben, doch durfte die Gesamtsumme der wirklich ausgegebenen Pfandbriefe niemals die Gesamtsumme der jeweilig bestehenden Hypothekarforderungen überschreiten (§ 41).
Gemäß § 47 wurden Pfandbriefe entweder auf den Überbringer oder auf einen bestimmten Namen ausgestellt.
Zinsen, die nicht binnen drei Jahren, und Pfandbriefkapitalien, die nicht binnen 30 Jahren nach ihrer Fälligkeit behoben wurden, verjährten und konnten somit nicht mehr gefordert werden (§ 55).

cb) Das Reglement der Abteilung für den Hypothekarkredit

Die Hypothekarkreditabteilung wurde, wie jede andere Geschäftsabteilung der Nationalbank, von der Bankdirektion geleitet. Diese bestimmte den Zinsfuß für die zu gewährenden Darlehen oder abzulösenden Hypothekarforderungen sowie für die Pfandbriefe und deren Laufzeit (§ 1).
Gemäß § 10 mußte das Ergebnis der gesamten Geschäftsgebarung der Abteilung für den Hypothekarkredit der Bankdirektion wöchentlich zur Kenntnis gebracht werden und von dieser monatlich mit den Ergebnissen der übrigen Geschäftsabteilungen veröffentlicht werden.
Die Nationalbank gewährte kein Darlehen und löste keine Hypothekarforderung ab, wenn der Betrag nicht wenigstens 5 000 Gulden erreichte, und wenn er nicht durch hundert ohne Rest teilbar war (§ 11).
Die dem Hypothekarschuldner im § 16 der Statuten vorbehaltene Kündigung mußte gerichtlich oder von einem Notar legalisiert sein, sonst wurde sie als gar nicht geschehen betrachtet. Ebenso wurde, wenn ein durch hundert ohne Rest nicht teilbarer Betrag gekündigt wurde, der Teilungsrest für nicht gekündigt angesehen (§ 25).

Jeder Pfandbrief mußte die Kapitalsumme, die Währung, in der diese verzinst wurde, den Zinsfuß, die Zinstermine, die Bestimmung, ob er auf Namen oder Inhaber lautete, die Laufzeit und die Haftung der Nationalbank für Kapital und Zinsen enthalten. Weiters wurde er vom Bankgouverneur oder seinem Stellvertreter, sowie von einem Bankdirektor und einem Kassier der Nationalbank unterfertigt und durch das Siegel der Nationalbank bekräftigt, schließlich war die vom landesfürstlichen Hofkommissär unterzeichnete Bestätigung erforderlich, daß der Pfandbrief auf Grund von gehörig versicherten, in die öffentlichen Bücher eingetragenen Forderungen der Nationalbank ausgestellt worden war (§ 26).
Die auf Überbringer lautenden Pfandbriefe wurden über Beträge von 100, 500, 1 000 und 5 000 Gulden ausgestellt, wobei die der höheren Kategorie gegen Pfandbriefe niedrigerer Kategorie umgetauscht und Pfandbriefe auf Überbringer in solche auf bestimmte Namen umgeschrieben werden konnten (§ 27).

d. Auswirkungen

Die Hypothekarkreditabteilung der Nationalbank verlieh im Jahr 1857 etwas weniger als 14 Millionen Gulden.[77] Auch in der Folge konnte sie sich nie recht entwickeln.[78] Da regelmäßig nur der Großgrundbesitz, und zwar wenigstens mit 5 000 Gulden belehnt wurde, war ihr Wirkungskreis beschränkt.[79]

3. Die k.k. privilegierte allgemeine österreichische Boden-Creditanstalt

a. Allgemeines

Da weder die Hypothekarkreditabteilung der Nationalbank noch das lokal ausgerichtete Ungarische Bodencredit-Institut den Kapitalbedarf der Landwirtschaft voll zu befriedigen vermocht hatten, wollte man 1863 ein neues, auf die nationalen Bedürfnisse abgestimmtes Realkreditinstitut schaffen. Die Initiative zur Gründung der k.k. privilegierten allgemeinen österreichischen Boden-Creditanstalt ging von einer Gruppe österreichischer Bankiers und Großgrundbesitzer aus.[80]

---

77 Preßburger, 92
78 Preßburger, 264
79 Pavlicek, 49
80 Ein Jahrhundert CA-BV, 53

b. Statuten

Mit Erlaß des Staats-, Justiz- und Kriegsministeriums vom 1.6.1864, RGBl. Nr. 49/1864, wurden die der k.k. privilegierten allgemeinen österreichischen Boden-Creditanstalt in Wien mit Allerhöchster Entschließung vom 15.6.1863 bewilligten, über die bestehenden allgemeinen Justizgesetze hinausgehenden Bestimmungen kundgemacht. Darin waren unter anderem folgende Bestimmungen enthalten:

ba) Gemäß Art 6 Abs 4 wurde die Gesellschaft berechtigt:

- Hypothekardarlehen an Besitzer unbeweglicher Güter auf lange oder kurze Frist zu gewähren, wobei die Rückzahlung sowohl auf einmal als auch in Raten oder Annuitäten bedungen werden konnte (Z 1);
- bestehende hypothekarische Kapitalforderungen einzulösen (Z 2);
- Darlehen an Landes-, Bezirks- und Ortsgemeinden, soweit diese zu deren Aufnahme berechtigt waren, nicht nur gegen hypothekarische Sicherstellung, sondern auch ohne Hypotheken gegen Zusicherung ihrer Verzinsung und Rückzahlung mittels Umlagen zu gewähren (Z 3);
- auf Grund der in Z 1-3 erwähnten Geschäfte bis zu der Summe, welche die Darlehensnehmer aus diesen Geschäften der Gesellschaft schulden, Pfandbriefe oder andere Schuldverschreibungen auszugeben. Diese konnten entweder auf bestimmte Rückzahlungsfristen oder verlosbar ausgestellt, und es konnten mit der Rückzahlung der letzteren Prämien, vorbehaltlich der staatlichen Genehmigung der bezüglichen Verlosungspläne, verbunden werden (Z 4);
- ferner waren der Anstalt noch einige Nebengeschäfte erlaubt (Z 6-8).

bb) Die Gesellschaft durfte den kaiserlichen Adler mit der Umschrift „k.k. privilegierte allgemeine österreichische Boden-Creditanstalt" führen (Art 79).

bc) Die Anstalt war von jeder die Höhe des Zinsfußes beschränkenden gesetzlichen Verfügung „losgezählt" (Art 84).

bd) Bezüglich der gewährten Hypothekardarlehen genoß die Anstalt gemäß Art 85 unter anderem folgende Begünstigungen: Über den Betrag einer in Exekution zu ziehenden Forderung lieferten die Hauptbücher der Anstalt, somit auch Auszüge aus ihnen, den vollen Beweis (lit a); Die Anstalt war berechtigt, auf Grund des zu ihren Handen ausgestellten Schuldscheines oder einer anderen Verbindlichkeitserklärung und der Auszüge aus ihren Hauptbüchern gegen den säumigen Schuldner oder den Besitzer des verhypothezierten Gutes sogleich die Exekution anzusuchen, wenn die bezügliche Verpflichtungsurkunde gerichtlich, oder von einem Notar legalisiert worden war (lit c); fiel der Schuldner oder der Besitzer des hypothezierten Gutes in

Konkurs, so wurde der Anstalt die Möglichkeit gewährt, das Liquidationsurteil noch vor Ablauf der Ediktalfrist und die Feilbietung des hypothezierten Gutes sogleich, nachdem das Liquidationsurteil rechtskräftig geworden war, zu erwirken (lit d).

be) Die Pfandbriefe und die auf Grund von Darlehen an Gemeinden ausgegebenen Schuldverschreibungen der Anstalt konnten zur fruchtbringenden Anlegung von Kapitalien der Gemeinden, Körperschaften, Stiftungen, unter öffentlicher Aufsicht stehenden Anstalten, ferner der Pupillar- und Depositengelder verwendet werden (Art 86).

bf) Alle diese Begünstigungen reichten auch über die Dauer der Konzession hinaus, insofern sie zur Abwicklung der Geschäfte notwendig waren (Art 89).

bg) Die Darlehen wurden, nach Maßgabe des mit dem Darlehensnehmer getroffenen Übereinkommens, entweder in barem oder in Pfandbriefen gegeben (Art 91 Abs 1).

bh) Der Schuldner konnte die Rückzahlung des Kapitals ganz oder zum Teil auch vor Ablauf der im Schuldschein festgesetzten Zahlungsfrist leisten, wenn der zur Rückzahlung angebotene Betrag durch hundert ohne Rest teilbar war und wenn der Schuldner diesen Betrag wenigstens sechs Monate vorher in einer gerichtlichen oder von einem Notar legalisierten Eingabe kündigte oder für die noch nicht abgelaufene Kündigungsfrist die vertragsmäßigen Zinsen entrichtete. Für solche vor Ablauf der im Schuldschein festgesetzten Frist geleistete Rückzahlungen war eine vom Verwaltungsrat zu bestimmende Vergütung zu entrichten, welche jedoch drei Prozent des zurückgezahlten Kapitals nicht übersteigen durfte (Art 106 Abs 1).

bi) Mit der Verlosung der Pfandbriefe konnten Prämien verbunden werden, deren Betrag und Verteilung der Verwaltungsrat bestimmte (Art 143).

bj) Für den Betrag der den Landes-, Bezirks- und Ortsgemeinden gewährten Darlehen wurden verzinsliche Schuldverschreibungen ausgegeben (Art 152 Abs 1).
Diese wurden als Schuldverschreibungen der k.k. privilegierten allgemeinen österreichischen Boden-Creditanstalt, Abteilung für Gemeindedarlehen, bezeichnet (Art 152 Abs 2).
Die Bestimmungen für die Pfandbriefe galten hinsichtlich dieser Papiere sinngemäß (Art 152 Abs 3).

c. *Auswirkungen*

Der Umstand, daß der k.k. privilegierten allgemeinen österreichischen Boden-Creditanstalt eine ganze Reihe von Privilegien eingeräumt worden war, führte gemeinsam mit dem großen, bis dahin unbefriedigten Kapitalbedarf der österreichischen Landwirtschaft zu einem beachtlichen Aufstieg des Instituts in den folgenden Jahren.[81]

4. Andere österreichische Pfandbriefinstitute

a. Die Hypothekenbank des Königreiches Böhmen in Prag

Mit Allerhöchster Genehmigung vom 4. August 1864 wurden die Statuten der Hypothekenbank des Königreiches Böhmen genehmigt. Dieses Institut wurde von der Landesvertretung gegründet und gilt als die erste Landeshypothekenanstalt der Monarchie. Auf die Landeshypothekenanstalten wird an anderer Stelle noch ausführlich eingegangen werden.

b. Die k.k. privilegierte Österreichische Hypothekenbank in Wien

Diese Bank wurde als Aktiengesellschaft gegründet, dem Konsortium zur Gründung gehörte auch die Anglo-österreichische Bank an. Am 18. Oktober 1867 erhielt der Statutenentwurf die Allerhöchste Genehmigung, am 18. Februar 1868 erfolgte die endgültige Konstituierung. Die Beleihungstätigkeit erstreckte sich auf die im Reichsrat vertretenen Königreiche und Länder. Das Institut erlangte aber nur eine geringe geschäftliche Ausdehnung.[82]

c. Die k.k. privilegierte Galizische Aktien-Hypothekenbank in Lemberg

Als Gründer traten Mitglieder des polnischen Hochadels auf, eröffnet wurde das Institut am 15. Juli 1867. Der Wirkungskreis erstreckte sich zunächst auf das Königreich Galizien und Lodomerien mit dem Großherzogtum Krakau und dem Herzogtum Bukowina, wurde 1870 aber auf das Herzogtum Schlesien und die Markgrafschaft Mähren erweitert.[83]

d. Die österreichisch-schlesische Bodencreditanstalt Troppau

Die Statuten dieser Bodenkreditanstalt wurden mit Allerhöchster Entschließungen vom 20. März 1867 und 25. Oktober 1868 auf Grund von Beschlüssen des schlesischen Landtages vom 19. Dezember 1866, 2. und 6. September 1868 genehmigt. 1869 wurde der Geschäftsbetrieb aufgenommen. Das Kronland haftete

---

81 Ein Jahrhundert CA-BV, 54
82 Schulte, 105 ff
83 Schulte, 116

mit seinem Landes- und Domestikalfonds für alle durch die Bodenkreditanstalt eingegangenen Verbindlichkeiten.[84]

e. Die Österreichische Zentral-Bodenkreditbank in Wien

An der Gründung dieser Bank war - ebenso wie bei den meisten übrigen Hypothekenaktienbanken - der Hochadel stark beteiligt. Die Konzession wurde am 23. Februar 1871 erteilt. Die Bank betrieb neben dem eigentlichen Hypotheken- und Pfandbriefgeschäft noch Baugrundspekulationen sowie andere Bankgeschäfte. Nach guten Erträgen im Jahr 1872 mußte 1873 als Folge des Börsenkrachs die außerordentliche Reserve zur Verlustausgleichung herangezogen werden.[85]

f. Sparkassen mit angegliederten Pfandbriefanstalten

fa) Die Pfandbriefanstalt der steiermärkischen Sparkasse in Graz

Die Bestrebungen Anfang der 60er Jahre, Landeshypothekenanstalten zu gründen, erfaßten auch die Steiermark. Der Landesausschuß, der Bedenken gegen eine Landesgarantie hatte, wies in einer Denkschrift darauf hin, daß bei der steiermärkischen Sparkasse alle Vorbedingungen vorhanden seien, um die Gründung eines solchen Instituts auf privatem Weg herbeizuführen. Der Ausschuß des Sparkassa-Vereins faßte im April 1864 den Beschluß, der Sparkasse eine Pfandbriefanstalt anzugliedern, um dadurch dem Bedürfnis der Grundbesitzer nach unkündbaren amortisablen Hypothekardarlehen entsprechen zu können. Der steiermärkische Landesausschuß nahm diesen Beschluß zustimmend zur Kenntnis, ein daraufhin ausgearbeitetes Statut wurde mit Allerhöchster Entschließung vom 8. Februar 1866 genehmigt. Darlehen durften nur auf Liegenschaften in der Steiermark innerhalb der ersten Hälfte des Wertes gewährt werden. Die Darlehen waren mittels Annuitäten zu tilgen und seitens der Anstalt unkündbar. 1871 wurde die Ermächtigung zur Darlehensgewährung auch auf die anderen im Reichsrat vertretenen Länder ausgedehnt, allerdings wurde nur für Wien davon Gebrauch gemacht.[86]

fb) Die Pfandbriefanstalt der Ersten Österreichischen Sparcasse in Wien

Das 1819 gegründete Institut eröffnete am 1. Juli 1869 eine besondere Anstalt zur Gewährung von Darlehen gegen Herausgabe von Pfandbriefen auf unbe-

---

84 Schulte, 58
85 Schulte, 108 f
86 Schulte, 77 ff

wegliche Güter. Die Erste Österreichische Sparcasse betrieb das Pfandbriefgeschäft nur in zwei Zeitabschnitten von 1869 bis 1882 sowie 1899 bis 1908. Begründet ist dies mit der bloß subsidiären Heranziehung von Pfandbriefkapital in Zeiten, wenn auf Grund der Lage des Geldmarktes eine stärkere Festlegung der Einlagekapitalien in dauernden Anlagen die Liquidität zu stark geschwächt hätte. Das Verhältnis der Pfandbriefanstalt zur Sparkasse war derart geregelt, daß die Einnahmen und Ausgaben der Pfandbriefanstalt über das Gewinn- und Verlustkonto der Mutteranstalt gingen, sodaß diese auch die Verwaltungskosten der Pfandbriefanstalt bestritt.[87]

fc) Die Pfandbriefanstalt der Bukowinaer Sparkasse in Czernowitz

Die 1858 gegründete Sparkasse bekam 1875 eine Pfandbriefanstalt angegliedert, deren Tätigkeit sich auf die Bukowina beschränkte.[88]

fd) Die Pfandbriefanstalt der Ersten Mährischen Sparkasse in Brünn

Im Jahr 1891 errichtete das 1852 gegründete Institut nach dem Muster der steiermärkischen und der Ersten Österreichischen Sparcasse eine angegliederte Pfandbriefanstalt, deren Tätigkeit am 15. Mai 1892 begann.[89]

fe) Weitere Institute

Nach der Jahrhundertwende wurden die Pfandbriefanstalt der Böhmischen Sparkasse in Prag (1905), die Pfandbriefanstalt der Allgemeinen Sparkasse und Leihanstalt in Linz (1905), die Pfandbriefanstalt der Gemeinde-Sparkasse in Graz (1906), die Pfandbriefanstalt der Prager Städtischen Sparkasse (1906) sowie die Pfandbriefanstalt der Sparkasse der Stadt Innsbruck (1910) ins Leben gerufen.[90]

III. Der Börsenkrach 1873

1. Vorgeschichte

Infolge des nun auch politischen Liberalismus sowie einer Hochkonjunktur kam es nach 1867 zu einer nie dagewesenen Hausse an der Wiener Börse. Abgesehen von kleinen Rückschlägen stiegen die Aktienkurse kontinuierlich an. Zahlreiche

---

87 Schulte, 80 ff
88 Schulte, 82
89 Schulte, 82
90 Schulte, 85

in dieser Euphorie gegründete Banken und Börsenkomptoirs fungierten als Kapitalsammelstellen. Bemerkenswert ist die Beteiligung breiter Schichten der Bevölkerung an diesem Boom. Anzeigen in nahezu allen Zeitungen sowie unzählige einschlägige Publikationen konnten mit Erfolg das Interesse am Börsengeschehen wecken.

Die meisten der so angelockten Personen verstanden jedoch wenig oder gar nichts von den Vorgängen an einer Börse. Bei weitem nicht alle Gründungen von Aktiengesellschaften waren seriös, gerade in der Endphase der Hausse gab es auch bloße Mantelgründungen. Nur mit dem Unwissen über wirtschaftliche Zusammenhänge einerseits und dem damals ungebrochenen Fortschrittsglauben andererseits läßt es sich erklären, daß unseriösen Geschäftemachern riesige Geldsummen anvertraut wurden.

Die rechtliche Grundlage für die Gründung von Aktiengesellschaften stellte das kaiserliche Patent vom 26.11.1852, RGBl. Nr. 253/1852 dar, welches vom Staat, der dem zunehmend ungesunden Treiben ein Ende hätte setzen können, nur schlecht vollzogen wurde. Daß von staatlicher Seite kaum eingegriffen wurde, läßt sich auch leicht erklären: Der Liberalismus, der damals sowohl wirtschaftlich als auch politisch die Oberhand gewonnen hatte, wollte dem freien Spiel der Kräfte nicht hinderlich sein, da eventuell auftauchende Krisen nach der Theorie des Liberalismus nicht von langer Dauer sein konnten, weil sie durch Marktmechanismen schon bald wieder bewältigt würden. Auf Grund der engen Verflechtung von Politik und Wirtschaft bestand somit auch kein Grund, dem Trend gegenzusteuern.

Am 1. Mai 1873 wurde in Wien die Weltausstellung eröffnet. Trotz reger Beteiligung des Auslandes stand die Ausstellung unter keinem guten Stern: Wucherpreise schreckten die zahlreichen Fremden ab, zudem brach die Cholera aus. Auch in finanzieller Hinsicht war die Ausstellung ein Mißerfolg: der Staat mußte einen Großteil der Kosten mit ca 23 Millionen Gulden aus öffentlichen Mitteln decken.[91]

2. Der 9. Mai 1873 und seine Folgen

Am 9. Mai 1873 kam es zum großen Krach an der Börse. Schon vom 5. bis 8. Mai waren 150 Zahlungseinstellungen registriert worden, allein am Vormittag des 9. Mai wurden 120 Insolvenzen bekannt, darunter jene des als solide geltenden Kommissionshauses Petschek. Folgenschwer waren besonders die Zusam-

91 Matis, 256 f

menbrüche der Börsenkomptoirs und Maklerbanken, denen die kleinen Leute ihre Ersparnisse anvertraut hatten.[92]

Welch enormer Schaden entstand, wird durch das folgende typische Beispiel sichtbar: Der Gründer des „Bankhauses für Fondsspekulation", Johann Bernhard Placht, der für sein Bankhaus mit ganzseitigen Inseraten geworben hatte, wurde zehn Tage nach dem Krach verhaftet. Passiva von 2,76 Millionen Gulden standen lediglich 9 000 Gulden Aktiva gegenüber! Beim Masseverwalter fanden sich 1 600 Geschädigte ein, unter ihnen ein siebzigjähriger Briefträger, der 600 Gulden verloren hatte, ebenso ein 1866 zum Invaliden gewordener Offizier, der all seine Ersparnisse in Höhe von 1 300 Gulden Placht anvertraut hatte. Placht wurde zu sechs Jahren Haft verurteilt, die Strafe dann jedoch reduziert.[93]

Das Vertrauen in die Börse, speziell in die Aktie, war tief gesunken. Da viele einkommensschwache Personen an der Börse investiert hatten, traf sie nun der Rückgang der Kurse besonders hart. Auswirkungen auf das Konsumverhalten der Bevölkerung konnten daher nicht ausbleiben.

Im Spätherbst 1873 verschlechterte sich, ausgehend von den USA, die Wirtschaftslage. Besonders in der Landwirtschaft wurde die Krise akut, billiges amerikanisches, aber auch russisches Getreide führten zu einem rapiden Preisverfall. Leidtragende dieser Krise waren in erster Linie Unternehmer und Gewerbetreibende. Der Preisverfall kam indirekt einer Reallohnerhöhung gleich, sodaß es eher zu einer Besserstellung der Lohnempfänger gekommen ist, sofern sie nicht von der Arbeitslosigkeit betroffen waren.[94]

War in den Jahren der Börsenhausse die Aktie und damit verbunden die Beteiligung an Unternehmen im Mittelpunkt des Anlegerinteresses gestanden, so wandte man sich jetzt verstärkt sicheren Geldanlageformen zu. Nicht mehr der rasche Kursgewinn, sondern die regelmäßigen Zinserträge des risikolosen Kapitals waren nunmehr gefragt.

Die dramatischen Ereignisse von 1873 zeigten aber auch ein großes Defizit in Hinblick auf den Anlegerschutz auf. Die Notwendigkeit gesetzlicher Bestimmungen sowie vermehrter Kontrolle war insbesondere auf Grund der Tatsache, daß auch einkommensschwache Schichten massiv geschädigt worden waren, Anlaß für Reformbemühungen, nicht zuletzt auch auf dem Gebiet des Pfandbriefwesens.

92 Baltzarek, 79 f
93 Matis, 238
94 Matis, 281 ff

IV. Die Beratungen im Ministerrat[95]

1. 10. Mai 1873

Bereits am 10. Mai 1873 (also nur einen Tag nach dem Börsenkrach) teilt Finanzminister von Pretis dem Ministerrat mit, die Veranlassung des Börsenkrachs wäre nicht von außen gekommen. Eine Staatshilfe von 20 Millionen Gulden wäre hinreichend. Die Krise sei nicht durch wertlose Papiere entstanden, sondern dadurch, daß die Spielwut den Papieren einen solchen Wert beigelegt habe, welcher die reale Grundlage weit überstiegen habe.

Justizminister Glaser teilt die Auffassung des Finanzministers. Dieser wiederum erachtet eine direkte Einflußnahme der Regierung als schwierig.

2. 27. Mai 1873

Finanzminister von Pretis bringt vor, daß das finanzielle Moment der Weltausstellung gänzlich außer Acht gelassen worden sei. Der finanzielle Mißerfolg solle nicht vollständig werden. Die schlechten Ernteaussichten in Ungarn, der Börsenkrach und die Weltausstellung würden ein düsteres Bild ergeben.

3. 19. Oktober 1873

Auf der Tagesordnung dieses Ministerrates steht der Grad der Sicherheit der von öffentlich autorisierten Kreditinstituten ausgegebenen Pfandbriefe:

Justizminister Glaser führt dazu aus: Anfragen hinsichtlich der rechtlichen Stellung der Pfandbriefbesitzer hätten ihn veranlaßt, Erhebungen zu pflegen, wie es sich mit der Lage der Besitzer von Pfandbriefen öffentlich autorisierter Pfandbriefanstalten verhalte. Dabei sei wahrgenommen worden, daß man sich in weiten Kreisen über den Grad der Sicherheit, welche die Pfandbriefe solcher öffentlich autorisierter Pfandbriefanstalten gewähren, in einer großen Täuschung befinde. Das Publikum werde irregeführt, auch hinsichtlich der Überwachung der Anstalten seitens der Regierung. Es herrsche der Eindruck, daß der Titel, den man in der Hand habe, unmittelbar ein Pfandrecht gewähre. Bestimmungen wie der § 4 der vom 20.3.1856 datierenden, im Reichsgesetzblatt Nr. 36 publizierten Statuten der Hypothekarkreditabteilung bei der privilegierten österreichischen

95 Die nachfolgenden Zitate sind den Protokollen des Ministerrats entnommen; diese Originale wurden durch den Brand des Justizpalastes teilweise vernichtet, sodaß keine vollständige Zitierung möglich ist.

Nationalbank im Zusammenhang mit den §§ 6, 39 und 41 ließen keinen Zweifel übrig, daß der Besitzer eines Pfandbriefes nichts erlange als eine Forderung an das Institut. Daß die Forderungen durch verläßliche Hypotheken gedeckt sind, sei die einzige Sicherheit, welche versprochen worden sei und auch wirkliche bestehe. Insoweit das Publikum glaube, es würde darüber hinausreichende Gewähr besitzen, täusche es sich. Solange ein Institut keine anderen Verbindlichkeiten habe als jene gegenüber den Pfandbriefbesitzern, reichten die von der Regierung in der Richtung getroffenen Vorkehrungen, damit die Gesamtsumme der Pfandbriefe ihre Deckung in der Gesamtsumme der Hypothekarforderungen der Anstalt finde, vollkommen aus, um absolute Sicherheit zu gewährleisten. Die Pfandbriefbesitzer haben nur eine Kapitalforderung an das Institut und kein unmittelbares Recht auf die zur Deckung der Pfandbriefe aufgenommenen Hypotheken. Nehme man nun als das Äußerste den Fall eines Konkurses an, so würden die Pfandbriefbesitzer mit den Gemeingläubigern in ein und derselben Klasse rangieren, also mit ihnen zu teilen haben. Es unterliege somit keinem Zweifel, daß aus einer solchen Eventualität große Schädigungen des solidesten Teiles des Publikums, das ein Vermögen in der vorsichtigsten Weise anzulegen vermeinte, erwachsen würden und daß der Ruin auch der schlechtesten Art von Pfandbriefen auf die Klassierung der gesamten Pfandbriefe, die von österreichischen Instituten ausgegeben seien, auf das nachhaltigste wirken müßte.

Seines Erachtens sei in keiner anderen Weise zu helfen, als daß es als unzulässig erklärt werde, daß Hypothekarforderungen und dingliche Rechte überhaupt, welche unter öffentlicher Aufsicht stehende Institute erwerben, zur Befriedigung anderer als der Ansprüche der Pfandbriefbesitzer, für welche sie ja zu haften hatten, herangezogen würden. Durch eine solche Anordnung würden keine Ansprüche verletzt und diejenigen, die mit der Anstalt kontrahieren würden, hätten nicht daran gedacht, für ihre Forderungen eine Deckung in den Hypothekarforderungen des Institutes zu finden.

Da der Reichsrat in der nächsten Zeit zusammentrete, schiene es das Nächstliegende, bei der Zusammenkunft eine Regierungsvorlage einzubringen.

Ministerpräsident Auersperg nimmt wie folgt Stellung: Ein sofortiges Vorgehen sei angebracht, um von der Regierung den Vorwurf zu nehmen, der ihr von Seite des Reichsrates gemacht werden könnte, daß sie es unterlassen habe, der Gefahr rechtzeitig vorzubeugen. Er sehe ferner in der ausschließlichen Reservierung des Pfandrechtes für die Pfandbriefbesitzer eine Beschränkung erworbener Rechte anderer. Er habe sich nie dem Irrtum hingegeben, daß der Pfandbriefinhaber ein bevorzugtes Pfandrecht besitze, der Pfandbrief sei ein Schuldschein wie jeder andere, und was die Einflußnahme der Regierung betreffe, so sei dieselbe ganz analog mit jener über die Herausgabe von Kassenobligationen. Eine Judizierung des Publikums durch den Inhalt der Pfandbriefe habe auch nicht stattgefunden, ebensowenig eine Intabulierung der Briefe. Die einzige vermehrte Sicherheit bestehe in der Bedeckung der Gesamtsumme der Pfandbriefe durch die Gesamtsumme der Hypotheken. Eine bevorzugte Stellung wäre daraus nicht abzuleiten. Wenn die Regierung jetzt eine legislative Maßnahme treffe, die nicht bloß den Status des bestehenden, sondern des bestandenen Rechts verändere, so greife sie in die Rechtssphäre aller anderen Gläubiger des Institutes ein, und er halte nichts für so gefährlich als einen legislativen Eingriff in privatrechtliche Beziehungen.

Minister Unger schließt sich dem Standpunkt des Justizministers an:

Aber auch jetzt müsse er als Jurist annehmen, daß der Pfandbrief eine hypothekarisch sichergestellte Forderung sei, woran er schon an der theoretischen Definition eines Pfandbriefs, wie er sie selbst als Professor des deutschen Rechts vorgetragen habe, nicht zweifeln könnte. Es liege dies in der Natur der Sache, und nur die Ausdrucksweise des Statuts sei nicht entsprechend. Schon dadurch, daß das Quantum nicht überschritten werde, existierten Hypothekarsicherstellungen für diese Pfandbriefe. Die Sicherstellung sei daher nicht bloß in betreff der Quantität, sondern auch der Qualität vorhanden. In anderen Staaten sei man weiter gegangen, indem man jedem Pfandbrief noch eine Spezialhypothek eingeräumt habe. Dies sei in Österreich 1856, wo der Verkehr noch ein geringer gewesen sei, außer acht gelassen worden. Ein Schaden für andere Gläubiger könne nicht entstehen.

V. Der Vorschlag betreffend die Gründung einer Reichshypothekenbank

Am 27. Februar 1874 gelangte im Haus der Abgeordneten ein Antrag des Abgeordneten Dr. Ryger zur Debatte und Abstimmung, der lautete, *„es sei eine Reichshypothekenbank zur Belehnung des freien Realbesitzes mit Darlehen, etwa nach dem beiliegenden Gesetzentwurf zu errichten“*[96].

Der Gesetzentwurf[97] enthielt folgende Bestimmungen:

Es sollte eine Reichshypothekenbank mit der Berechtigung zur Ausgabe von „Hypothekenbankzetteln“ errichtet werden (§ 1). Gemäß § 2 sollte der in Verkehr zu bringende Betrag die Summe von einer Milliarde Gulden nicht übersteigen. Der Druck sowie ihre besondere Zeichnung wären durch das k.k. Finanzministerium zu besorgen, diese Reichshypothekenscheine sollten die Namens-

96 Stenographische Protokolle, Haus der Abgeordneten, 23. Sitzung der 8. Session, 718

97 95 der Beilagen zu den stenographischen Protokollen des Abgeordnetenhauses, 8. Session

stampiglien des Finanzministers, des Präsidenten des Herrenhauses sowie des Präsidenten des Abgeordnetenhauses tragen (§ 3).

Es war daran gedacht, daß die vollständig ausgefertigten Noten der Reichshypothekenbank gesetzlich denselben Wert der effektiven österreichischen Silberwährung haben und bei allen öffentlichen und Gemeindekassen, bei allen Zahlungen im Privatverkehr, im Handel und bei Wechseln, ferner auch bei der Zollentrichtung als effektive österreichische Silberwährung angenommen werden (§ 6).

Die Übernahme der Reichshypothekenscheine, ferner die oberste Verwaltung der Reichshypothekenbank sollte an eine hiezu besonders zu ernennende ständige Kommission des Reichsrates übertragen werden, welche ausschließlich zu diesem Zweck auch bei Vertagung oder Auflösung des Reichsrates in Wirksamkeit bleiben sollte, bis ihre Funktionen an eine im gesetzlichen Weg neu zu wählende Kommission übergehen (§ 8). Mitglieder der Kommission sollten laut § 9 des Gesetzentwurfes neun Mitglieder des Hauses der Abgeordneten des Reichsrates, neun Mitglieder des Herrenhauses und drei von der Finanzverwaltung beigegebene Kommissare sein. Als Aufgabe der Kommission war in § 10 festgelegt, zu überwachen, daß die der Kommission übergebenen Reichshypothekenscheine mit der in ihrer Verwahrung befindlichen Unterschriftsstampiglie des Finanzministers, der Präsidenten des Herrenhauses und des Abgeordnetenhauses des Reichstages versehen und sodann in einer eigenen Hauptkassa verwahrt werden.

§ 13 normierte, daß sich die Kassa unter einer dreifachen Sperre befindet, wobei je ein Schlüssel beim Präsidenten der Kommission, einem gewählten Mitglied der Kommission und einem von der Regierung ernannten Kommissar sich zu befinden hatte.

Gemäß § 15 war es Recht und Pflicht der Kommission, die Landeskommissionen der einzelnen Kronländer zu überwachen und erforderlichenfalls einen besonderen Kommissär zur Untersuchung und Abstellung hervorkommender Mißstände abzusenden, die ihr unterstehenden Landeskommissionen der einzelnen Kronländer mit dem durch die Zentralkommission zu bestimmenden Verlag an Reichshypothekenscheinen zu versehen, quartalsweise einen Rechnungsausweis und am Jahresende einen Hauptrechnungsausweis über die Operationen der Reichshypothekenbank den beiden Häusern des Reichsrates und dem Finanzministerium vorzulegen und zu veröffentlichen.

Der Reinertrag aus den Operationen der Reichshypothekenbank sollte dem Staat zufallen, der über dessen Verwendung durch ein Gesetz zu bestimmen hätte (§ 17).

Betreffend das Rechtsverhältnis zwischen Reichshypothekenbank und Schuldner sollte folgendes gelten:

Jedem Schuldner der Reichshypothekenbank sollte vom betreffenden Steueramt ein „Schuldenbüchel“ übergeben werden, in welches die Schulden an Kapital und Zinsen, aber auch geleistete Zahlungen für Kapital und Zinsen einzutragen wären (§ 27).

Jedem Eigentümer einer im Bereich des Reichsrates gelegenen Privatrealität, welche in einem Grundbuch oder in einer Landtafel verzeichnet ist, sollte es freistehen, um die Aufnahme von Darlehenskapital der Reichshypothekenbank anzusuchen. Auf Realitäten des Staates, der geistlichen Korporationen, auf Fideikommisse, auf Bergwerksrealitäten, auf Realitätenanteile, überhaupt auf solche Objekte, bei denen die Durchführung der Realexekution mit Schwierigkeiten verknüpft wäre, sollten keine Beleihungen mit Kapitalien der Reichshypothekenbank stattfinden (§ 31).

Gemäß § 32 des Gesetzentwurfes sollte der Darlehenswerber sein schriftliches Gesuch bei jenem Amt einbringen, dem das Grundbuch der zu verpfändenden Realität untersteht.

Was die Wertberechnung der zur Hypothek angebotenen Realität betraf, war in § 34 Amtswegigkeit vorgesehen. Bei Grundstücken sollte der katastralmäßige Reinertrag - nach Abzug der jährlichen ordentlichen Gesamtsteuer - zur Grundlage genommen werden, wobei dieser Reinertrag - zwanzigfach genommen - als Kapitalswert des Grundstücks zu gelten hatte. Bei der Bestimmung des Wertes von Häusern sollte der sichergestellte Zinsertrag - nach Abzug der ordentlichen Haus- und Hauszinssteuer und einer auf Reparaturen abzurechnenden 5%igen Quote, zur Grundlage der Wertbemessung angenommen werden, wobei dieser zwanzigfach kapitalisierte Reinertrag als Hauswert zu gelten hatte.

Sofern gegen eine Darlehensgewährung keine Bedenken vorhanden wären, sollte auf das Gesuch eine kurze Floskel gesetzt werden und unter Beisetzung des Tages vom Gerichtsvorsteher unter Beidrückung des Amtssiegels die Bewilligung vollzogen werden (§ 36).

Bei Teilverweigerung des Darlehens (§ 37) beziehungsweise gänzlicher Verweigerung (§ 38) sollte eine Begründung gegeben werden.

Für den Fall der Darlehensgewährung hätte der Bewerber im Steueramt den Schuldschein gehörig auszufüllen, vor zwei Zeugen zu fertigen und sodann sein Gesuch samt dem Schuldschein dem Grundbuchsamt zu übergeben. Die Vidierung eines solchen Schuldscheines durch das Steueramt hätte an die Stelle der Legalisierung zu treten (§ 39).

In § 41 war festgelegt, daß für den Fall, daß der Grundbuchstand unverändert war und kein grundbücherliches Hindernis vorlag, das Grundbuchsamt sogleich die hypothekarische Auszeichnung des Darlehens zugunsten der Reichshypothekenbank vorzunehmen, auf dem Schuldschein die grundbücherliche Ingrossierungsklausel auszufertigen und das ganze Gesuch samt dem Schuldschein dem

Bewerber auszuhändigen hätte. Eine Einlage einer Schuldscheinabschrift in die Grundbuchsurkundensammlung wäre nicht erforderlich gewesen.

Laut § 42 hätte der Bewerber gegen Vorlage des Gesuchs und des intabulierten Schuldscheines an das Steueramt von diesem aus der Reichshypothekenbankkasse die Darlehensvaluta in Reichshypothekenbankscheinen zu beheben, deren Empfang auf dem Schuldschein mit seiner Unterschrift und zwei Zeugen zu bestätigen und sogleich das hierüber ausgefertigte Schuldenbüchel zu übernehmen.

§ 44 bestimmte, daß bei einer zwei oder mehreren Eigentümer gehörenden Liegenschaft eine Kapitalzuzählung nur unter Zustimmung sämtlicher Miteigentümer und gegen Übernahme einer Solidarhaftung stattfinden könne.

In § 47 war vorgesehen, daß jeder Schuldner der Reichshypothekenbank verpflichtet ist, alljährlich 5 % des entlehnten Kapitals bei jenem Steueramt, welchem die verpfändete Realität untersteht, in Reichshypothekenscheinen oder in effektiver Silbermünze solange einzuzahlen, bis das Kapital samt Zinsen vollständig ausgezahlt wäre, wobei es dem Schuldner jedoch freistehe, auch größere Zahlungen beliebig zu leisten, ja sogar das gesamte Kapital samt Zinsen ohne vorherige Aufkündigung zurückzuzahlen.

Der Zinsfuß der Reichshypothekenbank sollte gemäß § 48 mit 4 % festgesetzt werden, eine Abänderung dieses Zinsfußes könnte nur im Wege eines Gesetzes erfolgen.

§ 52 legte fest, daß einem Schuldner, der seine ganze Schuld an die Reichshypothekenbank abgestattet hat, vom Steueramt eine löschungsfähige Quittung stempelfrei auszufertigen und zu übergeben sei. Ebenso sollte es möglich sein, daß der Schuldner auf sein Verlangen über eine oder mehrere Kapitalsabschlagszahlungen eine partielle Löschungsquittung ausgestellt erhält.

Für den Fall, daß der Schuldner die Zahlungen im Vierteljahresrhythmus nicht pünktlich leisten sollte, sollten gemäß § 53 die Ausstände mittels der Steuerexekution ohne Gestattung irgendeines Rechtszuges unnachsichtlich eingehoben werden.

Eine erfolglose Steuerexekution samt Nichterfüllung der Verpflichtungen durch den Schuldner sollten dazu führen, daß das Gericht die exekutive Veräußerung der verpfändeten Liegenschaft ohne Zulassung irgendeines Rechtsweges verfügen kann, wobei bei den ersten beiden Feilbietungen nur über, bei der dritten aber auch unter dem Schätzwert veräußert werden sollte (§ 54).

§ 56 des Gesetzesentwurfes enthielt die Bestimmung, daß die exekutive Eintreibung der Forderungen der Reichshypothekenbank durch den Ausbruch des Konkurses oder des Ausgleichsverfahrens über das Vermögen des Besitzers eines dieser Bank verpfändeten Gutes nicht verhindert werden sollte. Vielmehr wäre die Exekution ohne Rücksicht auf diese Verhältnisse durchzuführen, die

Forderung der Reichshypothekenbank samt Nebenverbindlichkeiten zu befriedigen und der Rest an die Konkurs- oder Ausgleichsmasse auszufolgen.

Mit der Vollziehung des Gesetzes sollten der Finanzminister und der Justizminister betraut werden (§ 58).

Im Haus der Abgeordneten wurde der Entwurf am 27. Februar 1874 wie folgt debattiert:

Abgeordneter Dr. Ryger[98], der den Antrag eingebracht hatte, argumentierte, daß der Staat in seiner Gesamtheit von den Wirkungen des geplanten Institutes profitieren werde. Sollte die Reichshypothekenbank geschaffen werden, wäre der nachhaltige Vorteil, daß die österreichische Staatsschuld fundiert sei, das Kapital des Staates oder seiner Papiere wäre nicht mehr ein Spiel des Kurses, die Reichshypothekenbank könnte vielleicht den Fonds zur Gründung des künftigen Wohlstandes Österreichs bilden.

Der Abgeordnete Teuschl[99] widersprach den Argumenten Dr. Rygers nachhaltig: Wer die Finanzgeschichte seit Einführung des Papiergeldes nur einigermaßen verfolge, werde zur Überzeugung gelangen, daß viele Regierungen bisweilen in der Lage gewesen seien, die Zirkulation des Papiergeldes ohne die nötige Einschränkung auf die Bedürfnisse des Verkehrslebens und ohne Rücksicht auf die Einlösbarkeit zu vermehren und jedesmal seien diese Papieremissionen zum Nachteil der nationalen Wirtschaft ausgefallen, ohne daß man behaupten könne, daß die Entwertung dieser Papierzettel von den Urhebern vorausgesehen worden wären. Wer sich dem Glauben hingibt, daß Hypothekenzettel mit der sogenannten Sicherheit auf Liegenschaften ein wirkliches Geld schaffen würden oder dasselbe ersetzten, befinde sich in demselben Irrtum, in welchem die Urheber des Mississippi-Projektes und der Assignaten gewesen seien. Er könne sich eine auf Weizen- oder Kartoffelgeld gegründete Zivilisation nicht denken, und zwar deshalb nicht, weil ein sachliches Geld den Wert in sich selbst tragen müsse und nur das Edelmetall oder ein auf dasselbe fundiertes Papiergeld den Bedürfnissen in jeder und in alleiniger Richtigkeit entsprechen würde. Wenn es sich um die Gründung einer Hypothekenbank etwa nach dem Muster der in Deutschland fungierenden landschaftlichen Hypothekenkassen handeln würde, wäre die Sache einer ernsten Erwägung wert. Nachdem jedoch die Ausgabe von Zetteln damit verbunden sei, erlaube er sich zu bemerken, daß man noch unter den Folgen der Überspekulation leide und Aktien eben auch nichts anderes als Papier repräsentieren würden.

98 Stenographische Protokolle, Haus der Abgeordneten, 23. Sitzung der 8. Session, 718

99 ebenda, 719

Als zweiter Redner gegen das Projekt trat Abgeordneter Dr. Dunajewski auf[100]: Er brachte als Argument gegen das Projekt ein, daß Österreich auch mit Ungarn in Verbindung stehe. Wenn man eine Milliarde künstlich mit der Presse herstelle, würden auch die Ungarn brüderlich nachkommen. Es sei ein eigentümlicher Weg, durch den Ruin der gesamten Zirkulation des Staates den Hypothekarkredit heben zu wollen.

Überhaupt seien die Grundsätze, die dem Entwurf zugrundeliegen würden, der Ausfluß einer hie und da erscheinenden und wieder auftauchenden Idee von der Allmacht oder Omnipotenz des Staates. Wenn auf irgend einem Gebiet, so sei ganz gewiß der Staat nicht auf ökonomischem Gebiet omnipotent. Es gäbe gewisse Grenzen in der Natur der Volkswirtschaft, die er straflos nicht überschreiten dürfe. Über diese Grenzen gehe der Antrag des Abgeordneten Dr. Ryger seiner Meinung aber hinaus. Der Staat, die Gesetzgebung und die Regierung hätten noch sehr viel zu tun, um den mittelbaren Hypothekarkredit zu fördern, wobei er nur an eines erinnern möchte: an die Reform der Zivilprozeßordnung, wobei er hoffe, daß man noch vor Ende des 19. Jahrhunderts damit fertig werde. Daher könne man den Staat nicht mit der Aufgabe, direkte Bankgeschäfte zu treiben, belästigen.

Da für die vom Antragsteller vorgeschlagene Vorgangsweise, den Antrag zur Vorberatung einem 18köpfigen Ausschuß weiterzuleiten, keine Mehrheit zustande kam, wurde der Gesetzesentwurf betreffend die Gründung einer Reichshypothekenbank abgelehnt[101].

VI. Exkurs - die Vorschläge Eduard Kafkas zur Gründung einer Hypothekenbank in Österreich

Bereits ein Vierteljahrhundert vor dem Antrag des Abgeordneten Dr. Ryger war in der Literatur ein sehr ähnlicher Vorschlag gemacht worden:

1850 veröffentlichte Eduard Kafka eine Schrift mit dem Titel „Grundzüge einer in Österreich zu errichtenden Hypothekenbank". Darin vertrat er die Auffassung, die österreichische Regierung habe die Bedeutung von Grund und Boden noch nicht ausreichend erkannt. Grundbesitzer sollten leichter als andere Kredit erhalten können, da sie doch durch Hypotheken die größtmögliche Sicherheit bieten könnten.

Ausgehend von diesen Überlegungen sah er die Notwendigkeit der Gründung einer Kreditanstalt, die Grundbesitzern billigen Kredit verschafft, und zwar einer

100 ebenda, 719 f
101 ebenda, 720

Zentralhypothekenbank mit Zweigstellen in allen Kronländern der Monarchie. Sie sollte neben der Nationalbank das Recht zur Emission von Noten besitzen. Zweifel, daß zweierlei Noten hinderlich wären, läßt Kafka nicht gelten: *„Keineswegs, denn sie genießen beide gleichen Kredit und wem das eine Papier lieber ist als das andere, kann leicht nach seinem Belieben in einem oder dem anderen ausbezahlt werden."*[102]

Ob nicht beide Anstalten in eine zu verwandeln wären oder doch gemeinsam verwaltet werden sollten, wäre eine Frage der Zukunft. Die zu errichtende Bank solle Privaten und dem Staat Geld gegen Sicherstellung gewähren, die Auszahlung würde in den oben erwähnten Noten erfolgen. Private sollten bis zu einem Drittel des Werts der Liegenschaft als Darlehen erhalten können, der Staat, bei dem zusätzlich noch sein persönlicher Kredit zu veranschlagen wäre, bis zu 75 %. Das Institut hätte zwar unter besonderem Schutz, aber auch unter Aufsicht des Staates zu stehen, sonst aber von einer Direktion aus der freien Wahl des Volkes geleitet und in jeder Beziehung von der Öffentlichkeit kontrolliert zu werden. Der Staat sollte als Darlehenswerber denselben Normen unterworfen sein wie jeder Private. Die als Landeswährung geltenden Noten dürften nur demjenigen gegeben werden, der eine genügende Hypothek leisten könne. Der Eigentümer hätte seine Liegenschaft gerichtlich schätzen zu lassen und die Belege beizubringen, das Institut leihe ihm auf diese Realität nach den bestehenden Normen ein Darlehenskapital in Hypothekennoten. Die derart aufgrund von vollkommen sicheren Hypotheken ausgegebenen Noten müßten im In- und Ausland allgemeinen Kredit genießen und könnten nie unter pari zu stehen kommen. Neben der Errichtung der Hypothekenbank wären zugleich die Statuten der Nationalbank zu ändern.[103]

Bezüglich der Statuten des Instituts schlägt Kafka vor, dieses wäre vom Staat zu errichten und zu garantieren; sein Zweck sei es, jedermann gegen Einlegung einer guten, innerhalb des österreichischen Staates gelegenen Hypothek billig verzinsliche und bequem rückzahlbare Darlehen zu gewähren.[104]

Der Reinertrag der Anstalt wäre als Staatseigentum zu erklären und zur Disposition des Staates zu stellen, wogegen dieser für alle Verluste und Verbindlichkeiten der Anstalt direkt zu haften hätte.[105]

Eine Hypothekenbank dieser Art, wie Kafka sie vorgeschlagen hatte, wurde nicht Wirklichkeit.

102 Kafka, Grundzüge einer in Österreich zu errichtenden Hypothekenbank, 35
103 Kafka, 35 ff
104 Kafka, 45
105 Kafka, 49

VII. Das Gesetz vom 24. April 1874, RGBl. Nr. 48, betreffend die Wahrung der Rechte der Besitzer von Pfandbriefen

1. Vorbemerkung

Auf Grund des akuten Handlungsbedarfs setzte man alles daran, rasch zu einer gesetzlichen Regelung zu gelangen. Die Entstehungsgeschichte stellt sich anhand der Materialien wie folgt dar:

2. Die Regierungsvorlage[106]

§ 1: Eine Anstalt, welche unter staatlicher Aufsicht Pfandbriefe ausstellt, kann über diejenigen Vermögensobjekte, welche statutengemäß zur vorzugsweisen Deckung der Pfandbriefe zu dienen haben, nur mit Zustimmung des ihr beigegebenen Regierungskommissärs verfügen.

Der Regierungskommissär darf seine Zustimmung nur dann erteilen, wenn er die Überzeugung gewonnen hat, daß durch die Verfügung die statutenmäßige Deckung der Pfandbriefe nicht beeinträchtigt wird.

Auf Grund einer Urkunde der Anstalt, welche eine solche Verfügung bezweckt, kann eine Eintragung in den öffentlichen Büchern nur dann erfolgen, wenn die Urkunde von dem Regierungskommissär mitgefertigt ist.

§ 2: Auf die im § 1 bezeichneten Vermögensobjekte können Gläubiger der Anstalt, deren Forderungen nicht aus Pfandbriefen entspringen, eine Exekution nur unbeschadet des Rechts der Besitzer von Pfandbriefen, aus diesen Objekten vorzugsweise befriedigt zu werden, erwirken.

Die Gesamtheit dieser Vermögensobjekte bildet im Falle des Konkurses der Anstalt eine besondere Masse, aus welcher jene Gläubiger, deren Ansprüche aus Pfandbriefen der Anstalt entspringen, vor den übrigen Konkursgläubigern zu befriedigen sind.

Den Erläuternden Bemerkungen[107] zu den §§ 1 und 2 ist zu entnehmen, daß der Zweck der Statuten der Hypothekaranstalten - so verschiedenartig die den Pfandbriefgläubigern gemachten Zusicherungen lauten mögen, nur darin bestehen könne, die statutenmäßige Deckung der Pfandbriefe ungeschmälert zu erhalten.

Es werde daher nur als eine nähere und konsequente Durchführung der auf Grund der Statuten geschaffenen Rechtsverhältnisse gelten können, wenn die Gesetzgebung die Erreichung des eben angedeuteten Zwecks sichert, ohne der

106 14 der Beilagen zu den Stenographischen Protokollen des Herrenhauses, VIII. Session, 99 f

107 ebenda, 103 f

freien Gebarung der Anstalt in irgendeiner Weise näher zu treten, als es die von ihr selbst anerkannte Pflicht, sich zu beschränken, unumgänglich erfordert. Diese Sicherung sei dann erreicht, wenn sowohl die Anstalt als auch Dritte gehindert würden, über die zur Deckung der Pfandbriefe bestimmten Vermögensobjekte in einer die Pfandbriefbesitzer gefährdenden Weise zu verfügen. Es könne sich nicht darum handeln, die zur Deckung der Pfandbriefe in einem bestimmten Zeitpunkt gewidmeten Vermögensobjekte dem Verkehr gänzlich zu entziehen, da ja im Interesse der Pfandbriefbesitzer nur verlangt werden könne, daß statutenmäßige Werte in der zur Deckung erforderlichen Höhe vorhanden sind, nicht aber, daß gewisse individuell bestimmte Vermögensobjekte unverändert als Deckung zu dienen haben, weshalb nicht jede, sondern nur eine die Pfandbriefgläubiger gefährdende Verfügung zu verhindern sei. Die Beurteilung, ob eine solche Gefahr vorhanden sei oder nicht, könne in Österreich, wo die Bürgschaft eines korrekten Vorganges wesentlich in der staatlichen Überwachung der Gebarung liege, nur durch den die staatliche Aufsicht ausübenden Kommissär erfolgen. Die Garantie aber, daß diese Beurteilung in jedem konkreten Fall stattgefunden habe, werde nur dann erreicht sein, wenn man sich nicht bloß auf Repressivmaßregeln beschränke, sondern anordne, daß jedes Geschäft, welches die Deckung der Pfandbriefe berührt, dem Regierungskommissär vorgelegt und dessen Zustimmung eingeholt werden müsse.

Die Wirkung der Verfügungsbeschränkungen, welche der Unternehmung gegenüber eingeführt werden, wäre unvollkommen, wenn es möglich bliebe, daß Dritte die zur vorzugsweisen Befriedigung der Pfandbriefbesitzer bestimmten Vermögensobjekte ihrer Bestimmung entziehen. Deshalb sei zu verhindern gewesen, daß Dritte durch Exekutionsakte einen Vorrang vor den Pfandbriefbesitzern erlangen. Ein völliger Ausschluß der Exekution auf die zur Deckung der Pfandbriefe bestimmten Vermögensobjekte wäre nicht ausführbar, weil es Dritten nicht immer erkennbar sein werde, ob ein bestimmtes Vermögensobjekt als Deckung für Pfandbriefe zu dienen hat. Man könne sich aber nicht darauf beschränken, Exekutionsmaßregeln unschädlich zu machen, es müsse vielmehr auch dafür gesorgt werden, daß im Falle eines Konkurses die zur Deckung der Pfandbriefe bestimmten Vermögensobjekte nicht in die allgemeine Konkursmasse einbezogen würden. Es müsse daher ausdrücklich angeordnet werden, daß aus den zur Deckung der Pfandbriefe bestimmten Vermögensobjekten, beziehungsweise aus dem dafür erzielten Erlös eine besondere Masse gebildet werde, an welcher den Pfandbriefbesitzern ein Vorzugsrecht zustehen würde.

§ 3: Wird auf ein Vermögensobjekt einer Anstalt, welche berechtigt ist, unter staatlicher Aufsicht Pfandbriefe auszustellen, Exekution geführt, so hat das die Exekution bewilligende Gericht hiervon den Regierungskommissär von Amtswegen zu verständigen, welchem es obliegt, falls dieses Objekt zur Deckung für die Pfandbriefbesitzer zu dienen hat,

die Bestellung eines gemeinsamen Kurators zur Vertretung der Rechte der Pfandbriefbesitzer zu erwirken.

Ein solcher Kurator ist im Falle des Konkurses der Anstalt durch das Konkursgericht von Amtswegen zu bestellen.

Die Bestellung eines solchen gemeinsamen Kurators kann auch von demjenigen, dessen Rechte in ihrem Gange durch den Mangel einer Vertretung der Pfandbriefgläubiger gehemmt würden, begehrt werden.

Auf diese Kuratoren finden die Bestimmungen Anwendung, welche in Ansehung der gemeinsamen Kuratoren zur Vertretung der Besitzer von auf Inhaber lautenden oder durch Indossament übertragbaren Teilschuldverschreibungen gelten.

Die Erläuternden Bemerkungen. führen zu § 3 folgendes aus[108]:

Die Anordnungen, welche die ungeschmälerte Erhaltung der statutenmäßigen Deckung der Pfandbriefe bezwecken, würde es den Besitzern dieser Papiere ermöglichen, Ihre Rechte in wirksamer Weise zur Geltung zu bringen. Diese Geltendmachung sei aber, da die Pfandbriefe zu den Inhaberpapieren gehören, denselben Schwierigkeiten ausgesetzt wie die Geltendmachung der aus Teilschuldverschreibungen, die auf Inhaber lauten oder durch Indossament übertragbar sind, abgeleiteten Rechte.

Abgesehen von den Schwierigkeiten, die sich dabei dem einzelnen Pfandbriefbesitzer entgegenstellen könnten, sei auch noch zu berücksichtigen, daß die zur Deckung der Pfandbriefe bestimmten Objekte, wenn sie zur Befriedigung der aus den Pfandbriefen entstehenden Ansprüche herangezogen werden sollen, eine Vermögenseinheit bilden, an welcher allen Pfandbriefbesitzern zusammen ein Vorzugsrecht zusteht, daß es demnach unzulässig wäre, einzelne Pfandbriefbesitzer vor anderen in Beziehung auf die zur Befriedigung ihrer Ansprüche zu verwendenden Objekte einen Vorrang gewinnen zu lassen.

Der Verkehr mit Pfandbriefen zeige wie der mit den zu den Inhaberpapieren gehörenden Teilschuldverschreibungen das Bedürfnis, die Berechtigten durch gemeinsame Kuratoren vertreten zu lassen.

Die Art, in welcher die staatliche Beaufsichtigung der Geschäftsgebarung einer Hypothekenanstalt ausgeübt werden solle, biete für die gewöhnliche Abwicklung der Geschäfte eine ausreichende Garantie gegen diejenigen Gefahren, welche sonst nur durch eine Vertretung der Rechte der Pfandbriefbesitzer mittels eines hiezu bestellten Kurators hintangehalten werden könnten. Ein Bedürfnis nach einer derartigen Vertretung könne erst dann eintreten, wenn auf das zur Deckung der Pfandbriefe bestimmte Vermögen gegriffen werden soll, also nur

108 ebenda, 104 f

im Fall der Exekutionsführung oder wenn der Konkurs über das Vermögen der Anstalt eröffnet werde. Man könne auch nur insoweit, als es sich um die zur Deckung der Pfandbriefe bestimmten Vermögensobjekte handelt, den einzelnen Pfandbriefbesitzer der Vertretung aller Besitzer durch einen gemeinsamen Kurator unterordnen, da eine weitergehende Unterordnung der Natur des Pfandbriefes als selbständiger Obligation widerstreben würde.

§ 4: Eine Anstalt, welcher die staatliche Bewilligung zur Ausgabe von Pfandbriefen erst nach dem Beginn der Wirksamkeit dieses Gesetzes erteilt wird, hat die zur vorzugsweisen Deckung der Pfandbriefe bestimmten Vermögensobjekte als Kaution für die Befriedigung der Ansprüche aus den Pfandbriefen zu bestellen und dies in ihren Statuten ersichtlich zu machen.

§ 5: In Ansehung derjenigen als Kaution bestellten Vermögensobjekte, an welchen ein bücherliches Recht erworben werden kann, ist deren Haftung als Kaution zur Sicherstellung für die Befriedigung der Ansprüche aus den von der Anstalt ausgegebenen Pfandbriefen in den öffentlichen Büchern auf Grund einer von der Anstalt auszustellenden Erklärung einzutragen.

Zur Erwirkung der gänzlichen oder teilweisen Löschung des Kautionsbandes genügt die amtliche Bestätigung des Regierungskommissärs, daß das belastete Vermögensobjekt gänzlich oder teilweise aufgehört habe, als Kaution für die Befriedigung der Pfandbriefbesitzer zu dienen.

Von der Eintragung, sowie von der Löschung des Kautionsbandes ist der Regierungskommissär zu verständigen. Der Aufstellung eines gemeinsamen Kurators bedarf es zu diesem Zwecke nicht.

Die zum Zwecke der Eintragung und Löschung des Kautionsbandes ausgestellten Urkunden und vorgenommenen bücherlichen Eintragungen sind gebührenfrei.

§ 6: Werden nach Maßgabe der Statuten bares Geld oder Wertpapiere als Kaution bestellt, so sind diese Kautionsobjekte abgesondert von dem übrigen Vermögen der Anstalt unter Mitsperre des Regierungskommissärs zu verwahren.

Wertpapiere, in welchen das Vermögen eines Pflegebefohlenen nicht angelegt werden kann, sind von der Bestellung als Kaution ausgeschlossen.

Zu den §§ 4 - 6 läßt sich in den Erläuternden Bemerkungen[109] folgendes nachlesen:

In Ansehung der bereits bestehenden Hypothekaranstalten habe man, ohne in die durch genehmigte Statuten festgesetzten Verhältnisse einzugreifen, nicht weiter gehen können, als in den Bestimmungen der §§ 1 - 3. Man könne durch

109 ebenda, 105 f

gesetzliche Anordnungen nur verhindern, daß die zur Deckung der Pfandbriefe bestimmten Vermögensobjekte ihrer Bestimmung entzogen werden. Dagegen sei es nicht zulässig gewesen, neue ständige Einrichtungen zu schaffen, welche den bestehenden Anstalten im Widerspruch mit deren genehmigten Statuten nach außen hin Beschränkungen der freien Dispositionsbefugnisse auferlegen würden. Den erst nach dem Beginn der Wirksamkeit dieses Gesetzes zu konzessionierenden Anstalten könne aber die Verpflichtung ohne Bedenken auferlegt werden, daß sie die dem Zweck des Gesetzes entsprechenden rechtlichen Schranken selbst in einer jedem Dritten deutlich erkennbaren Weise aufrichten.

Der Begriff der Kaution lasse es zu, daß die einzelnen hiezu bestimmten Vermögensobjekte durch andere ersetzt werden, vorausgesetzt, daß sie den gleichen Wert repräsentieren. Die Prüfung dieser Voraussetzung könne einem öffentlichen Organ, dem der Hypothekaranstalt beigegebenen Regierungskommissär, übertragen werden. Dies lasse es als zulässig erscheinen, daß der Wechsel der Kautionsobjekte vollzogen wird, ohne eine Willenserklärung des Berechtigten, für den die Kaution bestellt wurde, einzuholen. Die Kautionsbestellung schließe sich dem zu erreichenden Zweck vollkommen an, indem sie zwar kein selbständiges Recht verleihe, das für sich allein einen Gegenstand des Verkehrs bilden könnte, wohl aber das mit dem Kautionsband behaftete Objekt für die Dauer dieses Bandes dem Verkehr vollständig entziehen würde.

Die Kautionsbestellung werde in verschiedener Weise zu vollziehen sein, je nachdem das Objekt einen Gegenstand der öffentlichen Bücher bildet oder nicht. Im ersteren Fall werde der Ausschluß jeder Disposition über das betreffende Objekt durch die bücherliche Eintragung in einer jedem Dritten erkennbaren Weise bewirkt, wobei es Sache des Regierungskommissärs sein werde, dafür zu sorgen, daß die Eintragung des Kautionsbandes gleichzeitig mit der für die Hypothekaranstalt erfolgenden Eintragung des Pfandrechts vorgenommen wird. Die bücherlichen Eintragungen müßten in den verschiedenen Arten öffentlicher Bücher in einer der Natur dieser Bücher entsprechenden Weise, in Grundbüchern also in der die unbedingte Eintragung ausdrückenden Form der Einverleibung vollzogen werden. Da bewegliche Werte eine der bücherlichen Eintragung entsprechende Form des Ausschlusses jeder Disposition nicht zulassen, könne der gleiche Zweck nur durch eine vom Regierungskommissär auszuübende Mitsperre erreicht werden.

§ 7: Auf Landesanstalten, welche Pfandbriefe ausstellen und für deren Verbindlichkeiten das Vermögen eines Landes haftet, finden die Bestimmungen dieses Gesetzes mit der Maßgabe Anwendung, daß zur Erfüllung der in demselben dem Regierungskommissär zugewiesenen Aufgabe der Landesausschuß und beziehungsweise der vom Landesausschuß abgeordnete Kommissär berufen ist.

In den Erläuternden Bemerkungen[110] heißt es dazu:

Die im öffentlichen Interesse notwendige Beaufsichtigung des Gebarens der Pfandbriefe emittierenden Anstalten wird bei den Landesanstalten, wie sie in Böhmen und Schlesien und möglicherweise auch in anderen Ländern errichtet werden könnten, zunächst durch den Landesausschuß ausgeübt. Dieses öffentliche Organ erscheine vorzugsweise geeignet, die im vorliegenden Gesetz näher spezialisierten Funktionen, welche mit der allgemeinen Aufsicht in untrennbarem Zusammenhang stehen, gleichfalls zu übernehmen. Die staatliche Überwachung, welche auch bei den Landesanstalten durch ein Regierungsorgan ausgeübt werde, gewähre eine ausreichende Garantie dafür, daß die durch das vorliegende Gesetz vorgeschriebenen Kontrollmaßregeln angewendet würden.

3. Bericht der Kommission des Herrenhauses über den Gesetzentwurf betreffend die Wahrung der Rechte der Besitzer von Pfandbriefen[111]

Die Kommission geht davon aus, daß unter den Wertpapieren, die gegenwärtig die Vorsorge der kaiserlichen Regierung in Anspruch nehmen, vor allem die unter dem Namen „Pfandbriefe" in großer Masse vorhandenen Schuldurkunden hervortreten würden, da sie zur Anlage von Pupillengeldern verwendet werden.

Die Sicherheit dieser Papiere beruhe teils auf der gewissenhaften Beobachtung der über die gesamte Geschäftsgebarung der Pfandbriefe emittierenden Anstalten in ihren Statuten enthaltenen Anordnungen und der pflichtgemäßen Aufsicht der denselben beigegebenen Regierungskommissäre, teils und vorzüglich aber auf der Hinlänglichkeit der Deckungen, welche statutengemäß zur Sicherstellung der Pfandbriefe stets vorhanden sein müßten.

Wenn es trotzdem geschehen konnte, daß neulich unter dem Einfluß schwerer finanzieller Mißverhältnisse und eines durch dieselben genährten grenzenlos um sich greifenden Mißtrauens, der Glaube an die ausreichende Sicherung der den Besitzern von Pfandbriefen zustehenden Rechte zeitweise in sehr bedenklicher Weise zu schwanken begonnen habe, so sei der Grund dieser Erscheinung zunächst wohl in dem Umstand zu suchen, daß bis zur gegenwärtigen Stunde keine genügende Vorsorge getroffen war, daß die bei der Ausgabe ordnungsmäßig vorhandenen Deckungen nicht nachher entweder durch ungerechtfertigte Verfügungen der Anstalt selbst oder durch das Zugreifen dritter Personen gegen den Sinn und Zweck der statutarischen Bestimmungen den Besitzern der Pfand-

110 ebenda, 106

111 35 der Beilagen zu den stenographischen Protokollen des Herrenhauses, VIII. Session, 167 ff

briefe ganz oder teilweise wieder entzogen werden können. Die Sorgen schienen umso mehr berechtigt, da es den in Österreich derzeit bestehenden, zur Ausgabe von Pfandbriefen ermächtigten, Anstalten gestattet war und sei, neben dem Hypothekengeschäft noch manch andere, mitunter nicht ungefährliche Geschäfte zu betreiben.

Der erste Schritt, welcher getan werden müßte, wäre daher der, durch Anordnung einer geschärften Staatsaufsicht dafür zu sorgen, daß die Deckungen, welche bei der Ausgabe von Pfandbriefen vom Regierungskommissär als genügend befunden wurden, nicht durch nachträgliche Verfügungen der Anstalt selbst den Berechtigten ganz oder teilweise entzogen werden können.

Es habe aber auch weiters dafür gesorgt werden müssen, daß einer Gefährdung der Vorzugsrechte der Pfandbriefbesitzer durch selbständiges Zugreifen anderer Gläubiger auf die zur Deckung der Pfandbriefe bestimmten Vermögensobjekte wirksam begegnet werde, insbesondere aber, daß für den Fall eines über das Vermögen der Anstalt ausgebrochenen Konkurses die Durchführung der gedachten Vorzugsrechte in einem möglichst einfachen Verfahren mit Leichtigkeit erfolgen könne.

Daß trotz alledem für die Rechte der als unbekannte und abwesende Teilnehmer zu betrachtenden Pfandbriefbesitzer noch insbesondere gesorgt werden müsse, sooft ein Exekutionsschritt auf ein der Anstalt gehörendes Vermögen durchgeführt werden will, sei an sich einleuchtend, weil es eben dem Exekutionsrichter in den meisten Fällen nicht erkennbar sei, daß das in Exekution gezogene Stück zu den Deckungsobjekten der Pfandbriefe gehöre. Nachdem das mit der staatlichen Beaufsichtigung der Anstalt betraute Organ zunächst in der Lage sei, hierüber sichere Auskunft zu erteilen, erscheine es sehr zweckmäßig, daß dem Exekutionsrichter, wie es § 3 der Regierungsvorlage anordne, aufgetragen werde, von jeder Bewilligung eines solchen Exekutionsschrittes zunächst den Regierungskommissär in Kenntnis zu setzen, dessen Sache es sein werde, die nötigen Einleitungen zur Wahrung der Rechte der Pfandbriefbesitzer zu treffen.

Wenn die Regierungsvorlage von der Voraussetzung ausgehe, daß die durch eine solche Exekution gefährdeten Rechte der Pfandbriefbesitzer immer nur im Wege der Oppositionsklage zu wahren seien und daß deshalb zur Anstellung und Durchführung dieser Klage jederzeit die Aufstellung eines gemeinsamen Kurators bewirkt werden müsse, so glaubte die Kommission sich dieser Auffassung nicht anschließen zu dürfen. Sie war vielmehr der Ansicht, daß selbst dann, wenn das in Exekution gezogene Stück sich als ein Bestandteil des für die Pfandbriefe als Deckung dienenden Vermögens ausweist, der Regierungskommissär lediglich dem Exekutionsrichter hievon Anzeige zu machen, der Richter aber hierüber ohne weiteres die bereits bewilligte Exekution gemäß der im ersten Absatz des § 2 enthaltenen Bestimmung einzuschränken habe.

Durchaus kritisch merkt der Kommissionsbericht an, daß man sich in den ersten drei Paragraphen des vorliegenden Gesetzesentwurfes den bereits bestehenden Anstalten gegenüber darauf beschränkt habe, für die Sicherung der den Besitzern von Pfandbriefen zukommenden Rechte nur insoweit zu sorgen, als dies geschehen konnte, ohne den erworbenen Rechten dieser Anstalten zu nahe zu treten. Erst vom vierten Paragraphen an betrete die Regierungsvorlage, indem sie sich mit solchen Anstalten beschäftigt, denen die staatliche Bewilligung erst nach der Wirksamkeit des Gesetzes erteilt werde, ein durchaus freies Feld, wobei anzuerkennen sei, daß von dieser Freiheit sehr dankenswerter Gebrauch gemacht worden sei.

Im Anschluß an die Empfehlung, das Hohe Haus solle das Gesetz mit den beantragten Änderungen annehmen, wurde erklärt, daß die Kommission im Laufe der Beratungen bestärkt worden sei, daß die Hauptsache der ernstlichen Besorgnisse in der Bedenklichkeit gewisser Nebengeschäfte liege, deren Betreibung manchen zur Ausgabe solcher Schuldtitel berechtigten Anstalten gestattet worden sei. In Anbetracht dessen entschloß sich die Kommission zu folgender Resolution:

„Die hohe Regierung wird aufgefordert, bei Erteilung neuer Konzessionen zur Ausgabe von Pfandbriefen Vorsorge zu treffen, damit die Anstalt nicht zu solchen Geschäften ermächtigt werde, durch welche die Sicherheit der Pfandbriefbesitzer gefährdet werden könnte."[112]

4. Die Abänderungen durch die Kommission des Herrenhauses gegenüber der Regierungsvorlage[113]

Die §§ 2, 3 und 5 wurden (wenn auch nicht radikal) abgeändert.

§ 2 lautete in der Fassung des Antrags der Kommission des Herrenhauses:

Die Besitzer von Pfandbriefen haben das Recht, aus den im § 1 bezeichneten Vermögensobjekten der Anstalt vorzugsweise befriedigt zu werden, daher Gläubiger der Anstalt, deren Forderungen nicht aus Pfandbriefen entspringen, eine Exekution nur unbeschadet dieses Rechtes erwirken können.

Die Gesamtheit dieser Vermögensobjekte bildet im Falle des Konkurses der Anstalt eine besondere Masse, aus welcher jene Gläubiger, deren Ansprüche aus Pfandbriefen der Anstalt entspringen, vor den übrigen Konkursgläubigern zu befriedigen sind.

112 ebenda, 170
113 ebenda, 171 ff

Die Neuformulierung stellt keine rechtliche Änderung dar, sie präzisiert lediglich das Recht auf vorzugsweise Befriedigung.

§ 3 wurde nur im ersten Absatz verändert:

Wird auf ein Vermögensobjekt einer Anstalt, welche berechtigt ist, unter staatlicher Aufsicht Pfandbriefe auszustellen, Exekution geführt, so hat das die Exekution bewilligende Gericht hievon den Regierungskommissär von Amts wegen zu verständigen, welchem es obliegt, falls dieses Objekt zur Deckung für die Pfandbriefgläubiger zu dienen hat, das Gericht hievon in Kenntnis zu setzen. Auf Grund dieser Mitteilung hat das Gericht die bewilligte Exekution der im § 2 Absatz 1 enthaltenen Bestimmung gemäß einzuschränken. Überdies hat der Regierungskommissär, wenn er die Rechte der Besitzer der Pfandbriefe für gefährdet erachtet, die Bestellung eines gemeinsamen Kurators zur Vertretung dieser Besitzer bei dem hiezu zuständigen Gericht zu erwirken.

Die nunmehr ausführlichere Textierung stellt klar, daß die vorzugsweise Befriedigung der Pfandbriefgläubiger eine Einschränkung der Exekution zur Folge hat.

Der letzte Absatz des § 5 wurde insofern geringfügig geändert, als neben der Gebührenbefreiung auch die Stempelfreiheit festgelegt wurde.

5. Bericht des Ausschusses des Abgeordnetenhauses über den Gesetzesentwurf betreffend die Wahrung der Rechte der Besitzer von Pfandbriefen[114]

Im wesentlichen betont der Ausschußbericht, daß es ungeachtet der in den Statuten zugesicherten Rechte, aus den zur Deckung gewidmeten Vermögensobjekten vorzugsweise befriedigt zu werden, doch notwendig sei, der Gefährdung der Vorzugsrechte der Pfandbriefbesitzer durch andere Gläubiger in wirksamerer Weise zu begegnen, insbesondere aber auch dafür zu sorgen, daß für den Fall eines über das Vermögen der Anstalt ausgebrochenen Konkurses die zur Deckung der Pfandbriefe bestimmten Vermögensobjekte nicht in die allgemeine Konkursmasse einbezogen werden.

Ferner meinte der Ausschuß, daß jeder aufmerksame Beobachter der bei der letzten Börsenkrise hervorgetretenen Erscheinungen sich in der Überzeugung bestärkt fühlen mußte, daß eine der Hauptursachen der Besorgnisse für die Sicherheit der Pfandbriefe im Umstand lag, daß manchem der betreffenden Institute das Betreiben gewisser bedenklicher Nebengeschäfte gestattet ist, sodaß es geboten erscheint, bei neuen Konzessionen für Pfandbriefinstitute diesen Erfahrungen Rechnung zu tragen.

---

114 146 der Beilagen zu den stenographischen Protokollen des Abgeordnetenhauses, VIII. Session, 1314 f

VIII. Zusammenfassung

1. Die verzögerte Etablierung des Pfandbriefsystems in Österreich

Während sich der Pfandbrief in Deutschland schon Ende des 18. Jahrhunderts etabliert hatte, wurde auf österreichischem Boden erst 1841 die „Galizische ständische Creditanstalt" errichtet. Die ab 1856 tätige Abteilung für den Hypothekarkredit bei der privilegierten österreichischen Nationalbank konnte sich wegen der Konzentration auf den Großgrundbesitz nicht wirklich entfalten. Erst die Gründung der k.k. privilegierten allgemeinen österreichischen Boden-Creditanstalt 1863 schuf ein österreichisches Pfandbriefinstitut von Bedeutung.

Ab den 60er Jahren des 19. Jahrhunderts wurden in Österreich vermehrt Hypothekenbanken in Form von Aktiengesellschaften gegründet, während sich Landeshypothekenanstalten nicht durchsetzen konnten.

2. Der gesetzgeberische Handlungsbedarf nach dem Börsenkrach von 1873

Obwohl der Börsenkrach 1873 durch Aktienspekulationen im Zusammenhang mit der Weltausstellung in Wien verursacht worden war, kam damit auch die mangelnde rechtliche Absicherung der Pfandbriefbesitzer zu Tage. Sollte der Pfandbrief kein gewöhnlicher Schuldtitel sein, mußte seitens der Gesetzgebung entsprechende Vorkehrung getroffen werden.

3. Die Schaffung eines Anlegerschutzes durch den Gesetzgeber

Nicht einmal ein Jahr nach dem Börsenkrach vom Mai 1873 hatte der Gesetzgeber im April 1874 mit dem Gesetz betreffend die Wahrung der Rechte der Besitzer von Pfandbriefen eine rechtlich einwandfreie Lösung des Problems geschaffen, um die Pfandbriefgläubiger vor Risiken eines Konkurses einer Hypothekenbank zu schützen.

In wenigen Paragraphen wird ein System konstruiert, das durch eine weitreichende Überwachung der Pfandbriefinstitue sicherstellt, daß den Pfandbriefgläubigern durch Transaktionen des Geldinstituts kein Nachteil erwachsen kann.

Zwar hat der der Hypothekenanstalt beigegebene Regierungskommissär für diese eine nicht unbeträchtliche Einschränkung im täglichen Geschäft zur Folge, die erhöhte Sicherheit für den Anleger, die aus der verstärkten Kontrolle resultiert, dient den Pfandbriefinstituten jedoch auch heute noch als Verkaufsargument.

Selbst im sehr unwahrscheinlichen Fall eines Konkurses des Pfandbriefinstituts ist sichergestellt, daß Rechte der Anleger gewahrt bleiben, da sie aus einer Sondermasse zu befriedigen sind. Da die Emission von Pfandbriefen das Vorhandensein von entsprechenden Deckungswerten voraussetzt und diese wiederum nach strengen Regeln zu bewerten sind, geht das Anlegerrisiko gegen Null. Kommt es trotz des gespannten Sicherheitsnetzes zu Ausfällen, kann dies nicht am Gesetz, sondern bloß am Vollzug des Gesetzes gelegen sein.

4. Kapitel: Die deutsche Gesetzgebung betreffend das Pfandbriefwesen

I. Anläufe zu einer reichsgesetzlichen Regelung

1868 wurde ein erster Versuch unternommen, das Hypothekenbankwesen durch ein Reichsgesetz zu regeln. Auf Grund der Kreditnot des Grundbesitzes veranstaltete der Bundesrat eine Enquete zur Frage, ob eine Erleichterung des Realkredits erforderlich sei. Durch die rasche Zunahme an Hypothekenbanken löste sich dieses Problem schließlich von selbst, sodaß es zu keiner reichsgesetzlichen Regelung kam.[115]

Von 1862 an waren in Deutschland binnen kurzer Zeit an die dreißig Hypothekenbanken gegründet worden. Sie gewährten dem Grundbesitz hypothekarische Darlehen und refinanzierten sich durch die Ausgabe von Pfandbriefen. Die Geschäftstätigkeit war nur bei wenigen dieser Banken auf die erwähnten Sparten beschränkt, vielmehr ließen ihre Statuten weitere, zum Teil auch alle Arten von Bankgeschäften zu.[116]

Bedingt durch die rasche Expansion der Hypothekenbanken fand der Pfandbrief weite Verbreitung. Die Bezeichnung der von diesen Banken ausgegebenen Schuldverschreibungen als Hypothekenpfandbriefe, Hypothekenzertifikate usw. erweckte den Anschein, den Inhabern derartiger Papiere stünde an den zu ihrer Sicherheit bestellten Hypotheken ein alle übrigen Gläubiger ausschließendes Vorrecht zu. Tatsächlich aber waren die Pfandbriefgläubiger gegen Verfügungen der Bank über die Hypotheken sowie gegen den Zugriff dritter Gläubiger nicht gesichert, auch im Konkurs konnten sie keine vorzugsweise Befriedigung aus diesen Werten beanspruchen. Da ein Teil der Hypothekenbanken auch andere Bankgeschäfte in umfangreichem Maße betrieb, war die Sicherheit gefährdet.[117] Der rechtliche Mangel liegt darin begründet, daß die den Pfandbriefgläubigern in den Statuten der Banken eingeräumten, bloß obligatorischen Rechte zwingende Normen, etwa die der Konkursordnung, nicht außer Kraft zu setzen imstande sind (vgl dazu schon ausführlich 2. Kapitel, II.3 und 4).

Schon bei den Vorarbeiten zur Reichskonkursordnung hatte die Reichsregierung die Problematik erkannt. Eine zufriedenstellende Lösung gelang vorerst nicht. Allerdings wurde der Landesgesetzgebung die Möglichkeit gegeben, den

115 Friedländer, Kommentar zum HBG, 5
116 Pavlicek, Pfandbriefrecht, 21 f
117 Friedländer, 5 f

Pfandbriefgläubigern eine konkursmäßige Realsicherheit zu gewähren: im § 17 des Einführungsgesetzes zur Konkursordnung wurde eine Vorschrift aufgenommen, die es den Ländern ermöglichte, Bestimmungen zu treffen, nach denen den Inhabern der von den Gemeinden oder anderen Verbänden, von Aktiengesellschaften, Kommanditgesellschaften auf Aktien oder Genossenschaften ausgestellten Pfandbriefe oder ähnlicher auf Grund erworbener Forderungen von denselben ausgestellten Wertpapiere, an solchen Forderungen ein Faustpfandrecht im Sinne des § 40 der Konkursordnung dadurch gewährt werden kann, daß einem Vertreter sämtlicher Inhaber allein oder in Gemeinschaft mit dem Aussteller die Ausübung des Gewahrsams der über die Forderungen lautenden Urkunden übertragen oder auf diesen Urkunden die Gewährung des Pfandrechts vermerkt wird.[118] § 40 dKO lautet:

Gläubiger, welche an einer beweglichen Sache, an einer Forderung oder an einem anderen Vermögensrechte des Gemeinschuldners ein Faustpfandrecht haben, können aus den ihnen verpfändeten Gegenständen abgesonderte Befriedigung wegen ihrer Pfandforderung verlangen, zunächst wegen der Kosten, dann wegen der Zinsen, zuletzt wegen des Capitales.

Eine von mehreren Hypothekenbanken an den Reichstag gerichtete Petition führte zu einem Beschluß des Reichstags vom 21.12.1876, den Reichskanzler zu ersuchen, eine einheitliche reichsgesetzliche Regelung zu veranlassen[119], womöglich noch vor dem Inkrafttreten der Konkursordnung[120].

Ein 1879 dem Reichstag vorgelegter Entwurf eines Gesetzes betreffend das Faustpfandrecht für Pfandbriefe und ähnliche Schuldverschreibungen hatte ausschließlich Regelungen zum Inhalt, die den Pfandbriefgläubigern ausreichende Sicherheit gewähren sollten. Der Entwurf ging von der Idee aus, die Pfandbriefe seien als ein Ersatz für die ihnen zugrunde liegenden, mit dem Geld der Pfandbriefgläubiger erworbenen Hypotheken zu betrachten. Daher müßten die Hypotheken unmittelbar faustpfandmäßig für die Pfandbriefforderungen haften. Ferner war auch eine Vertretung der Pfandbriefgläubiger vorgesehen. Bemerkenswert ist die Tatsache, daß kein Zwang für die Hypothekenbanken bestehen sollte, sich diesen Bestimmungen zu unterwerfen, es vielmehr im Belieben der Institute stehen sollte, ob sie von den Vorschriften Gebrauch machen wollten. Der Entwurf wurde nicht verabschiedet, 1880 mit wenigen Änderungen erneut vorgelegt, jedoch auch diesmal nicht Gesetz.[121]

---

118 Friedländer, Kommentar zum HBG, 6 f

119 Pavlicek, Pfandbriefrecht, 29

120 Friedländer, 7

121 Friedländer, 7 f

In der Folge wurde seitens der Reichsgesetzgebung auf diesem Gebiet keine weitere Tätigkeit entfaltet, denn mit den Vorarbeiten zu einem Bürgerlichen Gesetzbuch war zweifelhaft geworden, ob die im Entwurf vorgesehene Konstruktion der Sicherung der Rechte der Pfandbriefgläubiger mit den Vorschriften der künftigen Kodifikation in Einklang stehen würde. Mehrere Bundesstaaten machten von der im § 17 dEGKO vorgesehenen Möglichkeit Gebrauch, in mehr oder weniger enger Anlehnung an den gescheiterten Entwurf eines Reichsgesetzes den Pfandbriefgläubigern faustpfandmäßige Sicherung zu gewähren: Sachsen-Koburg-Gotha (4.4.1885), Baden (12.4.1892), Elsaß-Lothringen (22.5.1893), Mecklenburg-Schwerin (27.2.1894), Mecklenburg-Strelitz (21.3.1894), Schwarzburg-Sondershausen (15.1.1896). In Preußen faßte man zwar die Normativbestimmungen 1893 neu, wobei aber keine Vorschriften betreffend die rechtliche Sicherstellung der Pfandbriefgläubiger getroffen wurden.[122]

Während in Österreich mit dem Gesetz vom 24. 4. 1874, RGBl. Nr. 48, die notwendigen gesetzgeberischen Maßnahmen ergriffen worden waren, dauerte es in Deutschland also wesentlich länger, eine reichseinheitliche Regelung zu treffen. Dies ist umso bemerkenswerter, als die Bedeutung des Pfandbriefs in Deutschland viel größer war als im damaligen Österreich.

II. Das deutsche Grundpfandrecht

1. Vorbemerkung

Mit ein Grund dafür, daß der vorhin erwähnte Entwurf eines Gesetzes betreffend das Faustpfandrecht für Pfandbriefe nicht verwirklicht wurde, war die Tatsache, daß damals schon mit den Vorarbeiten zu einem Bürgerlichen Gesetzbuch begonnen worden war. Bevor das Hypothekenbankgesetz, mit dem die Rechtsstellung der Pfandbriefgläubiger auf Reichsebene klargestellt wurde, behandelt wird, soll im folgenden das deutsche Grundpfandrecht, eine eminent wichtige Rechtsmaterie für das Pfandbriefwesen, skizziert werden.

2. Die Weiterbildung des Grundpfandrechts im Deutschland des 18. und 19. Jahrhunderts

Nachdem durch die Übernahme des römischen Pfandrechts das deutsche Liegenschaftsrecht umgestaltet worden war und dabei die dem deutschen Recht bis dahin unbekannten gesetzlichen Spezial- und Generalpfandrechte sowie die

---

122 Friedländer, 8 f

privilegierten Pfandrechte Verbreitung gefunden hatten, andererseits die alten deutschen Grundsätze der Publizität und Spezialität beseitigt worden waren, setzte durch die moderne Hypothekengesetzgebung des 18. Jahrhunderts, vor allem in Preußen, eine Rückkehr zu den alten Prinzipien ein. Zu erwähnen sind dabei insbesondere die preußische Hypotheken- und Konkursordnung vom 14.2.1722, die preußische Hypothekenordnung vom 20.12.1783, die im wesentlichen in das Allgemeine Landrecht (ALR) Eingang fand, ferner die revidierte Mecklenburger Hypothekenordnung für ritterschaftliche Landgüter vom 18.10.1848. Im Mecklenburger Recht wurde auch erstmals die Begründung eines Grundpfandrechts für den Eigentümer ermöglicht. Dies war deshalb möglich geworden, weil das Mecklenburger Recht gleichzeitig das Grundpfand des gemeinen Rechts mit seinem akzessorischen Charakter überwand und die Hypothek als eine selbständige dingliche Belastung des Gutes verstand, für die der deutschrechtliche Grundsatz der reinen Sachhaftung galt. Mecklenburg diente als Vorbild für die beiden preußischen Gesetze vom 5.5.1872, die Grundbuchsordnung und das Eigentumserwerbsgesetz. Allerdings ging man nicht so weit, wie es ursprünglich Absicht der Regierung war, nämlich dem Grundpfandrecht überhaupt einen selbständigen Charakter zu verleihen. Es wurde die bisherige preußische, bloß relativ selbständige Hypothek beibehalten, daneben aber als zweite Form jene Mecklenburger Hypothek eingeführt, die man als Grundschuld bezeichnete.[123]

3. Das Grundpfandrecht im BGB

a. Allgemeines

Das BGB hat für Deutschland ein einheitliches Grundpfandrecht geschaffen, wobei das bisherige preußische Recht weitgehend übernommen wurde. Es unterscheidet Hypothek, Grundschuld und Rentenschuld und unterteilt die Hypothek in eine „Verkehrshypothek“ und eine „Sicherungshypothek“. Trotz dieser Differenzierung handelt es sich um nahe verwandte dingliche Rechte gleicher Gattung.[124] In der Reihenfolge kommt zunächst die Verkehrshypothek (§§ 1113-1183), dann die Sicherungshypothek (§§ 1184-1190), die Grundschuld (§§ 1191-1198), schließlich die Rentenschuld (§§ 1199-1203), wobei es sich bei ihr um einen Unterfall der Grundschuld handelt. Aus der Tatsache, daß die Hypothek vor der Grundschuld angeführt wird, kann nicht unbedingt eine Vorrangstellung der Hypothek abgeleitet werden, eher ist in der Abfolge eine Regelungstechnik des

123 Hübner, Grundzüge des deutschen Privatrechts, 415 ff

124 Gierke, Deutsches Privatrecht, II, 838

Gesetzgebers zu erblicken, die allgemeinen und allen Grundpfandrechten gemeinsamen Bestimmungen vor die besonderen zu stellen.

b. Prinzipien des Grundpfandrechts[125]

ba) Publizität: Dieses zuerst beim Grundpfandrecht wieder durchgedrungene Prinzip beherrscht das gesamte Liegenschaftsrecht, besonders aber das Liegenschaftspfandrecht.

bb) Spezialität: Ein Generalpfandrecht ist ausgeschlossen, es besteht ein Spezialpfandrecht nur an einem einzelnen Grundstück. Es muß als Belastung mit einer Geldleistung von bestimmter Höhe im Grundbuch aufscheinen.

bc) Legalität: Zur Entstehung eines Grundpfandrechts ist die behördliche Mitwirkung erforderlich, sie enthält eine verantwortliche amtliche Prüfung der gesetzlichen Voraussetzungen von Grundstücksbelastungen.

bd) Selbständigkeit: Preußen unterschied bereits 1872 Hypothek und Grundschuld. Die Hypothek behielt den Charakter eines akzessorischen Rechts, während bei der Grundschuld die Selbständigkeit vorbehaltlos durchgeführt wurde. Das BGB hat darauf aufgebaut, die Verkehrshypothek ist begrifflich akzessorisch, weist aber einen gesteigerten Grad an Selbständigkeit auf, sodaß eigentlich das dingliche Recht als Hauptrecht und die Forderung als das Nebenrecht erscheint. Die Sicherungshypothek ist begrifflich und tatsächlich akzessorisch, bleibt ein zur Sicherung einer Forderung bestimmtes Nebenrecht, das sich nur nach der Forderung richtet. Die Grundschuld dagegen ist begrifflich selbständig, sie ist unabhängig von einer Forderung, auch kann sie von vornherein auf den Namen des Eigentümers eingetragen werden.

be) Verkehrsfähigkeit: Sie hängt vom Grad der Selbständigkeit ab. Weiters wird die Verkehrsfähigkeit in ihrem Ausmaß durch die sogenannte „Verbriefung" bestimmt. Wird neben der Beurkundung im Grundbuch für den Gläubiger eine besondere Urkunde ausgestellt, die eine selbständige Rolle spielt, so ist das Grundpfandrecht den erleichterten Formen des Fahrnisverkehrs zugänglich. Preußen gestaltete 1872 den Brief bei der Hypothek als bloße Legitimationsurkunde aus, den Grundschuldbrief aber als vollkommenes Wertpapier. Das BGB schreibt sowohl bei der Hypothek als auch bei der Grundschuld die Ausstellung eines Briefes vor, allerdings kann dies vertraglich ausgeschlossen werden. Bei der Sicherungshypothek ist ein Brief nicht möglich, sie bleibt immer bloß Buchhypothek. Hypothekenbriefe und Grundschuldbriefe sind im BGB Wertpapiere, wobei ein Grundschuldbrief auch auf den Inhaber ausgestellt werden kann. Folglich gibt es Briefgrundpfandrechte (Briefhypothek, Briefgrundschuld, Briefrentenschuld), Buchgrundpfandrechte (die Si-

125 Gierke, Deutsches Privatrecht, II, 839 ff

cherungshypothek muß als solche, jede andere Hypothek, Grund- oder Rentenschuld kann derart bestellt werden) und Inhabergrundpfandrechte (Grundschuldbrief auf den Inhaber, Rentenschuldbrief auf den Inhaber).

c. Hypothek

Das BGB unterscheidet zwischen Verkehrshypothek (§§ 1113 ff) und Sicherungshypothek (§§ 1184 ff). § 1113 BGB bestimmt allgemein, daß ein Grundstück in der Weise belastet werden kann, daß an denjenigen, zu dessen Gunsten die Belastung erfolgt, eine bestimmte Geldsumme zur Befriedigung einer ihm zustehenden Forderung aus dem Grundstück zu zahlen ist. Damit ist die prinzipielle Abhängigkeit dieser Art von Grundpfandrecht von einer zu sichernden Forderung normiert.

ca) Verkehrshypothek: Sie tritt in der Regel als Briefhypothek auf, die Ausschließung eines Briefes ist im Grundbuch einzutragen (§ 1116 Abs 2 Satz 3 BGB). Der Hypothekenbrief wird vom Grundbuchsamt ausgestellt, er muß als solcher bezeichnet sein, den Betrag der Hypothek und das belastete Grundstück angeben, ferner mit Unterschrift und Siegel oder (seit 1978) Stempel versehen sein, da er sonst unwirksam wäre.[126] Es handelt sich bei ihm um eine öffentliche Urkunde, die die Grundbuchseintragung wiedergeben soll. Wenn Buch und Brief nicht übereinstimmen, wird das Vertrauen auf den Inhalt des Briefes nicht geschützt. Bei Unrichtigkeit des Grundbuchs fällt dessen öffentlicher Glaube insoweit weg, als sich die Unrichtigkeit aus dem Brief ergibt.[127] Der richtige Brief geht also dem unrichtigen Grundbuch vor, nicht aber der unrichtige Brief dem richtigen Grundbuch.[128] Ein verlorengegangener Brief ist aufzubieten (§ 1162 BGB). Übertragen wird die Briefhypothek durch die Übergabe des Briefes und eine Abtretungserklärung, für die Schriftform erforderlich ist; eine Umschreibung im Grundbuch ist nicht nötig.[129] Der Vorzug der Briefhypothek liegt in der Einfachheit der Übertragung und Verwertung, damit erreicht der Kapitalwert von Grund und Boden einen hohen Grad an Mobilität. Wird der Brief ausgeschlossen, liegt eine Buchhypothek vor. Sie scheint nur im Grundbuch auf, zu ihrer Übertragung sind Abtretung und Eintragung im Grundbuch erforderlich. Zu den Vorteilen der Buchhypothek gegenüber der Briefhypothek zählt die Tatsache, daß sich der Gläubiger die Verwahrung der Urkunde und die mit ihrem etwaigen

126 R. Müller in Steffan, Handbuch des Real- und Kommunalkredits, 340
127 Gierke, Deutsches Privatrecht II, 888 f
128 R. Müller in Steffan, 341
129 Gierke, 891

Verlust verbundenen Unannehmlichkeiten erspart, ferner wird er im Falle einer Zwangsversteigerung der Liegenschaft benachrichtigt. Für den Schuldner ist es vorteilhaft, daß er über die Person des Hypothekengläubigers Bescheid weiß und die Verkehrsfähigkeit gegenüber der Briefhypothek eingeschränkt ist.[130]

cb) Sicherungshypothek: Sie ist „streng“ akzessorisch und kann nur Buchhypothek sein (§§ 1184 f BGB), daher ist sie auch nicht so beweglich wie die Verkehrshypothek. Um Klarheit über den Inhalt des Rechts zu schaffen, ist zwingend vorgeschrieben, daß sie im Grundbuch ausdrücklich als Sicherungshypothek zu bezeichnen ist (§ 1184 Abs 2).[131] Sie begründet ein grundsätzlich unselbständiges Grundpfandrecht, das dingliche Recht bestimmt sich hier nur nach der Forderung. Dem Erwerber einer solchen Hypothek kommt, falls die Forderung nicht entstanden ist oder erloschen ist oder mit einer Einrede aus der Person seines Rechtsvorgängers behaftet ist, der öffentliche Glaube des Grundbuchs nicht zugute.[132] Nur als Sicherungshypothek kann die sogenannte Höchstbetragshypothek bestellt werden. Ihre Bezeichnung rührt daher, daß bei ihr nur der Höchstbetrag der Forderung bestimmt ist, für die das Grundstück haften soll, im übrigen wird die Feststellung der Forderung vorbehalten (§ 1190 BGB).[133] Die Höchstbetragshypothek findet vor allem Verwendung bei der Sicherung von Forderungen, die aus einer dauernden Geschäftsverbindung, einem Kredit in laufender Rechnung oder aus ähnlichen Verhältnissen künftig entstehen können. Im Falle der Verzinslichkeit der Forderung werden die Zinsen in den Höchstbetrag eingerechnet.[134]

d. Grundschuld

Bei der Grundschuld (§§ 1191-1198 BGB) handelt es sich um ein ohne rechtlichen Zusammenhang mit einer Forderung begründetes Grundpfandrecht, gerichtet auf Zahlung einer bestimmten Geldsumme, eventuell auch auf Entrichtung von Zinsen und sonstigen Nebenleistungen, aus einem Grundstück. Die Besonderheit der Grundschuld liegt in der begrifflichen Selbständigkeit der dinglichen Schuld, für welche das mit ihr belastete Grundstück haftet. Weil eine Forderung zusammen mit ihr nicht eingetragen werden darf, tritt die dingliche Schuld im Grundbuch als selbständige Grundstückslast in Erscheinung. Fehlt es an einem Rechtsgrund oder ist ein solcher nichtig oder anfechtbar, entsteht mit

---

130 R. Müller in Steffan, Handbuch des Real- und Kommunalkredits, 341
131 R. Müller in Steffan, 376
132 Gierke, Deutsches Privatrecht, II, 901
133 Gierke, 906
134 R. Müller in Steffan, 377

der gehörigen Bestellung des dinglichen Rechts trotzdem zugleich die dingliche Schuld des Eigentümers gegenüber dem Grundschuldgläubiger. Der Eigentümer kann lediglich einen persönlichen Anspruch wegen ungerechtfertigter Bereicherung geltend machen.[135]

Der Unterschied zur Hypothek besteht darin, daß bei der Grundschuld die rechtliche Verbindung mit einer Forderung fehlt und sie ihrem dinglichen Inhalt nach von einer etwa bestehenden Forderung unabhängig ist. Für die Grundschuld gelten alle Vorschriften über die Hypothek mit Ausnahme derjenigen, die eine rechtliche Verbindung mit einer zugrundeliegenden Forderung voraussetzen (§ 1192 BGB). Auf Grund der sachenrechtlichen Unabhängigkeit der Forderung von der sie sichernden Grundschuld ergibt sich, daß Entstehung, Übertragung, Belastung oder Erlöschen der Forderung weder die Grundschuld als solche noch die dingliche Rechtsstellung des Grundschuldgläubigers beeinflussen.[136]

Die Grundschuld entsteht, wenn nicht anders verfügt wird, als Briefgrundschuld. Der Grundschuldbrief steht in Hinblick auf seine rechtliche Natur und seine Bedeutung für Erwerb, Übertragung und Geltendmachung des dinglichen Rechts dem Hypothekenbrief gleich. Zudem ist die Ausstellung eines Grundschuldbriefs auf den Inhaber zulässig.[137] Grundschuldgläubiger ist der jeweilige Inhaber des Briefes. Im Gegensatz zu den Briefhypotheken und gewöhnlichen Briefgrundschulden folgt das Recht dem Papier. Inhabergrundschuldbriefe dürfen wie andere Inhaberschuldverschreibungen nur mit staatlicher Genehmigung in den Verkehr gebracht werden (§ 795 BGB). Obwohl mit der Inhabergrundschuld theoretisch der höchste Grad der Mobilisierbarkeit erreicht worden war, blieb ihre Bedeutung dennoch gering, weil die Mobilisierbarkeit sich nur ausnutzen ließ, soweit der Grundstückswert bekannt oder wie bei den älteren Landschaftspfandbriefen garantiert war.[138] Diese Pfandbriefe der älteren Landschaften waren nach heutigen Begriffen eigentlich gestückelte und untereinander gleichrangige Teilgrundschuldbriefe auf den Inhaber.[139]

e. Rentenschuld

Die Rentenschuld (§§ 1199-1203 BGB) ist eine Unterart der Grundschuld, gerichtet auf Zahlung einer Grundrente in regelmäßig wiederkehrenden Terminen. Sie kann mit einem bestimmten Betrag abgelöst werden.[140]

---

135 Gierke, Deutsches Privatrecht, II, 909 f
136 R. Müller in Steffan, Handbuch des Real- und Kommunalkredits, 379 ff
137 Gierke, Deutsches Privatrecht, II, 913 f
138 R. Müller in Steffan, Handbuch des Real- u. Kommunalkredits, 381
139 Tremer in Steffan, Handbuch des Real- u. Kommunalkredits, 463
140 Gierke, Deutsches Privatrecht, II, 915

III. Das Hypothekenbankgesetz vom 13.7.1899, dRGBl. S. 375

1. Vorbemerkung

Nach der Fertigstellung des Bürgerlichen Gesetzbuches wandte sich der Reichsgesetzgeber dem Hypothekenbankwesen zu. 1897 beriet im Reichsjustizamt eine Kommission bestehend aus Hypothekenbankdirektoren und einzelnen anderen Personen die Grundzüge des Gesetzes, welche aber ebenso wie das Protokoll der Kommission nicht veröffentlicht wurden. Im wesentlichen dienten die preußischen Normativbestimmungen als Vorbild. Die Regierung beriet 1897 auch mit Vertretern des Grundbesitzes. Am 27.5.1898 wurde der Gesetzentwurf veröffentlicht, nach einigen Verbesserungen kam er im Februar 1899 dem Reichstag zu, welcher ihn einer Kommission überwies, die im Mai 1899 Bericht erstattete; bloß geringfügige Änderungen waren darin vorgesehen, die wichtigste war die Umwandlung eines von den Pfandbriefgläubigern zu wählenden Vertreters in einen staatlich bestellten Treuhänder. Entsprechend den Vorschlägen der Kommission wurde das Gesetz am 17.6.1899 en bloc angenommen[141], am 13.7.1899 vom Kaiser sanktioniert und trat am 1.1.1900 in Kraft[142].

Das Gesetz dient in der Hauptsache dem Schutz der Pfandbriefgläubiger, auf die Hypothekenschuldner wird nur in wenigen Punkten eingegangen. Weitere wichtige Bereiche des HBG stellen die eingehende Regelung der Staatsaufsicht, die genauen Bilanzvorschriften und die formelle Sicherung der Pfandbriefgläubiger im Konkurs dar. Bemerkenswert sind die Bestimmungen am Schluß des Gesetzes, denn durch sie werden für viele der bestehenden Banken einige der wichtigsten Bestimmungen wieder außer Kraft gesetzt. So etwa wird die Einengung des Geschäftskreises für solche Banken wieder aufgehoben, die vor dem Inkrafttreten des HBG einen erweiterten Geschäftskreis besaßen. Daher gab es weiterhin zwei Arten von Hypothekenbanken, und zwar die „reinen" und die „gemischten", letztere vor allem in Bayern, wo Hypothekenbank- und Kreditbankwesen oft zu einer Einheit verbunden waren. Vor dem Inkrafttreten des HBG wurde die Frage der Mündelsicherheit von Pfandbriefen und Obligationen landesgesetzlich geregelt, auch trat zugleich mit dem Hypothekenbankgesetz das Gesetz betreffend die gemeinsamen Rechte der Besitzer von Schuldverschreibungen vom 4. Dezember 1899, dRGBl. S. 694, in Kraft.[143]

---

141 Stenographische Berichte 1390 und 2493-2505, Reichstagsdrucksachen, 10. Legislaturperiode, I. Session Nr. 106 und 320

142 Dannenbaum, Deutsche Hypothekenbanken, 5 f

143 Dannenbaum, Deutsche Hypothekenbanken, 6

Keine Hypothekenbanken im Sinne des HBG sind öffentlich-rechtliche Kreditanstalten, welche Hypothekenbankgeschäfte betreiben, zB Landschaften, Stadtschaften und Ritterschaften. Der Begriff „Pfandbriefinstitut" reicht weiter als jener der „Hypothekenbank", denn er erfaßt auch diejenigen öffentlich-rechtlichen Kreditinstitute, die zur Refinanzierung der von ihnen gewährten Hypothekardarlehen Pfandbriefe emittieren.[144]

Der Geltungsbereich des Hypothekenbankgesetzes erstreckt sich daher nicht auf sämtliche Institute, die Pfandbriefe emittieren, sondern bloß auf die Hypothekenbanken im technischen Sinn, also in der Rechtsform von Aktiengesellschaft oder Kommanditgesellschaft auf Aktien. Die frühen Entwürfe der Jahre 1879/80 sahen noch Vorschriften für sämtliche Bodenkreditanstalten vor. Institute, die vom HBG nicht erfaßt wurden, unterlagen also weiter den Vorschriften der Landesgesetze.[145]

Aktiengesellschaften sind in der Regel Privatunternehmungen, doch ist es durch das HBG nicht unmöglich gemacht worden, ein von staatlichen Beamten verwaltetes und unter staatlicher Oberleitung stehendes Institut zu gründen.[146] Am 17.1.1903 wurde in Darmstadt die Hessische Landes-Hypothekenbank als reine Hypothekenbank ins Leben gerufen.[147] Entscheidend sind also nicht die Eigentumsverhältnisse, sondern bloß, in welcher der beiden im HBG vorgesehenen Rechtsformen ein Bodenkreditinstitut errichtet wird.

2. Die Bestimmungen im einzelnen

Die wichtigsten Paragraphen des HBG werden im folgenden in ihrem Wortlaut wiedergegeben, und zwar in jener Fassung, in der das HBG am 1.1.1900 in Kraft getreten ist. Auf die marginalen Änderungen, die es seither bis zur Gegenwart erfahren hat, wird an anderer Stelle hingewiesen werden. Ferner werden zum besseren Verständnis auch die Materialien des HBG herangezogen.

§ 1 Abs 1: Aktiengesellschaften und Kommanditgesellschaften auf Aktien, bei welchen der Gegenstand des Unternehmens in der hypothekarischen Beleihung von Grundstücken und der Ausgabe von Schuldverschreibungen auf Grund der erworbenen Hypotheken besteht (Hypothekenbanken), bedürfen zur Ausübung ihres Geschäftsbetriebs der Genehmigung des Bundesrats.

144 Friedländer, Kommentar zum HBG, 18
145 Friedländer, 11
146 Dannenbaum, 108
147 Dannenbaum, 9

Nach dem Gesetzeswortlaut bilden hypothekarische Beleihung von Grundstücken und die Ausgabe von Schuldverschreibungen (Pfandbriefen) das Hypothekenbankgeschäft. Da jedoch die Pfandbriefausgabe hypothekarische Beleihung voraussetzt, kann man kurz die Pfandbriefausgabe als das eigentliche Hypothekenbankgeschäft bezeichnen.[148]

Zur Frage der Genehmigung wird in der Begründung[149] die Meinung vertreten, daß die Zulassung einer neuen Hypothekenbank in allen Fällen an eine obrigkeitliche Genehmigung zu knüpfen sei, welche sachgemäß nur von einer für das ganze Reich zuständigen Stelle nach einheitlichen Gesichtspunkten zu erteilen sei, um zu verhindern, daß eine Hypothekenbank, welche in dem einen Bundesstaat keine Zulassung findet, sich an einen weniger strengen wendet, um dann von dort aus Geschäfte auch in dem ersteren betreiben zu können. Außerdem seien bei der Zulassung nicht nur Fragen hinsichtlich der finanziellen Grundlagen des Unternehmens, der Satzung und dergleichen zu beachten, sondern es müsse vor allem der Bedarf zur Errichtung neuer Bodenkreditanstalten geprüft werden, und zwar über den Bundesstaat hinausgehend, in dem die Bank ihren Sitz nehmen will.

In der Kommission[150] wurde beantragt, die Konzessionserteilung nicht dem Bundesrat, sondern dem Reichskanzler zu übertragen, und zwar mit der Begründung, der Bundesrat als höchste politische Behörde solle nicht mit untergeordneten Geschäften wie einer Konzessionserteilung befaßt und belastet werden. Von Regierungsvertretern wurde diesem Ansinnen widersprochen; die Prüfung sei nicht so schwierig und in Zukunft würden voraussichtlich ohnehin nicht mehr so viele Banken errichtet werden. Der Bundesrat sei auch deshalb geeignet, weil er durch die in ihm vertretenen Einzelregierungen das ganze Gebiet übersehe. Der Antrag fand keine Zustimmung.

§ 1 Abs 2: Ist in der Satzung einer Hypothekenbank bestimmt, daß die hypothekarischen Beleihungen nur im Gebiete desjenigen Bundesstaates erfolgen dürfen, in welchem die Bank ihren Sitz hat, so steht die Erteilung der Genehmigung der Zentralbehörde dieses Bundesstaates zu.

Dies war schon im Entwurf vorgesehen: zwar sollte die Entscheidung über die Zulassung neuer Hypothekenbanken grundsätzlich dem Bundesrat zustehen (§ 1 Abs 1), da damit der übermäßigen Vermehrung von Hypothekenbanken am

148 Dannenbaum, 108

149 Begründung zu dem Entwurfe eines HBG, Reichstagsdrucksachen, 10. Legislaturperiode, I. Session Nr. 106, Seite 19

150 Kommissionsbericht über den Entwurf eines HBG, Reichstagsdrucksachen, 10. Legislaturperiode, I. Session Nr. 320, Seite 3

sichersten vorgebeugt werde, wenn jedoch der Geschäftsbetrieb laut Satzung auf das Gebiet des Bundesstaates beschränkt sei, in welchem die Bank ihren Sitz hat, solle die Entscheidung über die Zulassung der Zentralbehörde des Bundesstaates überlassen bleiben.[151]

In der Kommission[152] wurde unter anderem vorgebracht, größere Staaten wie etwa Preußen und Bayern könnten die Konzessionierung des Reiches in weitem Umfang unterbinden, außerdem könne der Umlauf der Pfandbriefe ja doch nicht auf den Einzelstaat beschränkt werden. Von Seiten der Regierung wurde erwidert, der Absatz 2 sei praktisch nicht so bedeutend, jedoch könne für Staaten mit einem etwas isolierten Wirtschaftsgebiet wie Mecklenburg und Oldenburg eine solche Bank wichtig sein.

§ 1 Abs 3: Zu jeder Änderung der Satzung einer Hypothekenbank ist die Genehmigung der nach den Abs 1, 2 zuständigen Stelle erforderlich.

Soll diejenige Bestimmung aus der Satzung beseitigt werden, durch welche der Geschäftsbetrieb auf das Gebiet eines Bundesstaates beschränkt wurde, ist dazu selbstverständlich die Genehmigung des Bundesrates nötig.[153]

§ 2: Offenen Handelsgesellschaften, Kommanditgesellschaften, Gesellschaften mit beschränkter Haftung, eingetragenen Genossenschaften und einzelnen Personen ist der Betrieb eines Unternehmens der im § 1 Abs 1 bezeichneten Art untersagt.

Schon aus wirtschaftlichen Gründen würde das Hypothekenbankgeschäft kaum in einer der genannten Rechtsformen betrieben werden.[154] Laut Begründung[155] wollte man den Genossenschaften wegen des gewöhnlich geringen Kapitals und den damit für die Pfandbriefgläubiger und auch die haftenden Genossen verbundenen Gefahren die Gründung einer Hypothekenbank verbieten. Für bestehende Genossenschaften gilt § 45 Abs 2 (dazu später).

§ 3: Die Hypothekenbanken unterliegen der staatlichen Aufsicht. Die Aufsicht steht dem Bundesstaate zu, in welchem die Bank ihren Sitz hat. Die Aufsicht erstreckt sich auf den ganzen Geschäftsbetrieb der Bank und dauert auch nach deren Auflösung bis zur Beendigung der Liquidation fort.

151 Begründung, 19
152 Kommissionsbericht, 4
153 Begründung, 20
154 Dannenbaum, 113
155 Begründung, 20

Die Begründung[156] stellt zu § 3 fest, daß durch den Geschäftsbetrieb der Hypothekenbanken das öffentliche Interesse weit mehr berührt werde als durch andere Kreditunternehmungen. Es sei auch unbestritten, daß zur Wahrung dieses Interesses die Staatsgewalt mit den nötigen Befugnissen auszustatten sei. Die Aufsicht solle aber den einzelnen Bundesstaaten verbleiben und nicht dem Reich übertragen werden. Der Bundesrat, der über die Zulassung neuer Banken zu befinden habe, wäre für eine fortlaufende Tätigkeit, wie sie eine Aufsicht darstelle, nicht geeignet. Auch fehle es dem Reich an Organen, um die Kontrolle wahrzunehmen. Der Umfang der Aufsicht müsse dem pflichtgemäßen Ermessen der Aufsichtsbehörden überlassen bleiben, eine allgemeine Aufsichtspflicht in dem Sinne, daß der Geschäftsbetrieb in allen seinen Einzelheiten zu überwachen wäre, komme nicht in Frage. Eine derartige Gestaltung der Aufsicht könnte bei den Erwerbern von Pfandbriefen die Erwartung begründen, ihr Interesse würde schon durch die Behörde ausreichend gewahrt und es bedürfe deshalb ihrerseits nicht einer näheren Prüfung der Vertrauenswürdigkeit der Bank. Das würde aber die Staatsverwaltung überfordern, auch stünde den Beteiligten kein Anspruch auf eine so weitgehende Fürsorge des Staates zu. Allerdings sei für die Pfandbriefgläubiger ein Organ nötig, welches ihre Interessen gegenüber der Hypothekenbank wahrnimmt und über die nach dem Gesetz erforderliche Deckung der Pfandbriefe wacht. Dafür seien aber eigene Bestimmungen im Entwurf vorgesehen (§§ 28-34 des Entwurfs). Das Fortdauern der staatlichen Aufsicht bis zur Beendigung der Liquidation habe den Zweck, den Beteiligten (also in erster Linie den Pfandbriefgläubigern) auch während der Liquidation nicht den Schutz zu entziehen.

Bei der Beratung in der Kommission wurde unter anderem vorgebracht, die völlige Vereinheitlichung des Hypothekenbankwesens und damit die Zuständigkeit des Bundesrates seien sachlich richtig, denn ein kleiner Staat sei nicht in der Lage, das ganze Gebiet zu überblicken, auf welches sich die Tätigkeit der von ihm beaufsichtigten Hypothekenbank erstrecke. Regierungsvertreter hielten dem entgegen, die Reichsgesetzgebung solle nicht ohne ausreichende Gründe in die Hoheit der Bundesstaaten eingreifen.[157]

Ein statutenmäßiger Verzicht einer Hypothekenbank auf weitere Ausgabe von Pfandbriefen würde erst dann von der Staatsaufsicht befreien, wenn keine Pfandbriefe mehr im Umlauf sind, ein bloß tatsächlicher Verzicht auf die Pfandbriefausgabe würde das Aufsichtsrecht unberührt lassen.[158]

156 Begründung, 21 f
157 Kommissionsbericht, 4
158 Dannenbaum, 116

§ 4 Abs 1: Die Aufsichtsbehörde ist befugt, alle Anordnungen zu treffen, welche erforderlich sind, um den Geschäftsbetrieb der Bank mit den Gesetzen, der Satzung und den sonst in verbindlicher Weise getroffenen Bestimmungen im Einklange zu erhalten.

In der Begründung[159] heißt es, die Behörde solle imstande sein, sich jederzeit Einblick in die Verhältnisse der Bank zu verschaffen und die Abstellung von Mißständen herbeizuführen. Selbstverständlich wäre es für die Aufsichtsbehörde nicht möglich, etwas anzuordnen oder zu erzwingen, was gegen Gesetz oder Satzung verstoßen würde, also etwa Mitglieder des Vorstandes oder des Aufsichtsrats einer Bank abzusetzen und durch andere Personen zu ersetzen.

§ 4 Abs 2: Die Aufsichtsbehörde ist namentlich befugt:
1. *jederzeit die Bücher und Schriften der Bank einzusehen sowie den Bestand der Kasse und die Bestände an Wertpapieren zu untersuchen;*
2. *von den Verwaltungsorganen der Bank Auskunft über alle Geschäftsangelegenheiten zu verlangen;*
3. *einen Vertreter in die Generalversammlungen und in die Sitzungen der Verwaltungsorgane der Bank zu entsenden, die Berufung der Generalversammlung, die Anberaumung von Sitzungen der Verwaltungsorgane sowie die Ankündigung von Gegenständen zur Beschlußfassung zu verlangen und, wenn dem Verlangen nicht entsprochen wird, die Berufung, Anberaumung oder Ankündigung auf Kosten der Bank selbst vorzunehmen;*
4. *die Ausführung von Beschlüssen oder Anordnungen zu untersagen, die gegen das Gesetz, die Satzung oder die sonst in verbindlicher Weise getroffenen Bestimmungen verstoßen.*

Durch das in Z 4 festgelegte Untersagungsrecht könne nötigenfalls auch die Auszahlung von Dividenden oder die weitere Ausgabe von Pfandbriefen verhindert werden.[160] Da dies einer zeitweiligen Entziehung der Konzession gleich kommt, ist diese Vorschrift streng zu interpretieren, Beschlüsse, die der Behörde bloß unangemessen erscheinen, können auf Grund dieser Bestimmung nicht aufgehoben werden.[161]

§ 4 Abs 3: Die Aufsichtsbehörde kann einen Kommissar bestellen, der unter ihrer Leitung die Aufsicht ausübt. Sie kann bestimmen, daß für die Tätigkeit des Kommissars eine Vergütung von der Bank an die Staatskasse zu entrichten ist; sie setzt den Betrag dieser Vergütung fest.

---

159 Begründung, 22
160 Begründung, 23
161 Dannenbaum, 125

In der Begründung[162] sind zwei Arten der Bestellung genannt: Beauftragung eines Kommissars mit der Wahrnehmung einzelner zur Aufsichtsführung gehörender Geschäfte oder auch zum Zweck der dauernden Wahrnehmung des gesamten Aufsichtsrechts.

§ 5 Abs 1: Die Hypothekenbanken dürfen außer der Gewährung hypothekarischer Darlehen und der Ausgabe von Hypothekenpfandbriefen nur folgende Geschäfte betreiben:
1. *den Erwerb, die Veräußerung und die Beleihung von Hypotheken;*
2. *die Gewährung nicht hypothekarischer Darlehen an inländische Körperschaften des öffentlichen Rechtes oder gegen Übernahme der vollen Gewährleistung durch eine solche Körperschaft und die Ausgabe von Schuldverschreibungen auf Grund der so erworbenen Forderungen;*
3. *die Gewährung von Darlehen an inländische Kleinbahnunternehmungen gegen Verpfändung der Bahn und die Ausgabe von Schuldverschreibungen auf Grund der so erworbenen Forderungen;*
4. *den kommissionsweisen Ankauf und Verkauf von Wertpapieren, jedoch unter Ausschluß von Zeitgeschäften;*
5. *die Annahme von Geld oder anderen Sachen zum Zwecke der Hinterlegung, jedoch mit der Maßgabe, daß der Gesamtbetrag des hinterlegten Geldes die Hälfte des eingezahlten Grundkapitals nicht übersteigen darf;*
6. *die Besorgung der Einziehung von Wechseln, Anweisungen und ähnlichen Papieren.*

Laut Begründung[163] sei bei der Mehrzahl der bestehenden Hypothekenbanken der Geschäftskreis auf das eigentliche Bodenkreditgeschäft beschränkt. Den anderen, die auch anderweitige Bankgeschäfte betreiben würden, solle die Möglichkeit auch weiterhin bestehen bleiben, da dies auf den besonderen Verhältnissen und Überlieferungen dieser Banken beruhe. Daraus sei aber nicht der Schluß zu ziehen, daß eine Beschränkung der Hypothekenbanken hinsichtlich der zulässigen Geschäfte überhaupt entbehrlich sei, denn der Mobiliarkredit hätte eine wesentlich andere Natur als der Bodenkredit. Ferner bestehe die Gefahr, daß eine Hypothekenbank durch umfangreichen Mobiliarkredit in Bahnen gelenkt werde, die ihren eigentlichen Zwecken nicht zuträglich wären, was in schwierigen Zeiten unter Umständen ihre Leistungsfähigkeit in Frage stelle. Erlaubt seien auch die verschiedenen Hilfsgeschäfte, die eine Hypothekenbank tätigen müsse, diese könnten aber im Gesetz nicht festgelegt werden. Auch entgegen der Vorschrift des § 5 geschlossene Geschäfte seien rechtlich gültig, weil es sich dabei um ein Gebot des öffentlichen Rechts handle, das seitens der Aufsichtsbehörde zu überwachen sei. Für die Bank sei innerhalb der durch § 5 gezogenen Grenzen zunächst die Satzung maßgebend, nur soweit darin der Geschäftskreis nicht enger gezogen wird, dürfe die Bank die in Z 1-6 aufgezählten Geschäfte betreiben.

---

162 Begründung, 23
163 Begründung, 23 f

Zu Z 1 heißt es in der Begründung[164], die Hypothekenbanken müßten in der Lage sein, ihren Bestand an Hypotheken auch anders als durch die Gewährung von Darlehen zu vermehren. Es empfehle sich, diesen Banken die Förderung des Realkredits durch Umsatz und Verwertung von Privathypotheken zu ermöglichen.

Bezüglich Z 2 wird festgestellt[165], daß es nach den Satzungen zahlreicher Hypothekenbanken zu deren Aufgabe gehöre, an Gemeinden und andere Körperschaften des öffentlichen Rechts, die schon durch ihre Stellung ausreichende Sicherheit böten, Darlehen auch ohne Hypothek zu gewähren und daraufhin sogenannte Kommunalschuldverschreibungen auszugeben, wobei dieser Geschäftszweig bei einzelnen Banken einen erheblichen Umfang erreicht habe.

Durch § 5 Abs 1 Z 5 werden das Depositengeschäft und das Bankdepotgeschäft erlaubt. Beim Depositengeschäft darf die Bank verzinsliche und unverzinsliche Einlagen mit täglicher oder anderer Fälligkeit annehmen, jedoch nur bis zu einem Betrag, der die Hälfte des eingezahlten Grundkapitals nicht übersteigt. Beim Bankdepotgeschäft ist es der Bank gestattet, Wertpapiere und sonstige Sachen ohne Beschränkung zu verwahren. Eine sinnvolle Auslegung des Gesetzes ergibt, daß nur die Depositengelder, nicht auch das im Depot- oder Tresorgeschäft der Bank anvertraute, vom Bankvermögen gesondert verwahrte Bargeld, bezüglich der Höhe beschränkt sind. Obwohl nicht ausdrücklich gestattet, weil es sich nicht um ein Hinterlegungsgeschäft ieS handelt, ist auch das Safegeschäft (Tresorgeschäft), die Vermietung von Tresorfächern an Kunden, zulässig.[166]

Bei der Beratung in der Kommission[167] wurde beantragt, das in Z 5 vorgesehene Depositengeschäft gänzlich freizugeben, zusätzlich wurde ein Eventualantrag dahingehend gestellt, die Beschränkung nur für solche Depositen beizubehalten, die keine Kündigungsfrist oder eine solche von weniger als vier Wochen hätten. Es wurde argumentiert, eine Schranke sei sachlich nicht gerechtfertigt, da es sich um keinen riskanten Geschäftsbetrieb handle und die Hypothekenbanken als solide Institute bekannt seien, welche sich besonders zur Verwaltung von anvertrauten Geldern eigneten. Wenn sich die Bank durch die Festsetzung einer längeren Kündigungsfrist gesichert habe, würde die Gefahr, durch unvorhergesehene Zurückziehung von Posten in Verlegenheit gebracht zu werden, von selbst wegfallen. - Diese Ansicht fand in der Kommission keine Mehrheit; man könne den Hypothekenbanken ein Depositengeschäft nicht voll-

164 Begründung, 24
165 Begründung, 24
166 Dannenbaum, 130 f
167 Kommissionsbericht, 7 f

ständig untersagen, da es in Verbindung mit anderen, gestatteten Geschäften unter Umständen notwendig werde. Bodenkreditgeschäft und Depositengeschäft gehörten aber zwei ganz verschiedenen, ja entgegengesetzten Geschäftskreisen an, denn einmal gehe es um Gewährung langfristigen Kredits, das andere Mal um kurzfristige Kreditaufnahme. Daher hätten sich die Hypothekenbanken grundsätzlich vom Depositengeschäft fernzuhalten, es bestehe kein Bedürfnis, weiter zu gehen als im Entwurf. Gegen den Eventualantrag wurde vorgebracht, eine längere Kündigungsfrist würde nichts nützen, da die Abweisung der Einleger von der Kasse der Bank wegen nicht rechtzeitiger Kündigung der Einlage den Kredit der Bank vollständig vernichten würde.

§ 5 Abs 2: Verfügbares Geld dürfen die Hypothekenbanken nutzbar machen durch Hinterlegung bei geeigneten Bankhäusern, durch Ankauf ihrer Hypothekenpfandbriefe und ihrer gemäß Abs 1 Nr. 2, 3 ausgegebenen Schuldverschreibungen, durch Ankauf solcher Wechsel und Wertpapiere, welche nach den Vorschriften des Bankgesetzes vom 14. März 1875 von der Reichsbank angekauft werden dürfen, sowie durch Beleihung von Wertpapieren nach einer von der Hypothekenbank aufzustellenden Anweisung. Die Anweisung hat die beleihungsfähigen Papiere und die zulässige Höhe der Beleihung festzusetzen.

Es sei, wie in der Begründung[168] angeführt wird, wünschenswert, daß die Hypothekenbanken stets beträchtliche Mittel zur sofortigen Verfügung bereithielten, um bei ungünstiger Geldmarktlage den Anforderungen gerecht werden zu können. Deshalb solle ihnen die Nutzbarmachung dieser Mittel nicht über Gebühr erschwert werden. Der Ankauf eigener Papiere sei insofern unbedenklich, als die Rechte, die den Besitzern dieser Schuldverschreibungen an der Deckung durch Hypotheken und sonstigen Forderungen zustehen würden, auch für diejenigen Papiere gewahrt blieben, welche sich unter den Wertpapieren der Bank befänden.

§ 5 Abs 3: Der Erwerb von Grundstücken ist den Hypothekenbanken nur zu Verhütung von Verlusten an Hypotheken oder zur Beschaffung von Geschäftsräumen gestattet. In Ansehung eines solchen Erwerbes stehen in jedem Bundesstaate Hypothekenbanken, die in dem Gebiet eines anderen Bundesstaates ihren Sitz haben, den einheimischen Hypothekenbanken gleich.

Die Beschränkung des Grunderwerbs ist eine der wichtigsten Bestimmungen des Gesetzes. Das Verbot wirkt jedoch nicht dinglich.[169]

§ 5 will den Hypothekenbanken riskante Geschäfte verbieten. Dieser Paragraph bedarf jedoch einer teleologischen Auslegung, die dazu führen kann, daß ein mit großem Risiko verbundenes Geschäft nicht betrieben werden darf, auch

168 Begründung, 26
169 Dannenbaum, 133 f

wenn es formell erlaubt wäre, etwa ein Handel in irgendwelchen zweiten Hypotheken trotz der Bestimmung des § 5 Abs 1 Z 1. Obwohl in Z 5 nicht ausdrücklich erwähnt, ist gegen eine Safevermietung nichts einzuwenden.[170]

§ 6 Abs 1: Der Gesamtbetrag der im Umlaufe befindlichen Hypothekenpfandbriefe muß in Höhe des Nennwerts jederzeit durch Hypotheken von mindestens gleicher Höhe und gleichem Zinsertrage gedeckt sein.

Die Begründung[171] erklärt dazu, das Gleichgewicht zwischen den Pfandbriefen und den Hypotheken bilde die Grundlage des gesamten Betriebs einer Hypothekenbank. Zu den im Umlauf befindlichen Pfandbriefen gehörten auch verloste und gekündigte Pfandbriefe, welche am Einlösungstag nicht der Bank vorgelegt seien, ferner auch solche, die gemäß § 5 Abs 2 angeschafft worden seien. Diese würden nicht vom Pfandbriefkonto abgeschrieben, sondern auf das Effektenkonto gebucht und daher in der Bilanz sowohl auf der Aktivseite als auch auf der Passivseite vorkommen. Bezüglich der Deckung der Pfandbriefzinsen durch die Hypothekenzinsen bestehe keine Beziehung zwischen einzelnen Pfandbriefen und bestimmten Hypotheken, daher könne auch nur der Gesamtbetrag der Hypothekenzinsen dem Gesamtbetrag der Pfandbriefzinsen gegenübergestellt werden.

Die einzelne Deckungshypothek kann durchaus niedriger verzinst sein als der niedrigst verzinste Pfandbrief.[172]

§ 6 Abs 2: Die Deckung muß, soweit Hypotheken an landwirtschaftlichen Grundstücken dazu verwendet werden, mindestens zur Hälfte aus Amortisationshypotheken bestehen, bei denen der jährliche Tilgungsbeitrag des Schuldners nicht weniger als ein Viertel vom Hundert des Hypothekenkapitals beträgt. Die Bank darf jedoch, falls solche Hypotheken vor der Zeit zurückbezahlt werden, an ihrer Stelle bis zum Ablaufe der planmäßigen Tilgungszeit Hypotheken anderer Art zur Deckung benutzen.

Die Amortisationshypothek, heißt es in der Begründung[173], sei für den landwirtschaftlichen Grundbesitz die zweckmäßigste Form der Kapitalverschuldung, weshalb es sich empfehle, ihre Verwendung auch bei den Beleihungen der Hypothekenbanken möglichst zu fördern und sicherzustellen. Dies könne durch § 6 Abs 2 bewerkstelligt werden, der die Hypothekenbanken verpflichte, bei landwirtschaftlichen Grundstücken einen erheblichen Teil der Beleihungen in Form des Amortisationsdarlehens vorzunehmen. Beim städtischen Grundbesitz er-

170 Dannenbaum, 127
171 Begründung, 27
172 Dannenbaum, 135
173 Begründung, 27 f

scheine eine Beschränkung hinsichtlich der Form der Kreditgewährung nicht angezeigt, dort würden eher auf bestimmte Zeit unkündbare Hypotheken ohne Amortisation bevorzugt. Ganz allgemein würden die Banken eher Amortisationsdarlehen gewähren, da auf diese Weise ihr Risiko vermindert werde.

Bei der Beratung in der Kommission[174] war der Absatz 2 heftig umstritten. Ein Teil behauptete, die Amortisationshypothek sei zwar für den landwirtschaftlichen Grundbesitz vorteilhaft, doch gehe es nicht an, dieser Kreditform durch Zwangsausübung auf die Hypothekenbanken möglichste Verbreitung zu sichern, auch würden sich die Grundbesitzer andere Kreditgeber suchen. - Diesen Argumenten wurde von Regierungsvertretern und anderen Kommissionsmitgliedern entgegengehalten, die allmähliche Schuldentilgung sei für den ländlichen Grundbesitz so bedeutend, daß sie gefördert werden müsse. Es könne nur nützlich sein, wenn die Hypothekenbanken mit größerem Nachdruck auf die Festsetzung einer Amortisation des Darlehenskapitals bestehen würden. In Preußen hätten die Normativbestimmungen eine solche Vorschrift auch für städtische Beleihungen vorgesehen, der Entwurf habe für diesen Bereich ohnehin von einer Einschränkung abgesehen.

In der Praxis war die eben dargestellte Diskussion nicht von großer Bedeutung, denn die meisten Hypothekenbanken hielten sich von der Beleihung landwirtschaftlicher Grundstücke fern.[175]

§ 6 Abs 3: Steht der Bank eine Hypothek an einem Grundstücke zu, das sie zur Verhütung eines Verlustes an der Hypothek erworben hat, so darf diese als Deckung von Hypothekenpfandbriefen höchstens mit der Hälfte des Betrags in Ansatz gebracht werden, mit welchem sie vor dem Erwerbe des Grundstücks durch die Bank als Deckung in Ansatz gebracht war.

Laut Begründung[176] sei die Frage zu entscheiden, ob eine Hypothek auch dann noch zur Pfandbriefdeckung verwendet werden dürfe, wenn die Bank zur Verhütung eines Verlustes an der Hypothek das beliehene Grundstück erwerben mußte. Wenn nämlich Hypotheken an eigenen Grundstücken der Bank ohne weiteres von der Pfandbriefdeckung ausgeschlossen würden, bestünde auch kein Recht der Pfandbriefgläubiger, sie im Konkursfall vorzugsweise für ihre Befriedigung in Anspruch zu nehmen. § 6 Abs 3 diene dazu, die Nachteile, welche den Pfandbriefgläubigern sowohl bei unverkürzter Verwendung zur Pfandbriefdeckung als auch bei völliger Ausschließung dieser Verwendung erwachsen wurden, zu verhindern, indem gestattet werde, solche Hypotheken mit reduzier-

174 Kommissionsbericht, 10 f
175 Dannenbaum, 136
176 Begründung, 28 f

tem Ansatz zur Deckung der Pfandbriefe zu benützen. Auf diese Weise würden die Hypotheken ihrem vollen Betrag nach dem Konkursvorrecht der Pfandbriefgläubiger unterliegen, bezüglich des Gleichgewichts zwischen Pfandbriefen und Hypotheken seien sie nur mit der Hälfte des Betrags zu berücksichtigen, mit dem sie früher in Ansatz gebracht worden seien.

War die Hypothek vorher überhaupt nicht als Deckung benutzt worden, ist ihre nachherige Benutzung daher verboten.[177]

§ 6 Abs 4: Ist in Folge der Rückzahlung von Hypotheken oder aus einem anderen Grunde die vorgeschriebene Deckung in Hypotheken nicht mehr vollständig vorhanden und ist weder die Ergänzung durch andere Hypotheken noch die Einziehung eines entsprechenden Betrags von Hypothekenpfandbriefen sofort ausführbar, so hat die Bank die fehlende Hypothekendeckung einstweilen durch Schuldverschreibungen des Reichs oder eines Bundesstaats oder durch Geld zu ersetzen. Die Schuldverschreibungen dürfen höchstens mit einem Betrag in Ansatz gebracht werden, der um fünf vom Hundert des Nennwerts unter ihrem jeweiligen Börsenpreise bleibt.

In der Begründung[178] wird dazu erklärt, die hypothekarische Deckung der Pfandbriefe könne durch Rückzahlungen von Hypotheken in größeren Beträgen oder durch Verluste bei Zwangsversteigerungen beliehener Grundstücke unzureichend werden. Obwohl gewöhnlich ein erheblicher Überschuß an Hypotheken gegenüber den Pfandbriefen bestehe, der diesen Fall nur selten eintreten lasse, könnte auch die Einziehung von Pfandbriefen nicht ausreichen, um das Gleichgewicht wieder herzustellen. Daher sei durch Ersatzdeckung vorzusorgen, daß die Pfandbriefgläubiger nicht in ihrem Recht auf vollständige Deckung beeinträchtigt würden.

§ 7: Die Hypothekenbanken dürfen Hypothekenpfandbriefe nur bis zum fünfzehnfachen Betrage des eingezahlten Grundkapitals und des ausschließlich zur Deckung einer Unterbilanz oder zur Sicherung der Pfandbriefgläubiger bestimmten Reservefonds ausgeben.

Dieses Garantiekapital soll die geschäftliche Lage der Bank sichern. Den Obligationengläubigern steht daran kein Recht, im besonderen kein Konkursvorzugsrecht, zu.[179]

§ 8 Abs 1: In den Hypothekenpfandbriefen sind die für das Rechtsverhältnis zwischen der Hypothekenbank und den Pfandbriefgläubigern maßgebenden Bestimmungen, insbesondere in Betreff der Kündbarkeit der Hypothekenpfandbriefe, ersichtlich zu machen.

---

177 Dannenbaum, 139
178 Begründung, 29
179 Dannenbaum, 142

Die Erwerber der Pfandbriefe hätten ein Interesse daran, ihre das Rechtsverhältnis zur Bank betreffenden Bestimmungen dem Papier selbst entnehmen zu können, nicht etwa auf die Satzung der Bank oder andere Bestimmungen verwiesen zu werden.[180]

§ 8 Abs 2: Die Hypothekenbank darf auf das Recht zur Rückzahlung der Hypothekenpfandbriefe höchstens für einen Zeitraum von zehn Jahren verzichten. Den Pfandbriefgläubigern darf ein Kündigungsrecht nicht eingeräumt werden.

Gemäß der Begründung[181] solle verhindert werden, daß die Hypothekenbanken durch einen dauernden Verzicht auf die Rückzahlung der Pfandbriefe das einzige Mittel aus der Hand geben, bei Sinken des Zinsfußes und folglich verminderten Einnahmen bei den Hypothekenzinsen das Gleichgewicht zwischen Ausgaben und Einnahmen herzustellen. Würde man den Pfandbriefgläubigern ein Kündigungsrecht einräumen, wäre dies geeignet, die Hypothekenbank, deren Mittel hauptsächlich in Hypotheken festgelegt seien, in ihrem Bestand jederzeit in Frage zu stellen.

§ 9: Die Ausgabe von Hypothekenpfandbriefen, deren Einlösungswert den Nennwert übersteigt, ist nicht gestattet.

Die Begründung[182] hebt hervor, daß dieses Verbot mit dem Verbot des dauernden Verzichts auf das Recht der Kündigung der Pfandbriefe zusammenhänge, denn eine Verpflichtung, Pfandbriefe mit einem Kapitalzuschlag einzulösen, schließe die vorzeitige Rückzahlung tatsächlich aus.

§ 10: Als Deckung für Hypothekenpfandbriefe dürfen nur Hypotheken benutzt werden, welche den in den §§ 11, 12 bezeichneten Erfordernissen entsprechen.

Während meist Briefhypotheken, aber auch Buchhypotheken als Deckung benutzt werden, sind Sicherungshypotheken nicht geeignet, da bei ihnen die Höhe der als Pfandbriefunterlage dienenden Forderung nicht feststehen würde. Gemäß § 40 kommen auch Grundschulden in Frage.[183]

§ 11 Abs 1: Die Beleihung ist auf inländische Grundstücke beschränkt und der Regel nach nur zur ersten Stelle zulässig.

---

180 Begründung, 30
181 Begründung, 30 f
182 Begründung, 31
183 Dannenbaum, 148

Wegen der Schwierigkeit der Beurteilung der Verhältnisse im ausländischen Grundbesitz könne man die Beleihung ausländischer Grundstücke unter keinen Umständen zulassen. Mit dem Erfordernis der Erstrangigkeit werde bezweckt, den Hypothekenbanken die bevorzugte Stellung zu sichern, die bei einer Zwangsversteigerung dem erstrangigen Hypothekengläubiger zukomme. Ausnahmslos dürfe die erste Stelle nicht gefordert werden, da im Grundbuch oft ältere Lasten oder Schuldposten eingetragen wären, die zwar ihre Erledigung gefunden hätten, aber nur unverhältnismäßig schwer zur Löschung zu bringen seien.[184]

§ 11 Abs 2: Die Beleihung darf die ersten drei Fünfteile des Wertes des Grundstücks nicht übersteigen. Die Zentralbehörde eines Bundesstaats kann die Beleihung landwirtschaftlicher Grundstücke in dem Gebiete des Bundesstaats oder in Teilen dieses Gebiets bis zu zwei Dritteilen des Werts gestatten.

Die Höhe der Hypothek darf drei Fünftel des zur Zeit der Beleihung bestehenden Grundstückswertes nicht übersteigen. Falls sich der Grundstückswert verringert, entspricht die Hypothek auch weiterhin den Vorschriften der §§ 10, 11, wenn nur die ursprüngliche Beleihung sich innerhalb der 3/5 -Grenze befunden hatte. Sollte sich der Grundstückswert derart stark verringern, daß er kleiner wird als die Hypothek, ist diese dann nicht mehr unterlagsfähig. Die Grenze von 3/5 wurde deshalb gewählt, weil eben der Grundstückswert schwanken kann und für die Hypothek ein so großer Spielraum vorhanden sein muß, daß der schwankende Grundstückswert stets wesentlich größer bleibt als die unveränderlich feste Hypothek.[185]

Zur 2/3 -Grenze bei landwirtschaftlichen Grundstücken führt die Begründung[186] aus, die Erfahrungen der preußischen Hypothekenbanken würden keinen Anlaß bieten, die bisherige Beleihungsgrenze herabzusetzen. Weitere Abstufungen der Beleihungsgrenzen wären in einem Gesetz nicht sinnvoll, schon der Grundstückswert bringe die Unterschiede zum Ausdruck.

§ 12 Abs 1: Der bei der Beleihung angenommene Wert des Grundstücks darf den durch sorgfältige Ermittelung festgestellten Verkaufswert nicht übersteigen. Bei der Feststellung dieses Wertes sind nur die dauernden Eigenschaften des Grundstücks und der Ertrag zu berücksichtigen, welchen das Grundstück bei ordnungsmäßiger Wirtschaft jedem Besitzer nachhaltig gewähren kann.

184 Begründung, 32
185 Dannenbaum, 150 f
186 Begründung, 32 f

Laut Begründung[187] sei bei den Beleihungen deswegen der Verkaufswert zugrunde zu legen, weil die Hypothekenbanken nur insoweit wirklich gesichert wären, als sie bei einer etwaigen Zwangsversteigerung des Grundstücks mit der Befriedigung ihrer Forderung rechnen könnten. Der Ertrag des Grundstücks sei für die Ermittlung des Wertes selbstverständlich von großer Bedeutung, was sich aus § 12 Abs 1 Satz 2 und auch § 12 Abs 3 ergebe. Es empfehle sich aber nicht, die Berechnung eines durch Kapitalisierung des Ertrages zu gewinnenden selbständigen Ertragswertes vorzuschreiben und diesen ausschließlich oder neben dem Verkaufswert bei der Beleihung entscheiden zu lassen, da die unsicheren Grundlagen oft zu unzutreffenden Ergebnissen führen würden, besonders beim gestückelten Kleinbesitz, dessen Kreditbedürfnis dann nicht befriedigt werden könnte.

In der Kommission[188] herrschte Einstimmigkeit darüber, daß der Ertrag „jedem" Besitzer zugänglich sein müsse, wodurch es ausgeschlossen sei, individuelle Verhältnisse des Besitzers, besondere Kenntnisse oder Eigenschaften zu berücksichtigen. Ferner wurde Bedenken entgegengetreten, die Aufnahme einer Taxe verteuere den kleinen Kredit übermäßig, weshalb für solche Fälle eine einfachere Art der Wertermittlung geboten sei. § 12 enthalte ja bloß die materiellen Grundsätze der Wertbemessung, das Verfahren im Einzelfall berühre diese Vorschrift nicht. Seine Regelung gehöre in die nach § 13 zu erlassende Anweisung, wodurch keineswegs ausgeschlossen werde, für einfachere Fälle eine erleichterte Form der Wertermittlung einzuführen, natürlich unter Einhaltung des § 12. Schriebe man im Gesetz ein einfacheres Verfahren vor, würde dies bedeuten, den Hypothekenbanken ihre Verantwortung abzunehmen.

Unter Verkaufswert ist nicht der zufällige, im allgemeinen zu niedrige Preis zu verstehen, der bei einer Zwangsversteigerung erzielt worden ist oder voraussichtlich erzielt werden wird. Verkaufswert ist einzig der gegenwärtige Wert im Falle des gewöhnlichen Verkaufs, der zur Zeit der Taxe bestehende Marktwert (Verkehrswert). Bei der Feststellung des Marktwertes muß auch geprüft werden, ob das Grundstück überhaupt zu einem angemessenen Preis Käufer finden wird, ob es also marktgängig ist. Nicht marktgängig wären zum Beispiel ein besonders großes Haus in einer kleinen Stadt oder eine Villa in einem Dorf.[189]

§ 12 Abs 2: Soweit vor der Beleihung die Grundstücke durch eine öffentliche Behörde des Gebiets, in welchem sie liegen, abgeschätzt werden, kann der Bundesrat bestimmen, daß der bei der Beleihung angenommene Wert auch den durch eine solche Abschätzung festgestellten Wert nicht übersteigen darf.

---

187 Begründung, 33
188 Kommissionsbericht, 15
189 Dannenbaum, 154 f

In der Begründung[190] wird dazu festgestellt, daß das öffentliche Schätzungswesen in den meisten Bundesstaaten nicht zuverlässig genug sei, nur in einzelnen Gebieten würden die aufgestellten Taxen hinreichende Gewähr bieten. Weil im Gesetz nicht bestimmt werden könne, inwieweit die Zuverlässigkeit gegeben sei, werde dem Bundesrat unbeschadet der eigenen Prüfungspflicht der Hypothekenbanken die Befugnis der Bestimmung übertragen. - Davon wurde in der Folge kein Gebrauch gemacht.[191]

§ 12 Abs 3: Die zur Deckung von Hypothekenpfandbriefen verwendeten Hypotheken an Bauplätzen sowie an solchen Neubauten, welche noch nicht fertiggestellt und ertragsfähig sind, dürfen zusammen den zehnten Teil des Gesamtbetrags der zur Deckung der Hypothekenpfandbriefe benutzten Hypotheken sowie den halben Betrag des eingezahlten Grundkapitals nicht überschreiten. Im Übrigen sind Hypotheken an Grundstücken, die einen dauernden Ertrag nicht gewähren, insbesondere an Gruben und Brüchen, von der Verwendung zur Deckung von Hypothekenpfandbriefen ausgeschlossen. Das Gleiche gilt von Hypotheken an Bergwerken. Hypotheken an anderen Berechtigungen, für welche die sich auf Grundstücke beziehenden Vorschriften Anwendung finden, sind von der Verwendung zur Deckung von Hypothekenpfandbriefen ausgeschlossen, sofern die Berechtigungen einen dauernden Ertrag nicht gewähren.

Die Begründung[192] geht davon aus, daß man Baugeldhypotheken jedenfalls nicht zur Pfandbriefdeckung zulassen dürfe. Zwar könne die Gewährung von Baudarlehen durch vergleichsweise hohe Zinsen, die der Schuldner zu entrichten habe, für die Bank gewinnbringend sein, dies sei aber auch mit einem gewissen Risiko verbunden, etwa wenn die Eigenmittel des Bauunternehmers vor der Vollendung des Baues erschöpft seien. Ferner sei die Verwendung von Bauplätzen zur Pfandbriefdeckung in Hinblick darauf, daß solche Grundstücke in der Regel keinen Ertrag bringen und die Wertermittlung auf unsicheren Grundlagen beruhe, keineswegs unbedenklich. Ein gänzlicher Ausschluß von Baugeld- und Bauplatzhypotheken als Unterlage für die Pfandbriefdeckung sei aber auch nicht gerechtfertigt, weil negative Auswirkungen auf die Bautätigkeit und die Wohnungsverhältnisse die Folgen wären, weiters wäre ein Ersatz für die von den Hypothekenbanken zur Verfügung gestellten Mittel schwer zu beschaffen, an ihre Stelle wurden vielfach weniger zuverlässige Geldgeber treten. Daher müsse die Lösung darin bestehen, die Verwendung von Hypotheken an Neubauten und Bauplätzen zur Deckung der Pfandbriefe zu begrenzen, um einer Gefährdung der Pfandbriefgläubiger vorzubeugen.

---

190 Begründung, 31 f
191 Friedländer, 47
192 Begründung, 34

§ 13 Abs 1: Die Hypothekenbank hat auf Grund der Vorschriften des § 12 eine Anweisung über die Wertermittlung zu erlassen; die Anweisung bedarf der Genehmigung der Aufsichtsbehörde.

Der Inhalt der Anweisung und die sachgemäße Handhabung dieser Anweisung sind für das Gedeihen einer Hypothekenbank besonders wichtig. Es müssen Bestimmungen enthalten sein, welche die Ausarbeitung der Taxen, die Wertermittlungen im einzelnen, die dafür zu beschaffenden Taxunterlagen und die Auswahl der Taxatoren regeln. Für einfachere Fälle kommt eine erleichterte Form in Betracht, das heißt, es kann von einer besonderen Taxe abgesehen werden (vgl schon Kommissionsbericht, 15). Die Auswahl der Taxatoren ist völlig frei.[193]

§ 13 Abs 2: Nimmt die Bank hypothekarische Beleihungen in dem Gebiet eines Bundesstaats vor, in dem sie nicht ihren Sitz hat, so ist die Anweisung auch der Aufsichtsbehörde dieses Bundesstaats einzureichen. Über Beanstandungen, die von der Behörde erhoben werden, beschließt, wenn die Erledigung in anderer Weise nicht zu erreichen ist, der Bundesrat; die Beschlußfassung des Bundesrats wird auf Antrag durch den Reichskanzler herbeigeführt.

Während die §§ 10-13 von den Deckungshypotheken handeln, regeln die §§ 14-21 den Schutz der Hypothekenschuldner. Die §§ 14-21 gelten für alle hypothekarischen Darlehensgewährungen der Bank, ohne Rücksicht, ob sie zur Pfandbriefdeckung verwendet werden sollen oder nicht.[194] Die §§ 14-21 werden im folgenden nur auszugsweise dargestellt.

§ 18 Abs 1: Dem Schuldner ist urkundlich das Recht einzuräumen, die Hypothek ganz oder teilweise zu kündigen und zurückzuzahlen.

§ 18 Abs 2: Das Recht der Rückzahlung darf nur bis zu einem Zeitraume von zehn Jahren ausgeschlossen werden. Dieser Zeitraum beginnt mit der Auszahlung des Darlehens, im Falle der Auszahlung in Teilbeträgen mit der letzten Zahlung; wird nach der Auszahlung des Darlehens eine Vereinbarung über die Zeit der Rückzahlung getroffen, so beginnt der zehnjährige Zeitraum mit der Vereinbarung.

In der Begründung[195] heißt es dazu, die Gewährung von Darlehen unter gänzlichem Ausschluß des Kündigungsrechts des Schuldners könne den Hypothekenbanken nicht gestattet werden, die Unkündbarkeit sei zeitlich zu beschränken. Dies habe für alle Arten hypothekarischer Darlehen zu gelten, auch für solche, die für die Hypothekenbank selbst unkündbar seien, denn auch bei

193 Dannenbaum, 164
194 Dannenbaum, 166
195 Begründung, 38

diesen dürfe dem Schuldner nicht die Möglichkeit entzogen werden, nach einer gewissen Zeit die Veränderungen am Geldmarkt (das Sinken der Hypothekenzinsen) zu nutzen. Deshalb sei im Abs 1 das Recht zur Kündigung und Rückzahlung verankert, weiters dürfe gemäß Abs 2 das Recht zur Rückzahlung nicht länger als zehn Jahre ausgeschlossen werden. Eine weitergehende Beschränkung der Hypothekenbanken sei deshalb nicht ratsam, da sie wegen der Verzinsung ihrer Pfandbriefe darauf angewiesen seien, daß ihnen die zu einem entsprechenden Zinsfuß ausgeliehenen Hypothekenkapitalien längere Zeit gesichert bleiben. Sie könnten auch nicht jederzeit das Mittel der Pfandbriefkündigung anwenden, ferner sei auch § 8 Abs 2 zu beachten, welcher der Bank einen Verzicht auf die Rückzahlung der Pfandbriefe für maximal zehn Jahre gestattet.

§ 19 Abs 1: Bei Amortisationshypotheken darf zu Gunsten der Bank ein Kündigungsrecht nicht bedungen werden. Eine Vereinbarung, welche der Bank das Recht einräumt, aus besonderen, in dem Verhalten des Schuldners liegenden Gründen die Rückzahlung der Hypothek vor der bestimmten Zeit zu verlangen, wird hierdurch nicht berührt.

Amortisationshypotheken nennt man jene Hypotheken, deren Rückzahlung nicht in einer Summe oder in mehreren Teilbeträgen, sondern durch Zahlung einer jährlich gleichbleibenden Rate erfolgt. Zur Kapitaltilgung dienen dabei nicht nur die Quoten der Amortisation, sondern auch ein jährlich wachsender Teil der vom Schuldner entrichteten Zinsen, denn weil sich die Hypothek vermindert, reduziert sich auch der zur Verzinsung des Restkapitals nötige Betrag. Weil aber derselbe zur Verzinsung der ursprünglichen vollen Hypothek nötige Zinsbetrag geleistet wird, muß ein Teil dieser Zinsenzahlung zur Kapitaltilgung verwendet werden. Davon zu unterscheiden ist die Rückzahlung in Raten, bei der jeweils das Kapital verkleinert wird und von diesem verkleinerten Kapital die Zinsen zu zahlen sind. Solche Ratenabzahlungshypotheken fallen nicht unter die §§ 19-21.[196]

Mit dem Ausschluß der Kündbarkeit bei der Amortisationshypothek solle, so die Begründung[197], bloß unmöglich gemacht werden, daß die Hypothekenbank das Darlehen nach freiem Belieben kündigt. Es müsse jedoch zulässig sein, daß die Bank aus besonderen Gründen die Rückzahlung verlangen darf, etwa bei wiederholtem Verzug des Schuldners mit der Jahresleistung.

Die Formulierung „aus besonderen Gründen“ wurde von der Kommission[198] für zu unbestimmt befunden, weil so alle möglichen Umstände, auch ein erhebliches Steigen des Zinsfußes, als Kündigungsgrund für die Bank aufgefaßt werden

196 Dannenbaum, 180
197 Begründung, 39
198 Kommissionsbericht, 20

könnten. In der Folge einigte man sich auf den Wortlaut „aus besonderen, in dem Verhalten des Schuldners liegenden Gründen“.

§ 19 Abs 2: Die Jahresleistung des Schuldners darf nur die bedungenen Zinsen und den Tilgungsbeitrag enthalten.

Dazu führt die Begründung[199] aus, die bei den Landschaften übliche Berechnung von Verwaltungskostenbeiträgen habe ihre Ursache in deren genossenschaftlicher Organisationsform. Bei den Hypothekenbanken würden nur Schuldner und nicht zugleich Mitglieder gegenüberstehen, folglich wäre ein Verwaltungskostenbeitrag ausschließlich eine Vergütung für die Benutzung des Kapitals, also in Wahrheit Zinsen. Würde der Beitrag ohne Rücksicht auf die fortschreitende Tilgung des Darlehens stets nach der Höhe des ursprünglichen Betrags der Hypothek berechnet, wäre der wirkliche Zinssatz verschleiert, weshalb es sich empfehle, die Einhebung von Verwaltungskostenbeiträgen überhaupt zu verbieten.

Ursprünglich sollte es auch einen Absatz 3 geben; in der Begründung[200] wurde argumentiert, eine Amortisationshypothek könne ihren wirtschaftlichen Zweck nur erfüllen, wenn der jährliche Tilgungsbeitrag nicht zu gering bemessen werde, auch für die Pfandbriefdeckung sei dies wegen der Risikominderung von Bedeutung, daher solle er in der Regel 1/2 , ausnahmsweise bis zu 1/4 vom Hundert des Betrags der Hypothek ausmachen.

Dieser Absatz 3 war in der Kommission[201] heftig umstritten. Regierungsvertreter und einzelne Kommissionsmitglieder machten geltend, daß die Amortisationshypothek doch auch den Zweck verfolge, das belastete Besitztum zu entschulden, was aber nur erreicht werden könne, wenn die Entschuldung nicht zu langsam vor sich gehe. - Die Mehrheit der Kommission war jedoch anderer Meinung; für eine gesetzliche Beschränkung bestehe kein Grund. Daher wurde der Absatz 3 gestrichen. In der zweiten Lesung wurde ein Mindestbetrag der Tilgung, aber lediglich in Beschränkung auf die in § 6 Abs 2 bezeichneten Amortisationshypotheken, wieder aufgenommen. - § 6 Abs 2 war in erster Lesung gestrichen, in zweiter Lesung jedoch verändert angenommen worden.[202]

Die §§ 22 f handeln vom Hypothekenregister, das für die rechtliche Sicherung der Pfandbriefgläubiger von großer Bedeutung ist.

---

199 Begründung, 39
200 Begründung, 39
201 Kommissionsbericht, 21
202 Kommissionsbericht, 11

§ 22 Abs 1: Die zur Deckung der Hypothekenpfandbriefe bestimmten Hypotheken sind von der Bank einzeln in ein Register einzutragen. Im Falle des § 6 Abs 4 sind die ersatzweise zur Deckung bestimmten Wertpapiere gleichfalls in das Register einzutragen; die Eintragung hat die einzelnen Stücke zu bezeichnen.

Wie der Begründung[203] zu entnehmen ist, bilde das von jeder Hypothekenbank zu führende Register, in welches die zur Deckung der Pfandbriefe bestimmten Hypotheken eingetragen werden, die Grundlage für die rechtliche Sicherstellung der Pfandbriefgläubiger. Es sollen diejenigen Hypotheken erkennbar gemacht werden, die gemäß § 35 den Pfandbriefgläubigern eine vorzugsweise Befriedigung gewähren.

§ 22 Abs 2: Innerhalb des ersten Monats eines jeden Kalenderhalbjahrs ist eine von dem nach § 29 bestellten Treuhänder beglaubigte Abschrift der Eintragungen, welche während des letzten Halbjahrs in dem Hypothekenregister vorgenommen worden sind, der Aufsichtsbehörde einzureichen. Die Abschrift wird von der Behörde aufbewahrt.

Die Bedeutung des Registers für die Rechte der Pfandbriefgläubiger mache es erforderlich, für den Fall Vorsorge zu treffen, daß das Register ganz oder teilweise verlorengehe; Durch die Aufbewahrung der Abschrift bei der Aufsichtsbehörde werde der Nachweis der Eintragungen gesichert. - Das Hypothekenregister sei nur dazu bestimmt, die Hypotheken, die dem Vorzugsrecht der Pfandbriefgläubiger unterliegen, erkennbar zu machen, dagegen habe es aber nicht den Zweck, als maßgebende Grundlage für die Überwachung des Gleichgewichts zwischen Hypotheken und Pfandbriefen zu dienen. Es wäre daher auch nicht die Aufgabe des Registers, Auskunft über den jeweiligen Bestand der eingetragenen Hypotheken zu erteilen. Aus den Büchern der Bank müsse natürlich stets zu entnehmen sein, welche Abzahlungen auf die einzelnen Hypothekenforderungen geleistet worden und welche sonstigen Minderungen im Hypothekenbestand eingetreten sind. Es bestehe aber kein zwingender Grund, für diesen Zweck die Benutzung des Hypothekenregisters zu verlangen.[204]

§ 23 Abs 1: Innerhalb des zweiten Monats eines jeden Kalenderhalbjahrs hat die Bank den Gesamtbetrag der Hypothekenpfandbriefe, welche am letzten Tage des vergangenen Halbjahrs im Umlaufe waren, und den nach Abzug aller Rückzahlungen oder sonstigen Minderungen sich ergebenden Gesamtbetrag der am letzten Tage des vergangenen Halbjahrs in das Hypothekenregister eingetragenen Hypotheken sowie den Gesamtbetrag der an diesem Tage in das Register eingetragenen Wertpapiere und des in der Verwahrung des Treuhänders befindlichen Geldes im Deutschen Reichsanzeiger und in den für die Veröffentlichungen der Bank bestimmten Blättern bekannt zu machen.

---

203 Begründung, 41
204 Begründung, 42

§ 23 Abs 2: Sind in dem Register Wertpapiere oder solche Hypotheken eingetragen, die nicht ihrem vollen Betrage nach zur Deckung von Hypothekenpfandbriefen geeignet sind, so ist in der Bekanntmachung anzugeben, mit welchem Betrage die Wertpapiere oder die Hypotheken als Deckung nicht in Ansatz kommen.

Durch die Bekanntgabe des Bestandes der zur Deckung der Pfandbriefe vorhandenen Hypotheken und des Betrags der im Umlauf befindlichen Pfandbriefe in regelmäßigen Abständen werde der Aufsichtsbehörde die Wahrnehmung ihrer Aufgabe erleichtert, zugleich aber auch allen Beteiligten die Möglichkeit eröffnet, sich über die Veränderungen des Verhältnisses der Hypotheken und der Pfandbriefe laufend zu unterrichten.[205]

Die §§ 24-28, welche Vorschriften über die Bilanz der Hypothekenbank enthalten, sollen eine möglichst große Transparenz der Bilanz ermöglichen. Auf diese Bestimmungen wird hier nicht näher eingegangen.

In den folgenden §§ 29-34 wird die Institution des Treuhänders geregelt. Seine Aufgabe ist die Wahrung der Interessen der Pfandbriefgläubiger.

§ 29 Abs 1: Bei jeder Hypothekenbank ist ein Treuhänder sowie ein Stellvertreter zu bestellen.

Die Meinungen, auf welche Art eine Person zu bestellen sei, welche die Interessen der Pfandbriefgläubiger wahrzunehmen habe, waren geteilt. - In der Begründung[206] wird erklärt, es sei ein Vertreter der Pfandbriefgläubiger bei jeder Hypothekenbank zu bestellen, der darüber zu wachen habe, daß die vorschriftsmäßige Deckung der Pfandbriefe vorhanden ist, außerdem die Urkunden über die als Deckung dienenden Hypotheken und die Ersatzdeckung in Gemeinschaft mit der Bank zu verwahren habe und derart die Pfandbriefgläubiger gegen Verfügungen der Bank über die fraglichen Hypotheken und Wertpapiere sowie gegen eine Pfändung durch andere Gläubiger zu sichern habe. Schon der Entwurf eines Gesetzes über das Faustpfandrecht für Pfandbriefe und ähnliche Schuldverschreibungen 1879/80 sowie die nach dem Vorbild dieses Entwurfs in den einzelnen Bundesstaaten erlassenen Landesgesetze hatten die Bestellung eines Vertreters vorgesehen. Sie würden ihm allerdings zugleich die Aufgabe übertragen, die Pfandbriefgläubiger bei der Begründung des von der Hypothekenbank den Pfandbriefgläubigern zu bestellenden Pfandrechts zu vertreten, während der nunmehrige Entwurf eine rechtliche Sicherung der Pfandbriefgläubiger nicht durch ein Pfandrecht, sondern durch ein Vorrecht im Konkurs suche. Der Entwurf eines Gesetzes über die gemeinsamen Rechte der Besitzer von Schuldver-

205 Begründung, 42
206 Begründung, 46 f

schreibungen mache es überdies möglich, den Vertreter durch die Pfandbriefgläubiger bestellen zu lassen, womit die Unabhängigkeit des Vertreters gegenüber der Bank größer wäre als durch die im Entwurf 1879/80 vorgesehene Bestellung seitens der Bank.

In den Beratungen der Kommission[207] wurde diese Ansicht verworfen. Das System des Entwurfs, wonach der Vertreter der Pfandbriefgläubiger nach den Vorschriften des Gesetzes über die Vertretung der Besitzer von Schuldverschreibungen durch eine Versammlung der Pfandbriefgläubiger gewählt werden solle, sei nicht zu empfehlen, denn eine solche Wahl würde in den meisten Fällen nur eine bloße Formalität sein. In Wahrheit werde die Auswahl des Vertreters durch die Hypothekenbank erfolgen, die dann die von ihr bestimmte Person durch eine von wenigen Teilnehmern besuchte Versammlung wählen lasse. Das Interesse der Pfandbriefgläubiger an einer derartigen Versammlung werde sehr gering sein. Sollten sich selbständige Kandidaten für die Wahl des Vertreters bewerben, könne dies auch zu Mißständen führen, denn der Entwurf setze keine besonderen Bedingungen hinsichtlich der Person und der Eigenschaften des Vertreters fest, es fehle daher an der Garantie, daß der gewählte Vertreter die sehr weitgehenden Befugnisse, die ihm der Entwurf gewähre, nicht mißbrauche.

§ 29 Abs 2: Die Bestellung erfolgt durch die Aufsichtsbehörde nach Anhörung der Hypothekenbank. Die Bestellung kann jederzeit durch die Aufsichtsbehörde widerrufen werden.

Nach Ansicht der Kommission[208] könnten die vorgebrachten Bedenken aus dem Weg geräumt werden, wenn man den Vertreter nicht durch eine Gläubigerversammlung wählen, sondern durch die Aufsichtsbehörde ernennen lasse und dieser zugleich das Recht des Widerrufs einräume. Ferner empfehle es sich, für diesen Funktionär eine Bezeichnung zu wählen, die eine Verwechslung mit einem nach dem Schuldverschreibungsgesetz gewählten Vertreter der Gläubiger ausschließt, weil dieser ganz andere Aufgaben und Befugnisse habe. Die Bezeichnung „Treuhänder“ ließe erkennen, daß der so Ernannte trotz seiner Bestellung durch die Aufsichtsbehörde nur zur Wahrung der Interessen der Pfandbriefgläubiger berufen sei. In der Kommission herrschte auch Einigkeit darüber, daß wegen der Wichtigkeit der Aufgabe des Treuhänders für den Fall seiner Verhinderung von vornherein ein Stellvertreter von der Aufsichtsbehörde zu bestellen sei.

207 Kommissionsbericht, 26
208 Kommissionsbericht, 26 f

Bezüglich der Frage, wie man die Institution des Treuhänders einzuordnen habe, ist Dannenbaum[209] der Ansicht, daß dieser, obwohl er von der Aufsichtsbehörde ernannt werde und er bestimmte Aufsichtsbefugnisse besitze, nicht Beamter sei, und zwar auch dann nicht, wenn dies sein Hauptberuf und die Bestellung gerade mit Rücksicht auf seine amtliche Stellung erfolgt wäre. Der Treuhänder könne aber auch nicht als zivilrechtlicher Vertreter der Pfandbriefgläubiger bezeichnet werden, denn er vertrete zunächst nicht die Privatrechte der Pfandbriefgläubiger am Deckungsvermögen, weil es solche Rechte außerhalb eines Konkurses gar nicht geben würde. Die Reichstagskommission habe mit ihrer Ablehnung einer Wahl eines Vertreters und der Änderung in eine Ernennung durch die Aufsichtsbehörde das Auftragsverhältnis zwischen Pfandbriefgläubigern und dem Funktionär zerschnitten, was auch in der Vermeidung des Wortes „Vertreter“ zum Ausdruck komme. Man könne von einem Vertretungsverhältnis im weiteren Sinn sprechen, nicht aber im zivilrechtlichen Sinn. Der Treuhänder sei als eine Zweckperson sui generis zu betrachten, er wäre nicht Vertreter der Pfandbriefgläubiger, übe aber seine Funktion in deren Interesse aus.

Für diese Ansicht spricht, daß nicht versucht wird, den Treuhänder in ein Schema einzuordnen, sondern diese Einrichtung aus der spezifischen Notwendigkeit eines Gläubigerschutzes zu erklären. Die Tatsache, daß eine Vielzahl von häufig wechselnden Gläubigern zu schützen ist, läßt andere Konstruktionen gekünstelt und nicht sachgerecht erscheinen.

§ 30 Abs 1: Der Treuhänder hat darauf zu achten, daß die vorschriftsmäßige Deckung für die Hypothekenpfandbriefe jederzeit vorhanden ist; hierbei hat er, sofern der Wert der beliehenen Grundstücke gemäß der von der Aufsichtsbehörde genehmigten Anweisung festgesetzt ist, nicht zu untersuchen, ob der festgesetzte Wert dem wirklichen entspricht.

Wie weit die Pflichten des Treuhänders reichen sollten, war ursprünglich nicht klar und führte zu Diskussionen in der Kommission[210]: Ein Antrag verlangte, den Absatz 1 durch zwei Absätze zu ersetzen. Im Absatz 1 solle festgelegt werden, daß der Treuhänder die jederzeitige vorschriftsmäßige Deckung beachtet, aber nicht dazu verpflichtet wird, die Feststellung des Wertes der beliehenen Grundstücke zu prüfen. Im Absatz 2 solle ihm aufgetragen werden, die Eintragung ins Hypothekenregister zu überwachen. Ein zweiter Antrag schlug vor, den Treuhänder zur Prüfung des Werts weder zu berechtigen noch zu verpflichten. In einem dritten Antrag wurde behauptet, daß die Wertermittlung für die Sicherheit der Pfandbriefgläubiger zu wichtig sei, um der Prüfung durch den Treuhänder gänzlich entzogen zu werden, wie dies im ersten Antrag der Fall zu

209 Dannenbaum, 210 ff
210 Kommissionsbericht, 29 f

sein scheine. Es genüge, zu verhindern, daß der Treuhänder durch die materielle Prüfung des Wertes belastet werde. Von anderer Seite wurde argumentiert, es sei selbstverständlich, daß die dem Treuhänder auferlegte Pflicht nicht weiter gehe, als ihm vom Gesetz Mittel zur Verfügung gestellt würden, daher seien ihm weder Augenschein noch die Einvernahme von Sachverständigen gestattet, er dürfe und müsse eben die Akten der Wertermittlung dahin prüfen, ob die Anweisung befolgt sei oder etwa ein Verstoß gegen § 12 vorliege. Der zweite Antrag wurde abgelehnt, dann der dritte, zuletzt der erste mit Abänderung durch den dritten angenommen.

§ 30 Abs 2: Er hat darauf zu achten, daß die zur Deckung der Hypothekenpfandbriefe bestimmten Hypotheken und Wertpapiere gemäß den Vorschriften des § 22 Abs 1 in das Hypothekenregister eingetragen werden.

§ 30 Abs 3: Er hat die Hypothekenpfandbriefe vor der Ausgabe mit einer Bescheinigung über das Vorhandensein der vorschriftsmäßigen Deckung und über die Eintragung in das Hypothekenregister zu versehen.

Durch diese Vorschrift sei die Hypothekenbank nicht in der Lage, Pfandbriefe auszugeben, ohne daß vorher geprüft worden wäre, ob eine ausreichende Unterlage für die Pfandbriefe vorhanden und den Pfandbriefgläubigern gesichert ist.[211]

§ 30 Abs 4: Eine in das Hypothekenregister eingetragene Hypothek sowie ein in das Hypothekenregister eingetragenes Wertpapier kann nur mit Zustimmung des Treuhänders in dem Register gelöscht werden. Die Zustimmung des Treuhänders bedarf der schriftlichen Form; sie kann in der Weise erfolgen, daß der Treuhänder seine Namensunterschrift dem Löschungsvermerk im Hypothekenregister beifügt.

Dazu heißt es in der Begründung[212], das Vorzugsrecht der Pfandbriefgläubiger in Hinblick auf die zur Deckung bestimmten Hypotheken und Wertpapiere könne nicht erlöschen, solange diese in das Hypothekenregister eingetragen seien und der Bank noch zustünden. Eine einseitig durch die Bank vorgenommene Löschung im Register sei ohne rechtliche Bedeutung.

§ 31 Abs 1: Der Treuhänder hat die Urkunden über die in das Hypothekenregister eingetragenen Hypotheken sowie die in das Register eingetragenen Wertpapiere und das gemäß § 6 Abs 4 zur Deckung der Hypothekenpfandbriefe bestimmte Geld unter dem Mitverschlusse der Bank zu verwahren; er darf diese Gegenstände nur gemäß den Vorschriften dieses Gesetzes herausgeben.

---

211 Begründung, 48
212 Begründung, 48

Keiner von beiden Teilen könne ohne die Mitwirkung des anderen die Urkunden an sich nehmen. Unter Hypothekenurkunden wären, soweit es sich um Briefhypotheken handle, auf welche das BGB Anwendung fände, die Hypothekenbriefe zu verstehen; im übrigen wären diejenigen Urkunden unter den gemeinsamen Verschluß zu bringen, welche zur Vornahme von Verfügungen über die Hypothek erforderlich wären, in Ermangelung solcher diejenigen, welche der Bank zum Beweis ihrer Rechte dienten.[213]

§ 31 Abs 2: Er ist verpflichtet, Hypothekenurkunden sowie Wertpapiere und Geld auf Verlangen der Bank herauszugeben und zur Löschung im Hypothekenregister mitzuwirken, soweit die übrigen in das Register eingetragenen Hypotheken und Wertpapiere zur Deckung der Hypothekenpfandbriefe genügen oder die Bank eine andere vorschriftsmäßige Deckung beschafft. Ist die Bank dem Hypothekenschuldner gegenüber zur Aushändigung der Hypothekenurkunde oder zur Vornahme der im § 1145 des Bürgerlichen Gesetzbuchs bezeichneten Handlungen verpflichtet, so hat der Treuhänder die Urkunde auch dann herauszugeben, wenn die bezeichneten Voraussetzungen nicht vorliegen; wird die Hypothek zurückgezahlt, so ist in dem letzteren Falle das gezahlte Geld dem Treuhänder zur Verwahrung gemäß Abs 1 zu übergeben.

Das Recht des Hypothekenschuldners, die Hypothek zurückzuzahlen und die Aushändigung der Hypothekenurkunde zu verlangen, dürfe durch die Rücksicht auf die Pfandbriefgläubiger unter keinen Umständen beeinträchtigt werden, das Gleiche müsse auch für die Fälle gelten, in denen die Bank nur teilweise befriedigt werde und daher gemäß §§ 1145, 1167 BGB verpflichtet sei, die teilweise Berichtigung auf dem Brief zu vermerken und den Brief zur Berichtigung des Grundbuchs oder der Löschung dem Grundbuchsamt oder zum Zweck der Herstellung eines Teilhypothekenbriefs der zuständigen Behörde oder einem Notar vorzulegen. Den Schuldner berühre das Rechtsverhältnis zwischen der Bank und ihren Pfandbriefgläubigern nicht, insbesondere könne das Vorhandensein einer ausreichenden Deckung der Pfandbriefe nicht die Bedingung für die Ausübung seiner Rechte bilden, vielmehr sei die Deckung, soweit erforderlich, durch das gezahlte Geld zu ergänzen.[214]

§ 31 Abs 3: Bedarf die Bank einer Hypothekenurkunde nur zu vorübergehendem Gebrauche, so hat der Treuhänder sie herauszugeben, ohne daß die Bank verpflichtet ist, eine Deckung zu beschaffen.

Eine Löschung finde hier selbstverständlich nicht statt; die Bank brauche auch keine Ersatzdeckung zu beschaffen, denn durch die Herausgabe der Urkunde allein werde das Vorzugsrecht der Pfandbriefgläubiger nicht berührt.[215]

---

213 Begründung, 48
214 Begründung, 49
215 Begründung, 50

§ 32 Abs 1: Der Treuhänder ist befugt, jederzeit die Bücher und Schriften der Bank einzusehen, soweit sie sich auf die Hypothekenpfandbriefe und auf die in das Hypothekenregister eingetragenen Hypotheken beziehen.

§ 32 Abs 2: Die Hypothekenbank ist verpflichtet, von den Kapitalrückzahlungen auf die in das Hypothekenregister eingetragenen Hypotheken sowie von sonstigen für die Pfandbriefgläubiger erheblichen Änderungen, welche diese Hypotheken betreffen, dem Treuhänder fortlaufende Mitteilung zu machen.

§ 33: Streitigkeiten zwischen dem Treuhänder und der Hypothekenbank entscheidet die Aufsichtsbehörde.

Für den Fall von Streitigkeiten zwischen Treuhänder und Bank bedürfe es einer schleunigen und unparteiischen Entscheidung, die Beteiligten könnten hierfür nicht auf den Rechtsweg verwiesen werden, daher wäre es vielmehr zweckmäßig, die Entscheidung der Aufsichtsbehörde zu übertragen.[216]

§ 34: Der Treuhänder kann von der Hypothekenbank eine angemessene Vergütung für seine Geschäftsführung verlangen. Der Betrag der vereinbarten Vergütung ist der Aufsichtsbehörde anzuzeigen; in Ermangelung einer Einigung wird der Betrag durch die Aufsichtsbehörde festgesetzt.

§ 35 regelt das Konkursvorzugsrecht der Pfandbriefgläubiger. Auf Grund der umfangreichen vorgeschalteten Vorsichts- und Aufsichtsmaßnahmen ist der Konkurs einer Hypothekenbank höchst unwahrscheinlich.

§ 35 Abs 1: Ist über das Vermögen der Hypothekenbank der Konkurs eröffnet, so gehen in Ansehung der Befriedigung aus den in das Hypothekenregister eingetragenen Hypotheken und Wertpapieren die Forderungen der Pfandbriefgläubiger den Forderungen aller anderen Konkursgläubiger vor. Das Gleiche gilt von Geld, das dem Treuhänder zur Deckung der Hypothekenpfandbriefe in Verwahrung gegeben ist. Die Pfandbriefgläubiger haben untereinander gleichen Rang.

Laut Begründung[217] werde nun ein anderer Weg eingeschlagen als in den 1879/80 dem Reichstag vorgelegten Entwürfen eines Gesetzes über das Faustpfandrecht für Pfandbriefe und ähnliche Schuldverschreibungen. Danach sollte die Sicherstellung durch Verpfändung der einzelnen Hypotheken durch die Pfandbriefanstalt bewirkt werden, wobei der von der Anstalt bestellte Pfandhalter die Pfandbriefgläubiger zu vertreten gehabt hätte. Diesem Gedanken waren einige Landesgesetze gefolgt.

216 Begründung, 50
217 Begründung, 51 ff

Was die ausländische Gesetzgebung betreffe, so hätte Österreich mit dem Gesetz vom 24. April 1874 zwischen Anstalten, denen die staatliche Bewilligung zur Ausgabe von Pfandbriefen schon vor dem Inkrafttreten des Gesetzes, und Anstalten, denen sie erst nachher erteilt wurde, unterschieden; die Pfandbriefgläubiger der älteren Anstalten würden durch ein Vorzugsrecht im Konkurs sowie durch die Bestimmung geschützt, daß die Bank nur mit Zustimmung des Regierungskommissars über die Hypothekenforderungen verfügen dürfe, während die neueren Hypothekenbanken mittels Eintragung in das Grundbuch den Pfandbriefgläubigern ein Pfandrecht an den Hypothekenforderungen zu bestellen hätten. - Frankreich und Italien würden sich mit einem Vorzugsrecht für den Fall des Konkurses begnügen, in England müßten die Hypothekenforderungen, die als Unterlage von Pfandbriefen zu dienen hätten, in ein von einer öffentlichen Behörde geführtes Register eingetragen werden. Solange die Eintragung bestehe, hafteten die Hypothekenforderungen ausschließlich den Pfandbriefbesitzern, und der Bank wäre das Recht entzogen, über sie zu verfügen.

Die in den Entwürfen 1879/80 unternommenen Versuche, die Pfandbriefgläubiger durch ein Pfandrecht sicherzustellen, seien wegen der Verschiedenheiten der Formen, die die Landesgesetze für die Bestellung eines Pfandrechts an hypothekarischen Forderungen vorgeschrieben hätten, auf Schwierigkeiten gestoßen. Die Entwürfe hätten das Pfandrecht zugunsten der Pfandbriefgläubiger ohne Rücksicht auf das sonst für die einzelne Hypothek maßgebende Landesrecht dadurch zur Entstehung bringen wollen, daß nach Wahl der Pfandbriefanstalt entweder die über die Hypothekenforderung lautende Urkunde dem Pfandhalter übergeben oder auf diese Urkunde ein Verpfändungsvermerk gesetzt oder das Pfandrecht in das Grundbuch hätte eingetragen werden sollen. Dagegen wären jedoch schon bei der Erörterung der Entwürfe Bedenken geäußert worden, es wäre mit der Rechtssicherheit nicht verträglich, für einen bestimmten Fall der Verpfändung einer Hypothek die in anderen Fällen anwendbaren Rechtsgrundsätze zu durchbrechen. Das Bürgerliche Gesetzbuch schaffe nunmehr freilich einheitliches Recht, doch die das Grundbuchsrecht betreffenden Vorschriften kämen nicht schon mit der Einführung des Gesetzbuches überall zur Anwendung, vielmehr erst von dem Zeitpunkt an, in welchem für die einzelnen Grundbuchsbezirke das Grundbuch als angelegt anzusehen sei (Einführungsgesetz zum Bürgerlichen Gesetzbuch, Art 189), und die Fertigstellung der Grundbücher werde in manchen Gebieten noch erhebliche Zeit in Anspruch nehmen. Ein Gesetz, das die Sicherung der Pfandbriefgläubiger durch Pfandbestellung verwirklichen wollte, müßte deshalb, wenn auch nur vorübergehend, ein doppeltes Recht schaffen. Alle diese Schwierigkeiten könnten vermieden werden, wenn die Sicherung der Pfandbriefgläubiger auf ein Vorrecht im Konkurs beschränkt werde, wobei ein allgemeines, die ganze Konkursmasse treffendes Vorrecht nicht in Frage komme. Vielmehr könne es sich nur um ein Vorzugsrecht handeln, welches die zur Deckung der Pfandbriefe dienenden, in das Hypothekenregister eingetragenen Hypotheken und Wertpapiere und auch das allenfalls unter Mitverschluß verwahrte Geld erfasse. Zwar sei das auf bestimmte Gegenstände beschränkte Vorzugsrecht der Konkursordnung an sich fremd, es finde jedoch hier in den eigenartigen Verhältnissen seine Rechtfertigung. Dem Bedürfnis der Pfandbriefgläubiger jedenfalls werde durch ein solches Vorrecht genügt, vom Standpunkt der Hypothekenschuldner aber habe diese Regelung den Vorzug, daß sie die Schwierigkeiten vermeide, die sich für diese Schuldner aus einem Pfandrecht notwendig ergeben würden. - Die Befriedigung der Pfandbriefgläubiger erfolge durch den Konkursverwalter innerhalb des Konkursverfahrens, die Entwürfe 1879/80 hätten dafür ein besonderes Verfahren, die sogenannte Zwangsliquidation, vorgesehen. Diese Regelung hätte auf dem Absonderungsanspruch beruht, der sich aus dem den Pfandbriefgläubigern an den Hypotheken zustehenden Pfandrecht ohne weiteres ergeben hätte. Vom Standpunkt des gegenwärtigen Entwurfs hätten alle Konkursgläubiger ein gleichmäßiges Interesse daran, daß die Konkursmasse möglichst günstig verwertet werde, daher sei es unbedenklich, die Verwertung des gesamten zur Masse gehörigen Vermögens, einschließlich der zur Deckung der Pfandbriefe bestimmten Hypotheken, dem Konkursverwalter zu überlassen.

§ 35 Abs 2: In Betreff des Anspruchs der Pfandbriefgläubiger auf Befriedigung aus dem sonstigen Vermögen der Bank finden die für die Absonderungsberechtigten geltenden Vorschriften der §§ 64, 153, 155, 156 und des § 168 Nr. 3 der Konkursordnung (Reichs-Gesetzbl. 1898 S. 612) entsprechende Anwendung.

Wie die Begründung[218] dazu erklärt, ließe sich die Frage, welche Ansprüche den Pfandbriefgläubigern in Bezug auf den nicht ihrem Vorzugsrecht unterliegenden Teil der Konkursmasse zukommen würden, am geeignetsten im Anschluß an die für die absonderungsberechtigten Gläubiger geltenden Vorschriften der Konkursordnung regeln. Die Pfandbriefgläubiger könnten für den Betrag, mit welchem sie auf ihr Vorrecht verzichtet hätten oder mit welchem sie bei den als Unterlage der Pfandbriefe dienenden Hypotheken oder Wertpapieren ausgefallen wären, aus den sonstigen zur Konkursmasse gehörenden Gegenständen zusammen mit den nicht bevorrechtigten Konkursgläubigern Befriedigung verlangen.

§ 35 Abs 3: Gehören zur Konkursmasse eigene Hypothekenpfandbriefe der Bank, die von dieser dem Bestand an Wertpapieren zugeschrieben sind, so werden sie bei der Berechnung der auf die einzelnen Hypothekenpfandbriefe fallenden Anteile an dem Erlös aus den im Abs 1 bezeichneten Gegenständen mitgezählt.

---

218 Begründung, 55

Hier handle es sich um den Fall, daß sich in der Konkursmasse eigene Papiere der Bank befänden, die von ihr angekauft worden und ihrem Bestand an Wertpapieren zugeschrieben worden seien. Es erscheine als ein Gebot der Billigkeit, daß im Konkurs der Bank ein diesen Pfandbriefen entsprechender Anteil aus der Vorzugsmasse ausscheide und der gemeinen Masse zugute komme, weil sonst zugunsten der Pfandbriefgläubiger die neben ihnen vorhandenen Konkursgläubiger benachteiligt würden.[219] Daraus folgt, daß die Pfandbriefgläubiger umso besser gesichert sind, je weniger eigene Pfandbriefe die Bank als Bestand bucht.[220]

§ 35 Abs 4: Während des Konkurses der Hypothekenbank sind die Kosten der Versammlung der Pfandbriefgläubiger, die nach den Vorschriften des Gesetzes, betreffend die gemeinsamen Rechte der Besitzer von Schuldverschreibungen, berufen wird, aus dem zur vorzugsweisen Befriedigung der letzteren dienenden Teile der Konkursmasse zu berichtigen.

Damit solle ausdrücklich einer Benachteiligung der nicht bevorrechteten Konkursgläubiger vorgebeugt werden. Sonstiger Kostenvorschriften bedürfe es nicht, es ergebe sich von selbst, daß die Kosten der Verwertung der einzelnen Massegegenstände demjenigen Teil der Masse zur Last fallen wurden, zu dem sie gehörten.[221]

§ 35 kann statutarisch nicht geändert werden, das Vorzugsrecht kann weder erweitert noch verkürzt, noch können Pfandbriefe mit Pfandrecht an den Hypothekenforderungen ausgegeben werden. Materiell haben die Pfandbriefgläubiger im wesentlichen dieselben Rechte, wie wenn sie an der Deckung absonderungsberechtigt wären, formell werden sie aber nicht wie Absonderungsberechtigte außerhalb des Konkurses verwiesen, sondern wie Konkursgläubiger im Konkursverfahren befriedigt.[222]

Eine zweite Deckungsmasse besteht für Kommunalobligationen nach § 41, dazu gehören die in das Kommunalregister eingetragenen Kommunaldarlehen, die dort eingetragenen Wertpapiere und das beim Treuhänder hinterlegte Geld, eine dritte Deckungsmasse besteht für Kleinbahnobligationen nach § 42. Nicht zur Deckung gehört alles übrige Vermögen der Bank. Bleibt nach Befriedigung der Kommunalobligationsgläubiger zum Beispiel ein Überschuß, so darf dieser nicht etwa zur Sonderdeckung der Pfandbriefgläubiger verwendet werden, sondern er kommt zur allgemeinen Konkursmasse.[223]

---

219 Begründung, 56
220 Dannenbaum, 232
221 Begründung, 56
222 Dannenbaum, 227
223 Dannenbaum, 231

§ 36: Treuhänder, die absichtlich zum Nachteile der Pfandbriefgläubiger handeln, werden wegen Untreue nach § 266 des Strafgesetzbuchs bestraft.

Diese Bestimmung war ursprünglich nicht vorgesehen. Erst in zweiter Lesung wurde ihre Einfügung beantragt. Begründet wurde dies damit, daß der Treuhänder eine ähnliche Stellung einnehme wie etwa der in § 266 Strafgesetzbuch angeführte Vormund.[224]

§ 37 Abs 1: Wer für eine Hypothekenbank wissentlich Hypothekenpfandbriefe über den Betrag hinaus ausgibt, welcher durch die in das Hypothekenregister eingetragenen Hypotheken und Wertpapiere oder das in der Verwahrung des Treuhänders befindliche Geld vorschriftsmäßig gedeckt ist, wird mit Gefängnis bis zu einem Jahre und mit Geldstrafe bis zu zwanzigtausend Mark bestraft.

§ 37 Abs 2: Die gleiche Strafe trifft denjenigen, welcher für eine Hypothekenbank wissentlich über eine in das Hypothekenregister eingetragene Hypothek oder über ein in das Register eingetragenes Wertpapier durch Veräußerung oder Belastung verfügt, obwohl die übrigen in das Register eingetragenen Hypotheken und Wertpapiere zur vorschriftsmäßigen Deckung der Hypothekenpfandbriefe nicht genügen, sowie denjenigen, welcher der Vorschrift des § 31 Abs 2 Satz 2 zuwider es unterläßt, bei der Rückzahlung einer Hypothek das gezahlte Geld dem Treuhänder zur Verwahrung zu übergeben.

§ 37 Abs 3: Sind mildernde Umstände vorhanden, so kann auf die Geldstrafe allein erkannt werden.

Diese Strafvorschriften seien gegen solche Handlungen der bei der Geschäftsführung der Hypothekenbanken beteiligten Personen gerichtet, durch welche das Gleichgewicht zwischen Pfandbriefen und ihrer Deckung beeinträchtigt würde.[225]

§ 38: Wer für eine Hypothekenbank Hypothekenpfandbriefe ohne die nach § 30 Abs 3 erforderliche Bescheinigung ausgibt, wird mit Geldstrafe bis zu eintausend Mark oder mit Gefängnis bis zu drei Monaten bestraft.

§ 39: Zuwiderhandlungen gegen die Vorschrift des § 2 werden mit Geldstrafe bis zu dreitausend Mark bestraft.

Laut Begründung[226] bedürfe es der §§ 38, 39, um zu verhindern, daß Pfandbriefe ohne Vorhandensein der vorschriftsmäßigen Deckung und deren Eintragung ins Hypothekenregister ausgegeben werden, sowie um die Einhaltung des § 2 zu sichern, welcher offenen Handelsgesellschaften, Kommanditgesellschaf-

224 Kommissionsbericht, 35
225 Begründung, 56
226 Begründung, 57

ten, Gesellschaften mit beschränkter Haftung, eingetragenen Genossenschaften und einzelnen Personen den Betrieb von Hypothekenbankgeschäften untersage.

§ 40 Abs 1: Den Hypotheken stehen im Sinne dieses Gesetzes die Grundschulden gleich.

Zwar hafte bei ihnen nur das Grundstück, ohne daß daneben eine persönliche Verbindlichkeit des Eigentümers oder eines anderen Schuldners bestehe, dieser Umstand würde es aber nicht rechtfertigen, die Grundschulden als Unterlage von Pfandbriefen auszuschließen. Die Hypothekenbanken würden dem Real- und nicht dem Personalkredit dienen, auch bei den Darlehen, die sie gewährten, müsse die Sicherheit der Forderung durch den Wert des belasteten Grundstücks ohne jede Rücksicht auf die sonstigen Vermögensverhältnisse des Schuldners gewährleistet sein. Übrigens würden auch die Vorschriften des Bürgerlichen Gesetzbuchs über die Anlegung von Mündelgeldern (§ 1807 Abs 1 Z 1) keinen Unterschied zwischen Hypotheken und Grundschulden machen. Auf die Rentenschulden (§§ 1199-1203 BGB) könne die Gleichstellung nicht ausgedehnt werden, denn bei ihnen fände unter normalen Umständen keine Rückzahlung des Kapitals statt, die Hypothekenbanken würden daher bei der Ausgabe von Pfandbriefen auf Grund von Rentenschulden keine Mittel für eine regelmäßige Tilgung ihrer Pfandbriefe erhalten, weshalb die Rentenschulden nicht geeignet wären, als Pfandbriefunterlage zu dienen.[227]

§ 40 Abs 2: Hat die Bank ein Grundstück zur Verhütung von Verlusten an einer ihr an dem Grundstücke zustehenden Hypothek oder Grundschuld bei der Zwangsversteigerung erworben und an Stelle der gelöschten Hypothek oder Grundschuld für sich eine Grundschuld eintragen lassen, so findet auf diese die Vorschrift des § 6 Abs 3 entsprechende Anwendung.

Durch § 40 Abs 2 werde § 6 Abs 3 ergänzt; diese Bestimmung habe aber an sich nur ein beschränktes Anwendungsgebiet, denn im praktisch wichtigsten Fall, in dem die Bank das Grundstück bei der von ihr selbst betriebenen Zwangsversteigerung erwerbe, erlösche nach den Vorschriften des Gesetzes über die Zwangsversteigerung die Hypothek, da sie nicht in das geringste Gebot falle. Die Bank sei dann nur in der Lage, anstelle der gelöschten Hypothek eine Grundschuld für sich eintragen zu lassen und diese in das Hypothekenregister aufzunehmen, wobei aber die Beschränkung, welche § 6 Abs 3 hinsichtlich des in Ansatz zu bringenden Betrags vorsehe, ebenfalls Anwendung finde. Nicht zu folgen wäre der von manchen Seiten vertretenen Ansicht, daß der Bank für Fälle der bezeichneten Art die Verpflichtung auferlegt werden müsse, stets eine Grundschuld für sich eintragen zu lassen und sie zur Deckung der Pfandbriefe zu

227 Begründung, 57

verwenden. Könne eine Hypothekenbank die Deckung auf andere Weise beschaffen, wäre es nicht im Interesse der Pfandbriefgläubiger, sie zur Verwendung von ihr an eigenen Grundstücken zustehenden Grundschulden zu nötigen.[228]

§ 41 Abs 1: Werden von einer Hypothekenbank auf Grund nicht hypothekarischer Darlehen, die an inländische Körperschaften des öffentlichen Rechtes oder gegen Übernahme der Gewährleistung durch eine solche Körperschaft gewährt sind, Schuldverschreibungen ausgegeben, so finden auf diese Schuldverschreibungen und die ihnen zu Grunde liegenden Darlehensforderungen die Vorschriften des § 6 Abs 1, 4 und der §§ 8, 9, 22, 23, 25, 26, 29 bis 38 entsprechende Anwendung.

§ 41 Abs 2: Die Schuldverschreibungen, welche die Hypothekenbank gemäß Abs 1 ausgibt, dürfen unter Hinzurechnung der im Umlaufe befindlichen Hypothekenpfandbriefe den für die letzteren im § 7 bestimmten Höchstbetrag nicht um mehr als den fünften Teil übersteigen.

Wegen der teilweisen Ähnlichkeit mit dem Pfandbriefgeschäft sind etliche Bestimmungen entsprechend auch auf das Kommunalgeschäft anzuwenden. In § 42 werden analoge Vorschriften hinsichtlich des Kleinbahngeschäfts getroffen.

Die §§ 43-53 enthalten Schluß- und Übergangsbestimmungen. Einige von ihnen sollen kurz erläutert werden.

§ 45 Abs 1: Auf die beim Inkrafttreten dieses Gesetzes bestehenden Hypothekenbanken finden die Vorschriften des § 1 Abs 1, 2 keine Anwendung.

Die Anwendbarkeit dieses Gesetzes auf die bestehenden Hypothekenbanken bedürfe in einzelnen Beziehungen gewisser Einschränkungen. Wenn in § 1 die Genehmigung des Bundesrats nicht für die Errichtung, sondern für den Geschäftsbetrieb gefordert werde, könnte dies in Ermangelung einer besonderen Bestimmung zu Zweifeln führen, ob nicht auch die beim Inkrafttreten des Gesetzes bestehenden Banken um eine solche Genehmigung anzusuchen hatten. Hinsichtlich des § 1 Abs 3, wonach zu jeder Änderung der Satzung einer Hypothekenbank die Genehmigung des Bundesrats erforderlich sei und nur im Falle einer Beschränkung des Geschäftsbetriebs der Bank auf das Gebiet des Bundesstaats, in welchem sie ihren Sitz habe, die Genehmigung der Zentralbehörde dieses Staates genüge, gäbe es auch für bestehende Hypothekenbanken keine Ausnahmen.[229]

§ 45 Abs 2: Auf die bei dem Inkrafttreten dieses Gesetzes in das Genossenschaftsregister eingetragenen Genossenschaften findet, sofern sie vor dem 1. Mai 1898 gemäß den Bestimmungen ihrer Satzung die im § 1 Abs 1 bezeichneten Geschäfte betrieben haben, die Vorschrift des § 2 keine Anwendung.

228 Begründung, 57
229 Begründung, 60 f

Der 1.5.1898 sei deshalb zum maßgeblichen Zeitpunkt erklärt worden, um die Errichtung weiterer Anstalten dieser Art in der Zeit zwischen der ersten Bekanntgabe des Entwurfs und dem Inkrafttreten des Gesetzes zu verhindern. Die am 1.5.1898 als Genossenschaften bestehenden Pfandbriefanstalten würden, da sie nicht zu den Hypothekenbanken im Sinne des Entwurfs gehörten, den bisher für sie geltenden Bestimmungen unterworfen bleiben.[230]

Ursprünglich waren davon zwei Genossenschaften betroffen, nämlich die Stettiner National-Hypotheken-Kreditanstalt, Genossenschaft mit unbeschränkter Haftung, die sich aber bald danach aufgelöst hat, und die Bayerische Landwirtschaftsbank, eingetragene Genossenschaft mit beschränkter Haftung, ein Institut für den ländlichen Kredit mit Sitz in München.[231]

§ 46 Abs 1: Die bei dem Inkrafttreten dieses Gesetzes bestehenden Hypothekenbanken unterliegen den Vorschriften des § 5 insoweit nicht, als sie bis zum 1. Mai 1898 gemäß den Bestimmungen ihrer Satzung Geschäfte in weiterem als dem im § 5 bezeichneten Umfange betrieben haben.

In der Begründung[232] wird dazu festgestellt, daß es ein schwerer, weitreichende wirtschaftliche Folgen nach sich ziehender Eingriff in die Betriebsverhältnisse der Banken wäre, welche zum Teil umfangreiche Tätigkeit auf dem Gebiet des Mobiliarkredits entwickelt hätten und durchwegs zu den angesehensten und zuverlässigsten Instituten ihrer Art gerechnet würden, wenn sie einen so wesentlichen Teil ihrer Tätigkeit aufgeben sollten. Ein solcher Eingriff könne umso mehr unterbleiben, als die Bedenken gegen den gleichzeitigen Betrieb mehrerer Geschäftszweige durch das im Entwurf vorgesehene Recht der Pfandbriefgläubiger, sich vorzugsweise aus der Deckung zu befriedigen, in einer wichtigen Beziehung an Bedeutung verlieren würden.

§ 46 Abs 2: Eine Hypothekenbank, die von dem Rechte des erweiterten Geschäftsbetriebs nach Maßgabe des Abs 1 Gebrauch macht, darf Hypothekenpfandbriefe nur bis zum zehnfachen Betrage des eingezahlten Grundkapitals und des im § 7 bezeichneten Reservefonds ausgeben. Die Befugnis zur Ausgabe von Hypothekenpfandbriefen ist auf den doppelten Betrag des eingezahlten Grundkapitals und des im § 7 bezeichneten Reservefonds beschränkt, wenn bei dem Inkrafttreten des Gesetzes die von der Bank ausgegebenen Hypothekenpfandbriefe den doppelten Betrag des eingezahlten Grundkapitals nicht übersteigen.

§ 46 Abs 3: Der Betrag, bis zu welchem hiernach eine Bank Hypothekenpfandbriefe ausgeben darf, tritt auch im Sinne des § 41 Abs 2 an die Stelle des im § 7 bestimmten Höchstbetrags.

---

230 Begründung, 61
231 Dannenbaum, 270
232 Begründung, 61

Wenn den bestehenden gemischten Hypothekenbanken die Befugnis bleibe, ihren Betrieb in der bisherigen Ausdehnung fortzuführen, müßten sie sich auf der anderen Seite eine Einschränkung der Höhe des Pfandbriefumlaufs gefallen lassen. Banken, bei welchen die Verbindlichkeiten infolge des umfangreichen Betriebs von Mobiliarkreditgeschäften einen im Verhältnis zu den Pfandbriefen erheblichen Umfang erreichen würden, könnten billigerweise nicht das Recht in Anspruch nehmen, auf Grund ihres Kapitals denselben Betrag an Pfandbriefen auszugeben wie die reinen Hypothekenbanken, bei welchen dem Aktienkapital und den Reserven keine beträchtlichen Verbindlichkeiten neben den Pfandbriefen gegenüberstehen würden. In Hinblick auf § 46 Abs 2 Satz 2 wären bloß einige ältere, zum Teil bedeutende Mobiliarkreditbanken betroffen, die das Bodenkreditgeschäft von jeher als einen untergeordneten Nebenzweig betrieben hätten. Tatsächlich kämen bei keiner der in Frage stehenden Banken die ausgegebenen Pfandbriefe auch nur dem einfachen Betrag des Aktienkapitals gleich. Was Abs 3 betreffe, so falle bei den gemischten Hypothekenbanken die Ausgabe von Kommunal- und Kleinbahnobligationen unter dieselben Gesichtspunkte wie die Ausgabe von Pfandbriefen.[233]

§ 48 Abs 1: Eine Hypothekenbank, die bei dem Inkrafttreten dieses Gesetzes das Recht besitzt, über den in den §§ 7, 41, 42 oder im § 46 Abs 2 Satz 1, Abs 3 bestimmten Betrag hinaus Hypothekenpfandbriefe oder Schuldverschreibungen auszugeben, behält dieses Recht mit der Maßgabe, daß die Hypothekenpfandbriefe und die auf Grund von Darlehen an Kleinbahnunternehmungen ausgegebenen Schuldverschreibungen den zwanzigfachen Betrag des eingezahlten Grundkapitals nicht übersteigen dürfen und daß hierbei das eingezahlte Kapital nur insoweit berücksichtigt wird, als es innerhalb des Betrags verbleibt, auf welchen am 1. Mai 1898 das Grundkapital der Bank durch die Satzung festgesetzt war; die Schuldverschreibungen, welche die Bank auf Grund nicht hypothekarischer Darlehen an Körperschaften des öffentlichen Rechtes oder gegen Übernahme der Gewährleistung durch eine solche Körperschaft ausgibt, dürfen unter Hinzurechnung der im Umlaufe befindlichen Hypothekenpfandbriefe und auf Grund von Darlehen an Kleinbahnunternehmungen ausgegebenen Schuldverschreibungen den Betrag, bis zu welchem die Bank Hypothekenpfandbriefe ausgeben darf, nicht um mehr als den fünften Teil übersteigen.

§ 48 Abs 2: Auf Grund einer nach dem 1. Mai 1898 in das Handelsregister eingetragenen Kapitalserhöhung dürfen Hypothekenpfandbriefe und Schuldverschreibungen nur nach den Vorschriften der §§ 7, 41, 42, 46 ausgegeben werden. Hierbei bleibt der Reservefonds, der bei Erreichung des nach Abs 1 zulässigen Höchstbetrags vorhanden war, außer Betracht.

§ 48 Abs 3: Diese Vorschriften finden in dem Falle des § 46 Abs 2 Satz 2 keine Anwendung.

---

233 Begründung, 61 f

Gemäß Begründung[234] wäre es eine ungerechtfertigte Härte, den Banken, die die Befugnis hätten, Pfandbriefe, Kommunal- und Kleinbahnobligationen in höherem Betrag auszugeben als im Hypothekenbankgesetz vorgesehen, diese Befugnis mit dem Inkrafttreten des Gesetzes einfach zu entziehen. Nur die Vorschrift, durch welche für einzelne unter ihnen der Höchstbetrag des Pfandbriefumlaufs auf das Zweifache des eigenen Kapitals beschränkt werde, müsse, um überhaupt den Zweck zu erreichen, sofort unbedingte Wirksamkeit erlangen. Was die Ausgabe von Kommunalobligationen betreffe, so sei die Befugnis dazu bei einigen Hypothekenbanken ohne jede Beschränkung, insbesondere ohne Rücksicht auf die Höhe des Aktienkapitals eingeräumt, was in dieser Ausdehnung nicht belassen werden könne.

Sehr kritisch nimmt Dannenbaum[235] zu § 48 Stellung: im einzelnen wären die Vorschriften dieses Paragraphen wenig sachgemäß, da durch die Formulierung des Abs 1 eine große Zahl von Banken kurz vor dem Inkrafttreten des Gesetzes erst mit Rücksicht auf diesen § 48 das Recht hoher Pfandbriefausgabe durch Einzahlungen auf ihr Aktienkapital neu erlangen hätten können, was dann eine durch nichts gerechtfertigte Bevorzugung dieser Banken bezüglich des möglichen Pfandbriefumlaufs hätte ergeben müssen. Noch unglücklicher wäre die Fassung des Abs 2, der, anstatt die Verschiedenheiten bei allmählicher Erhöhung des Aktienkapitals auszugleichen, sie im Gegenteil zu dauernden mache und noch dazu eine komplizierte Berechnung des Höchstumlaufs der Pfandbriefe an die Stelle der einfachen Relation zwischen Pfandbriefumlauf und Eigenkapital der Bank setze.

IV. Das Gesetz über die Pfandbriefe und verwandten Schuldverschreibungen öffentlich-rechtlicher Kreditanstalten vom 21. 12. 1927, dRGBl. I S. 492

1. Vorbemerkung

Wie bereits unter III.1 erwähnt, erstreckte sich der Geltungsbereich des Hypothekenbankgesetzes nicht auf alle Institute, die Pfandbriefe ausgeben, sondern nur auf solche, die als Aktiengesellschaft oder Kommanditgesellschaft auf Aktien konstruiert waren. Andere Institute unterlagen weiter den Vorschriften der Landesgesetze.

Erst das Gesetz über die Pfandbriefe und verwandten Schuldverschreibungen vom 21. Dezember 1927 hat eine reichseinheitliche Regelung geschaffen. Zentrale Inhalte bilden dabei die Festlegung des Pfandbriefbegriffs und die Vollstreckungs- und Konkursprivilegien der Pfandbriefgläubiger.

---

234 Begründung, 62 f
235 Dannenbaum, 274

2. Die Bestimmungen im einzelnen

Die wichtigsten Paragraphen werden im folgenden im Wortlaut der Fassung von 1927 wiedergegeben.

§ 1: Die von einer öffentlich-rechtlichen Kreditanstalt ausgegebenen Schuldverschreibungen sind Pfandbriefe, wenn zu ihrer Deckung nach Maßgabe der Vorschriften dieses Gesetzes Hypotheken bestimmt sind.

§ 2 Abs 1: Der Gesamtbetrag der im Umlauf befindlichen Pfandbriefe muß in Höhe des Nennwerts jederzeit durch Hypotheken von mindestens gleicher Höhe und mindestens gleichem Zinsertrage gedeckt sein.

§ 2 Abs 2: Steht der Kreditanstalt eine Hypothek an einem Grundstück zu, das sie zur Verhütung eines Verlusts an der Hypothek erworben hat, so darf diese als Deckung von Pfandbriefen höchstens mit der Hälfte des Betrags in Ansatz gebracht werden, mit dem sie vor dem Erwerb des Grundstücks durch die Kreditanstalt als Deckung in Ansatz gebracht war.

§ 2 Abs 3: Ist infolge der Rückzahlung von Hypotheken oder aus einem anderen Grunde die vorgeschriebene Deckung in Hypotheken nicht mehr vollständig vorhanden und ist weder die Ergänzung durch andere Hypotheken noch die Einziehung eines entsprechenden Betrages von Pfandbriefen sofort ausführbar, so hat die Kreditanstalt die fehlende Hypothekendeckung einstweilen durch Schuldverschreibungen des Reichs oder eines Landes oder durch Geld zu ersetzen. Die Schuldverschreibungen dürfen höchstens mit einem Betrag in Ansatz gebracht werden, der um fünf vom Hundert des Nennwerts unter ihrem jeweiligen Börsenpreise bleibt.

§ 3 Abs 1: Die zur Deckung der Pfandbriefe bestimmten Hypotheken sind von der Kreditanstalt einzeln in ein Register einzutragen. Im Falle einer Ersatzdeckung (§ 2 Abs 3, § 12) sind die ersatzweise zur Deckung bestimmten Wertpapiere gleichfalls in das Register einzutragen; die Eintragung hat die einzelnen Stücke zu bezeichnen. Das als Deckung dienende Geld ist in gesonderte Verwahrung zu nehmen; die Reichsregierung oder die von ihr bestimmte Stelle kann den auf Reichsrecht beruhenden Kreditanstalten, die oberste Landesbehörde oder die von ihr bestimmte Stelle den auf Landesrecht beruhenden Kreditanstalten für die Dauer der im § 12 Abs 1 zugelassenen Ersatzdeckung gestatten, daß das als Deckung dienende Geld auf einem besonderen Konto bei der Reichsbank, einer Staatsbank oder einer anderen von ihr zu bestimmenden Bank angelegt wird.

§ 5 Abs 1: Arreste und Zwangsvollstreckungen in die in das Deckungsregister eingetragenen Hypotheken und Wertpapiere sowie in das als Deckung dienende Geld finden nur wegen der Ansprüche aus den Pfandbriefen statt.

§ 6 Abs 1: Im Falle des Konkurses gehen in Ansehung der Befriedigung aus den in das Deckungsregister eingetragenen Hypotheken und Wertpapieren sowie aus dem als Deckung dienenden Geld die Forderungen der Pfandbriefgläubiger den Forderungen aller Konkursgläubiger vor. Die Pfandbriefgläubiger haben untereinander gleichen Rang.

§ 13: Schuldverschreibungen, die den Vorschriften dieses Gesetzes über Pfandbriefe nicht entsprechen, dürfen unter der Bezeichnung als Pfandbrief oder unter einer anderen Bezeichnung, die das Wort Pfandbrief enthält, von einer öffentlich-rechtlichen Kreditanstalt nicht in den Verkehr gebracht werden.

V. Die Übernahme der deutschen Gesetze in Österreich im Zuge des Anschlusses 1938

1. Vorbemerkung

Die politischen Ereignisse des Jahres 1938 hatten zwangsläufig zur Folge, daß auch auf dem Gebiet des Pfandbriefwesens eine Rechtsanpassung durchzuführen war.

Rechtstechnisch wurde dies interessanterweise nicht durch eine bloße Inkraftsetzung der bis dahin entwickelten deutschen Rechtslage getan, sondern in einer sehr differenzierten Weise, die die österreichischen Besonderheiten durchaus respektierte.

2. Die Bestimmungen im einzelnen

a) Die Verordnung über die Einführung des Hypothekenbankgesetzes und des Gesetzes über die Pfandbriefe und verwandten Schuldverschreibungen öffentlich-rechtlicher Kreditanstalten im Lande Österreich vom 11.11.1938, RGBl. I S. 1574 (GBl.f.Ö Nr. 648/1938)

aa) Artikel 1:

Artikel 1 Abs 1: Im Lande Österreich treten in Kraft: Die §§ 1 bis 42 des Hypothekenbankgesetzes vom 13. Juli 1899 (RGBl. S. 375) in der Fassung der Gesetze vom 26. Januar 1926 (RGBl. I S. 97), vom 21. Dezember 1927 (RGBl. I S. 491) und vom 29. März 1930 (RGBl. I S. 108); die §§ 1 bis 7, 13, 15 des Gesetzes über die Pfandbriefe und verwandten Schuldverschreibungen öffentlich-rechtlicher Kreditanstalten vom 21. Dezember 1927 (RGBl. I S. 492).

Artikel 1 Abs 2: Die im Absatz 1 bezeichneten Vorschriften sind im Lande Österreich nach Maßgabe der folgenden Bestimmungen anzuwenden, die zur Anpassung an das in Österreich geltende Recht getroffen werden. Diese Bestimmungen werden unwirksam, sobald ihr Grund durch die fortschreitende Vereinheitlichung des Rechts wegfällt.

Da die §§ 43 - 53 Hypothekenbankgesetz nur Schluß- und Übergangsbestimmungen enthalten, genügten die ersten 42 Paragraphen, um die deutsche Gesetzeslage vollständig zu übertragen.

ab) Artikel 2 enthält Angleichungsbestimmungen zum Hypothekenbankgesetz.
Anstelle des § 6 Abs. 3 ist folgende Vorschrift anzuwenden:

Hat die Bank eine Liegenschaft im Lande Österreich zur Verhütung eines Verlustes an einer ihr an der Liegenschaft zustehenden Hypothek erworben, so darf sie die Liegenschaft an Stelle der Hypothek als Deckung von Hypothekenpfandbriefen verwenden, jedoch höchstens mit der Hälfte des Betrages, mit dem die Hypothek vor dem Erwerbe der Liegenschaft durch die Bank als Deckung in Ansatz gebracht war.

Die ursprüngliche deutsche Regelung basiert auf der Einrichtung der Eigentümergrundschuld. Da diese dem österreichischen Recht fremd ist, den Pfandbriefgläubigern aber Ersatz für die weggefallene Deckungshypothek zukommen soll, wurde die Bestimmung entsprechend verändert.
Zu § 22 wird folgendes geregelt:

Neben § 22 sind folgende Vorschriften anzuwenden:

(1) Die Haftung einer zur Deckung der Hypothekenpfandbriefe bestimmten Hypothek an einer im Lande Österreich gelegenen Liegenschaft ist auf Antrag der Bank in den öffentlichen Büchern einzutragen (Kautionsband). Die Hypothek darf in das Hypothekenregister der Bank erst eingetragen werden, nachdem das Kautionsband in den öffentlichen Büchern eingetragen ist.

(2) Wird im Falle des § 6, Absatz 3, eine Liegenschaft zur Deckung der Hypothekenpfandbriefe bestimmt, so ist auch sie in das Hypothekenregister einzutragen. Die Eintragung ist erst dann zulässig, wenn auf Antrag der Bank in den öffentlichen Büchern angemerkt ist, daß die Liegenschaft als Deckung der Hypothekenpfandbriefe dient.

Diese Ergänzung ergab sich aus der unterschiedlichen Konstruktion der Zugehörigkeit einer Hypothek zur Pfandbriefdeckung in Deutschland und Österreich. Im deutschen Recht ist nämlich die Zugehörigkeit einer Hypothek zur Pfandbriefdeckung nicht publik, sondern ergibt sich nur aus den Büchern der Bank, konkret aus dem Deckungsregister. Während im Innenverhältnis der Treuhänder auftritt, bleibt im Außenverhältnis die Bank alleine verfügungsberchtigt. Auswirkungen zeigen sich dabei bloß bei einer Zwangsvollstreckung und in einem allfälligen Konkurs. Das österreichische Recht hingegen (siehe § 5 des Gesetzes vom 24. April 1874, RGBl. Nr. 48, betreffend die Wahrung der Rechte der Besitzer von Pfandbriefen) sieht eine Kenntlichmachung nach außen vor. Sofern an den Deckungswerten ein bücherliches Recht erworben werden kann, ist bestimmt, daß die Haftung als Kaution in den öffentlichen Büchern einzutragen ist. Durch die Ergänzung in der Verordnung wurde nunmehr eine Verbindung zwischen den beiden Systemen hergestellt.

Zu § 30 sieht die Verordnung folgendes vor:

(1) Die Verpflichtung des Treuhänders nach Absatz 2 erstreckt sich auch auf die Eintragung einer Liegenschaft, die im Falle des § 6, Absatz 3, zur Deckung der Hypothekenpfandbriefe bestimmt wird, in das Hypothekenregister.

(2) Die Zustimmung des Treuhänders nach Absatz 4 ist auch zur Löschung einer Liegenschaft im Hypothekenregister erforderlich.

Neben § 30 sind ferner folgende Vorschriften anzuwenden:

(1) Eintragungen in den öffentlichen Büchern, die eine in das Hypothekenregister eingetragene, mit dem Kautionsband behaftete Hypothek betreffen, können nur auf Grund einer vom Treuhänder mitgefertigten Urkunde vorgenommen werden.

(2) Das Kautionsband kann ganz oder teilweise nur gelöscht werden, wenn eine Bestätigung des Treuhänders beigebracht wird, daß die Hypothek im Hypothekenregister gelöscht oder die belastete Liegenschaft von der Haftung für die Hypothek freigegeben ist.

(3) Von der Eintragung und von der Löschung des Kautionsbandes ist der Treuhänder zu benachrichtigen.

(4) Die zum Zweck der Eintragung und Löschung des Kautionsbandes ausgestellten Urkunden und vorgenommenen bücherlichen Eintragungen sind gebühren- und stempelfrei.

(5) Absätze 2 bis 4 gelten sinngemäß für die Anmerkung der Zugehörigkeit einer Liegenschaft zur Deckung der Hypothekenpfandbriefe. Die Anmerkung hat die Wirkung, daß über die Liegenschaft rechtswirksam nur mit Zustimmung des Treuhänders verfügt werden kann.

Die Ergänzungen stellen sich inhaltlich gleichlautend mit den Bestimmungen des österreichischen Gesetzes vom 24. April 1874, RGBl. Nr. 48, dar: Absatz 1 entspricht § 1 Abs 3, die Absätze 2 bis 4 haben sich bereits in § 5 Abs 2 bis 4 des österreichischen Gesetzes gefunden. Im Absatz 5 wird insofern eine Erweiterung gemacht, als auch Liegenschaften, die nach § 6 Abs 3 als Deckung verwendet werden, miteinbezogen werden. Der Ausdruck „Staatskommissär" wird durch den Begriff „Treuhänder" ersetzt.

Zu § 31 regelt die Verordnung folgendes:

(1) Soweit die in das Hypothekenregister eingetragenen Hypotheken an Liegenschaften bestehen, die im Lande Österreich gelegen sind, bedarf es der Verwahrung der Urkunden über die Hypotheken durch den Treuhänder nicht.

(2) Die im Absatz 2, Satz 1, begründete Verpflichtung des Treuhänders erstreckt sich auch auf die Mitwirkung zur Löschung einer Liegenschaft im Hypothekenregister und zur Löschung des Kautionsbandes sowie der Anmerkung über die Zugehörigkeit einer Liegenschaft zur Deckung in den öffentlichen Büchern.

Die in Österreich getroffene Regelung, nämlich die Eintragung des Kautionsbandes, stellt eine effektivere Vorgangsweise dar als die Verwahrung von Hypothekenurkunden. Insofern konnte auf diese Verwahrung bei in Österreich eingetragenen Hypotheken verzichtet werden.

ac) Artikel 3 enthält ergänzende Vorschriften für Hypothekenbanken im Lande Österreich.

Artikel 3 Abs 1: Die Aufsichtsbehörde hat, wenn sie die Rechte der Besitzer der Hypothekenpfandbriefe für gefährdet erachtet, die Bestellung eines gemeinsamen Kurators zur Vertretung dieser Besitzer bei dem zuständigen Gericht zu erwirken.

Artikel 3 Abs 2: Ein solcher Kurator ist im Falle des Konkurses der Bank durch das Konkursgericht von Amts wegen zu bestellen.

Artikel 3 Abs 3: Die Bestellung eines solchen gemeinsamen Kurators kann auch von demjenigen begehrt werden, dessen Rechte in ihrem Gang durch den Mangel einer Vertretung der Pfandbriefbesitzer gehemmt würden.

Artikel 3 Abs 4: Zum Kurator kann auch der Treuhänder der Bank bestellt werden.

Artikel 3 Abs 5: Auf diese Kuratoren finden die Bestimmungen Anwendung, die im Lande Österreich in Ansehung der gemeinsamen Kuratoren zur Vertretung der Besitzer von auf Inhaber lautenden oder durch Indossament übertragbaren Teilschuldverschreibungen gelten.

Artikel 3 Abs 6: Die Vorschriften der Artikel V und VI der Verordnung vom 10. Dezember 1914 (RGBl. Nr. 337) über die Einführung einer Konkursordnung, einer Ausgleichsordnung und einer Anfechtungsordnung, des Artikels XXIV des Gesetzes vom 6. Juni 1896 (RGBl. Nr. 78), betreffend die Einführung des Gesetzes über das Exekutions- und Sicherungsverfahren, und des § 171, Absatz 1, der Exekutionsordnung finden mit der Maßgabe Anwendung, daß in der letztgenannten Vorschrift an Stelle des Regierungskommissärs der Treuhänder tritt.

Artikel 3 ist über weite Strecken gleichlautend mit § 3 des Gesetzes vom 24. April 1874, RGBl. Nr. 48, betreffend die Wahrung der Rechte der Besitzer von Pfandbriefen.

ad) Artikel 4 enthält Übergangsbestimmungen, auf die nicht näher einzugehen ist.

ae) Im Artikel 5 finden sich Angleichungsbestimmungen zum Gesetz über die Pfandbriefe und verwandten Schuldverschreibungen öffentlich-rechtlicher Kreditanstalten.

Neben § 3 sind folgende Vorschriften anzuwenden:

(1) Die Haftung einer zur Deckung der Pfandbriefe bestimmten Hypothek an einer Liegenschaft im Lande Österreich ist auf Antrag der Kreditanstalt in den öffentlichen Büchern einzutragen (Kautionsband). Die Hypothek darf in das Deckungsregister der Kreditanstalt erst eingetragen werden, nachdem das Kautionsband in den öffentlichen Büchern eingetragen ist.

(2) Wird im Falle des § 2, Absatz 2, eine Liegenschaft zur Deckung der Pfandbriefe bestimmt, so ist auch sie in das Deckungsregister einzutragen. Die Eintragung ist erst dann zulässig, wenn auf Antrag der Kreditanstalt in den öffentlichen Büchern angemerkt ist, daß die Liegenschaft als Deckung der Pfandbriefe dient.

(3) Die Beachtung der §§ 2, 3 und der vorstehenden Vorschriften ist bei den Kreditanstalten im Lande Österreich durch einen Treuhänder zu überwachen; für jeden Treuhänder ist ein Stellvertreter zu bestellen. Der Treuhänder und sein Stellvertreter werden durch den Reichswirtschaftsminister bestellt. Für die Rechte und Pflichten des Treuhänders gelten die §§ 30 bis 33 des Hypothekenbankgesetzes und die Vorschriften des Artikels 2 dieser Verordnung sinngemäß.

(4) Eintragungen in den öffentlichen Büchern, die eine in das Deckungsregister eingetragene, mit dem Kautionsband behaftete Hypothek betreffen, können nur auf Grund einer vom Treuhänder mitgefertigten Urkunde vorgenommen werden.

(5) Das Kautionsband kann ganz oder teilweise nur gelöscht werden, wenn eine Bestätigung des Treuhänders beigebracht wird, daß die Hypothek im Deckungsregister gelöscht oder daß die belastete Liegenschaft von der Haftung für die Hypothek freigegeben ist.

(6) Von der Eintragung und von der Löschung des Kautionsbandes ist der Treuhänder zu benachrichtigen.

(7) Die zum Zweck der Eintragung und Löschung des Kautionsbandes ausgestellten Urkunden und vorgenommenen bücherlichen Eintragungen sind gebühren- und stempelfrei.

(8) Die Absätze 5 bis 7 gelten sinngemäß für die Anmerkung der Zugehörigkeit einer Liegenschaft zur Deckung der Pfandbriefe. Die Anmerkung hat die Wirkung, daß über die Liegenschaft rechtswirksam nur mit Zustimmung des Treuhänders verfügt werden kann.

Bemerkenswert ist, daß durch Absatz 3 für öffentlich-rechtliche Kreditanstalten der Treuhänder eingeführt wird, den das deutsche Pfandbriefgesetz nicht vorsieht. Auf Grund des in Östereich eingeführten Kautionsbandes gab es in Österreich bei den privaten und öffentlich-rechtlichen Hypothekenbanken einen

Staatskommissär. Dieser wird nunmehr zum Treuhänder in Anlehnung an das Hypothekenbankgesetz, auf dessen §§ 30 bis 33 sinngemäß verwiesen wird.

af) Artikel 7 enthält Übergangsvorschriften für öffentlich-rechtliche Kreditanstalten:

(1) Der Reichswirtschaftsminister kann bestimmen, daß eine beim Inkrafttreten dieser Verordnung bereits bestehende öffentlich-rechtliche Kreditanstalt dem Gesetz über die Pfandbriefe und verwandten Schuldverschreibungen öffentlich-rechtlicher Kreditanstalten nicht untersteht. Wird eine Kreditanstalt nach dem Inkrafttreten dieser Verordnung errichtet, so bestimmt der Reichswirtschaftsminister, ob die Kreditanstalt dem im Satz 1 bezeichneten Gesetz untersteht. Die Bestimmungen sind im Deutschen Reichsanzeiger bekanntzumachen.

(2) Auf Schuldverschreibungen, die von einer öffentlich-rechtlichen Kreditanstalt im Lande Österreich vor dem Inkrafttreten dieser Verordnung ausgegeben sind, findet das Gesetz nur Anwendung, wenn der Reichswirtschaftsminister bestimmt, daß diese Schuldverschreibungen als Pfandbriefe im Sinne dieses Gesetzes oder als Schuldverschreibungen der im § 7 des Gesetzes bezeichneten Art anzusehen sind. Die Bestimmung ist im Deutschen Reichsanzeiger bekanntzumachen; sie wird mit der Bekanntmachung wirksam.

ag) Artikel 8 der Verordnung betrifft die Aufhebung und Änderung von Gesetzen:

Das Gesetz vom 24. April 1874, (RGBl. Nr. 48), betreffend die Wahrung der Rechte der Besitzer von Pfandbriefen, und das Gesetz vom 27. Dezember 1905 (RGBl. Nr. 213), betreffend fundierte Bankschuldverschreibungen, finden auf Hypothekenbanken und diejenigen öffentlich-rechtlichen Kreditanstalten, die dem Gesetz über die Pfandbriefe und verwandten Schuldverschreibungen öffentlich-rechtlicher Kreditanstalten vom 21. Dezember 1927 unterstehen, keine Anwendung. Diese Gesetze gelten jedoch weiter für Schuldverschreibungen öffentlich-rechtlicher Kreditanstalten, hinsichtlich deren der Reichswirtschaftsminister eine Bestimmung im Sinne des Artikels 7, Absatz 2, nicht getroffen hat.

Aus den oben zitierten Bestimmungen ergibt sich klar, daß 1938 das Gesetz vom 24. April 1874, RGBl. Nr. 48, nicht vollumfänglich aufgehoben wurde.

b) Die zweite Verordnung zur Durchführung des Gesetzes über Pfandbriefe und verwandte Schuldverschreibungen öffentlich-rechtlicher Kreditanstalten vom 20. Dezember 1938 (RGBl. I S. 1904, GBl. f. Ö. 39/1939)

ba) Artikel 1 hat folgenden Wortlaut:

(1) Werden die Pfandbriefe von einer Kreditanstalt (Zentralanstalt) ausgegeben, die durch den Zusammenschluß von öffentlich-rechtlichen Kreditanstalten (Mitgliedsanstal-

ten) errichtet ist, so genügt es, daß die zur Deckung der Pfandbriefe bestimmten Hypotheken einer Mitgliedsanstalt zustehen. Das gleiche gilt von den im Falle des § 2, Abs 2 des Gesetzes ersatzweise zur Deckung bestimmten Werten.

(2) Für die Zwangsvollstreckung wegen einer Geldforderung oder die Arrestvollziehung sowie im Falle des Konkurses der Zentralanstalt oder einer Mitgliedsanstalt gelten zugunsten der Pfandbriefgläubiger die in den Deckungsregistern der Mitgliedsanstalten eingetragenen Hypotheken und sonstigen Werte und das zur Deckung bestimmte, bei den Mitgliedsanstalten vorhandene Geld als zum Vermögen der Zentralanstalt gehörig.

Durch die Verordnung soll auch für den Fall, daß sich mehrere öffentlich-rechtliche Kreditanstalten eines Zentralinstitutes bedienen, die Sicherheit der Pfandbriefgläubiger in gleicher Weise wie sonst sichergestellt sein. Wie dem Absatz 2 zu entnehmen ist, genügt es, daß im Krisenfall die entsprechenden Werte - egal, wo sie sich befinden - greifbar sind.

bb) Artikel 2:

Das Deckungsregister (§ 3 des Gesetzes) ist bei jeder Mitgliedsanstalt für die ihr zustehenden Hypotheken und sonstigen Deckungswerte zu führen; jede Eintragung und Löschung im Deckungsregister ist der Zentralanstalt anzuzeigen.

bc) Artikel 3:

(1) Die für die Zentralanstalt zuständige Aufsichtsbehörde hat bei dieser einen Haupttreuhänder und einen Stellvertreter, ferner für jede Mitgliedsanstalt einen Untertreuhänder und einen Stellvertreter zu bestellen. Die Bestellung kann durch die Aufsichtsbehörde jederzeit widerrufen werden.

(2) Der Haupttreuhänder hat darauf zu achten, daß die vorgeschriebene Deckung für die Pfandbriefe jederzeit vorhanden ist; er hat die Pfandbriefe vor der Ausgabe mit einer Bescheinigung über das Vorhandensein der vorschriftsmäßigen Deckung zu versehen. Die Untertreuhänder haben darauf zu achten, daß die zur Deckung der Pfandbriefe bestimmten Hypotheken und Wertpapiere nach § 3 des Gesetzes in das Deckungsregister eingetragen werden und daß die Hypotheken den satzungsmäßigen Vorschriften der Mitgliedsanstalten entsprechen; sofern der Wert des beliehenen Grundstücks nach der von der Aufsichtsbehörde genehmigten Anweisung festgestellt ist, haben sie nicht zu untersuchen, ob der festgestellte Wert dem wirklichen Werte entspricht.

(3) Zur Löschung einer Hypothek oder eines Wertpapiers im Deckungsregister bedarf es der schriftlichen Zustimmung des für die Mitgliedsanstalt bestellten Untertreuhänders; hierzu genügt die Beifügung der Namensunterschrift des Untertreuhänders zum Löschungsvermerk im Deckungsregister.

(4) Der Haupttreuhänder ist befugt, jederzeit die Bücher und Schriften der Zentralanstalt und der Mitgliedsanstalten einzusehen, soweit sie sich auf die Pfandbriefe und auf die in

das Deckungsregister eingetragenen Werte beziehen; die gleiche Befugnis haben die Untertreuhänder hinsichtlich der ihrer Überwachung unterliegenden Deckungswerte. Die Mitgliedsanstalten sind verpflichtet, von den Rückzahlungen auf die in das Deckungsregister eingetragenen Hypotheken sowie von sonstigen für die Pfandbriefgläubiger erheblichen Änderungen, welche die Hypotheken betreffen, dem Haupttreuhänder fortlaufend Mitteilung zu machen.

(5) Die Aufsichtsbehörde kann Anordnungen über die Mitwirkung der Treuhänder bei der Verwahrung der Urkunden über die in das Deckungsregister eingetragenen Hypotheken, der in das Deckungsregister eingetragenen Wertpapiere und des nach § 3 des Gesetzes zur Deckung der Pfandbriefe bestimmten Geldes treffen. Sie entscheidet Streitigkeiten zwischen den Kreditanstalten und dem Haupttreuhänder sowie den Untertreuhändern; sie kann ferner Anordnungen über die durch Bestellung der Treuhänder entstehenden Kosten treffen.

(6) § 36 des Hypothekenbankgesetzes gilt sinngemäß.

Im vorzitierten Artikel 3 wird eine Anpassung an das Hypothekenbankgesetz vorgenommen, indem die dortigen Bestimmungen inhaltlich übernommen werden: Absatz 1 ist § 29 nachgebildet, Absatz 2 entspricht § 30 Absatz 1 bis 3. Absatz 3 übernimmt § 30 Absatz 4, während Absatz 4 § 32 abbildet. Die in Absatz 5 enthaltene Streitschlichtung ist dem § 33 entnommen. Die im Absatz 6 vorhandene Verweisung auf § 36 ergibt sich zwangsläufig.

Durch die Verordnung wird das im Hypothekenbankgesetz vorgesehene Treuhändersystem auch für jene Institute eingeführt, die in den Anwendungsbereich des Gesetzes über die Pfandbriefe und verwandten Schuldverschreibungen öffentlich-rechtlicher Kreditanstalten aus 1927 fallen.

bd) Artikel 4 lautet:

Artikel 1 bis 3 gelten sinngemäß für die nach § 7 des Gesetzes ausgegebenen Schuldverschreibungen und die zu ihrer Deckung bestimmten Forderungen und sonstigen Werte.

§ 7 des Pfandbriefgesetzes 1927 betrifft die Kommunalschuldverschreibungen, für die ein entsprechendes Sicherungssystem gelten soll.

be) Artikel 5:

Artikel 1 bis 3 gelten im Falle der Vorschriften zu § 2, Abs 2 des Gesetzes im Artikel 5 der Verordnung über die Einführung des Hypothekenbankgesetzes und des Gesetzes über die Pfandbriefe und verwandten Schuldverschreibungen öffentlich-rechtlicher Kreditanstalten im Lande Österreich vom 11. November 1938 (RGBl. I S. 1574) sinngemäß auch für die Liegenschaften.

Mit dieser Bestimmung wird den (kurz zuvor eingeführten) Sonderbestimmungen entsprochen.

3. Ergänzende Bemerkungen

Zunächst ist festzuhalten, daß die beiden unter a) und b) zitierten Verordnungen auch heute noch dem österreichischen Rechtsbestand angehören und de facto unverändert geblieben sind (die erstgenannte Verordnung wurde durch BGBl. Nr. 532/1993 geringfügig novelliert). An die Stelle des Reichswirtschaftsministers ist der Bundesminister für Finanzen getreten, dem Deutschen Reichsanzeiger entspricht nunmehr das Amtsblatt zur Wiener Zeitung.

Die Rechtsgrundlagen für die beiden Verordnungen sind nicht ident: Während die Verordnung über die Einführung des Hypothekenbankgesetzes und des Gesetzes über die Pfandbriefe und verwandten Schuldverschreibungen öffentlich-rechtlicher Kreditanstalten im Lande Österreich auf dem Gesetz über die Wiedervereinigung Österreichs mit dem deutschen Reich vom 13. März 1938 (RGBl. I S. 237) basiert, wurde die Zweite Verordnung zur Durchführung des Gesetzes über die Pfandbriefe und verwandten Schuldverschreibungen öffentlich-rechtlicher Kreditanstalten auf Grund des § 15 des Gesetzes über die Pfandbriefe und verwandten Schuldverschreibungen öffentlich-rechtlicher Kreditanstalten vom 21. Dezember 1927 (RGBl. S. 492) erlassen.

Diente die erstgenannte Verordnung der Rechtsanpassung im Zuge des sogenannten „Anschlusses" von 1938, war der Zweck der zweitgenannten eine Verfeinerung des Pfandbriefgesetzes 1927 in Hinblick auf Zusammenschlüsse von Pfandbriefinstituten öffentlich-rechtlicher Art zwecks Emissionspolitik. Gemäß Artikel 5 der Verordnung wurde auf die besondere Rechtssituation im Lande Österreich entsprechend Rücksicht genommen. Die Liegenschaft kann demnach auch dann zur Deckung für Pfandbriefe der Zentrale dienen, wenn sie im Eigentum einer Mitgliedsanstalt steht.

Der Ausdruck „Zweite Verordnung zur Durchführung des Gesetzes über Pfandbriefe und verwandte Schuldverschreibungen öffentlich-rechtlicher Kreditanstalten" rührt daher, daß am 16. November 1929 eine erste Verordnung erlassen worden war, welche die Bekanntmachungspflicht öffentlich-rechtlicher Kreditanstalten regelte.

Durch die geschaffenen Anpassungen sind einander das Hypothekenbankgesetz und das Pfandbriefgesetz inhaltlich sehr ähnlich geworden. Dies ist ein logischer Prozeß, da die Sicherheit der Wertpapierinhaber ja wohl nicht davon abhängig sein kann, in welcher Rechtsform das die Pfandbriefe emittierende Institut errichtet wurde.

VI. Exkurs - Zur Rechtsnatur des Sicherungsrechts für Pfandbriefgläubiger

1. Die Besonderheit der Konstruktion der Sicherheit

Wie bereits an anderer Stelle (2. Kapitel, II) erörtert, stellte die ausreichende Sicherstellung der Rechte der Pfandbriefbesitzer die Gesetzgebung (insbesondere in Deutschland) vor große Probleme. Erst mit einem reichseinheitlichen Zivilrecht sowie Hypothekenbankrecht ab 1900 konnte auf gesetzlicher Basis das Ziel erreicht werden.

Im wesentlichen geht es bei der Frage nach der Rechtsnatur des Sicherungsrechts um die Frage des Unterschieds zwischen einem zweipersonalen und einem dreipersonalen Schuldverhältnis, wobei es sich bei genauem Hinsehen um zwei zweipersonale Schuldverhältnisse mit Auswirkungen aufeinander handelt.

Vorab soll auch schon bemerkt werden, daß die beiden zweipersonalen Schuldverhältnisse eigentlich nur in einem Fall, nämlich im allfälligen Konkurs der Hypothekenbank, miteinander in Berührung kommen können. Das einzelne Rechtsverhältnis zwischen der Hypothekenbank und dem Hypothekardarlehensnehmer hat selbst im Fall des Konkurses des Darlehensnehmers keinerlei Auswirkung auf die (wertpapierrechtliche) Beziehung zwischen Hypothekenbank und Wertpapierinhaber. Eingeschränkt muß diese Aussage nur dahingehend werden, daß bei den Urformen des Pfandbriefs noch eine Verknüpfung zwischen dem Pfandbrief und dem einzelnen Grundstück gegeben war. Sobald aber die Summe der Hypotheken als Deckungsmasse fungiert, verschwimmt die genaue Zuordnung, beziehungsweise, sie ist schon von Anfang an nicht existent.

2. Zum Verhältnis von Hypothekarrecht, Wertpapierrecht und Konkursrecht

Diese drei Rechtsmaterien wirken im Pfandbriefrecht in einer sonst nie vorkommenden Konstellation aufeinander ein, sodaß meines Erachtens alle Versuche einer dogmatischen Einordnung nur dann sinnvoll erscheinen, wenn man das Sicherungssystem für Pfandbriefbesitzer als eine Konstruktion sui generis versteht, da ansonsten alle Erklärungen und Versuche einer Einordnung bloß unzureichend und vor allem gekünstelt erscheinen.

a. Die Beziehung zwischen Hypothekenbank und Darlehensnehmer

aa) Sicherungsmechanismen

Der Hypothekarschuldner unterscheidet sich von allen anderen Schuldnern dadurch, daß er zur Sicherheit des Gläubigers ein praktisch unvernichtbares Gut, nämlich Grund und Boden, anbieten kann. Da somit das Risiko entscheidend minimiert ist, kann auch der Preis für das dem Schuldner zugeteilte Geld, also der Zinssatz, niedriger sein als bei anderen (ungesicherten oder bloß weniger gesicherten) Schuldverhältnissen. Auch in der Beziehung zwischen der Hypothekenbank und dem Hypothekarschuldner wird bereits antizipativ der Konkursfall des Schuldners angedacht, wobei als zusätzliches Kriterium auch noch die (eher restriktiven) Beleihungsgrenzen eine Rolle spielen. Durch die grundbücherliche Sicherstellung der (im Verlauf ohnehin durch Tilgungen geringer werdenden) Schuld wird eine vom persönlichen Vermögensstatus des Schuldners relativ unabhängige Situation geschaffen.

ab) Störfälle im Schuldverhältnis

Kann der Hypothekarschuldner seine ihn vertragsgemäß treffenden Verpflichtungen (nicht bloß vorübergehend) nicht erfüllen, wird der Hypothekenbank in der Folge kaum etwas anderes übrigbleiben, als die zwangsweise Verwertung (allenfalls in einem Konkurs) zu beginnen. In eher seltenen Fällen wird die Hypothekenbank ohne staatliche Hilfe durch einen freiwilligen Verkauf seitens des Hypothekarschuldners an sie oder Dritte zu ihrem Geld kommen. Selbst in diesen Fällen ist das Risiko der Hypothekenbank, einen Ausfall zu erleiden, relativ gering. Gibt es trotzdem einen Verlust, so kann dieser nur in einer weit von der Realität abweichenden Bewertung der Liegenschaft oder aber in einer (trotz realistischer Schätzung) weit überzogenen Darlehensgewährung liegen. Auf Grund der Vielzahl von Hypothekardarlehen einer Hypothekenbank ist aber die Wahrscheinlichkeit von größeren Auswirkungen auf das Gesamtgeschäft relativ gering.

b. Die Beziehung zwischen Hypothekenbank und Pfandbriefgläubiger

Diese Beziehung unterscheidet sich von der unter Punkt a) genannten in mehreren Punkten ganz wesentlich:

ba) Das „Eigenleben" des Wertpapiers

Ein Pfandbrief stellt als börsenfähiges Wertpapier eine leicht handelbare und daher sehr leicht übertragbare Geldforderung dar. Es ist zwar möglich, daß sich ein Pfandbrief über die gesamte Laufzeit beim gleichen Wertpapierbesitzer befindet, da ihn dieser von der Begebung bis zur Tilgung im Depot beläßt, sehr wahrscheinlich ist dies jedoch nicht. In der Regel wird der Pfandbrief durch Handel an der Börse während der Laufzeit eher oft den Besitzer wechseln, wobei durch den vermehrten Trend zu Investmentfonds noch eine weitere Aufsplitterung der Besitzverhältnisse gegeben ist, da sich die im Fonds befindliche Anzahl von Pfandbriefen auf die gesamte Zahl der Investmentfondsanteile verteilt. Selbst wenn alle Wertpapierkonten legitimiert sind, kennt die Hypothekenbank auf Grund der Zersplitterung ihre Hypothekenpfandbriefgläubiger de facto sehr selten. Dies ist für die (normale) Abwicklung der Zinsenzahlungen und Tilgungen wegen der wertpapierrechtlichen Bestimmungen auch gar nicht nötig.

bb) Sicherheiten für Pfandbriefgläubiger

Schon aus praktischen Gründen muß eine (direkt wirkende) hypothekarische Sicherheit für Pfandbriefgläubiger wegen der Verkehrsfähigkeit des Pfandbriefs scheitern. Vielmehr muß sichergestellt sein, daß die den Pfandbriefen von ihren Anfängen an bereits eigene Sicherheit, die früher eine grundbücherliche und wertpapierrechtliche war, nunmehr primär wertpapierrechtlich (aber auch konkursrechtlich) garantiert ist. Folgt man der Systematik des Pfandbriefgesetzes 1874, so läßt sich die Sicherheit in eine vorausgehende (die Hypothekenbank in ihrer Handlungsfähigkeit sehr einschränkende) und eine (auf den Konkursfall hin konstruierte) nachgehende untergliedern. Um die Sicherheit der Pfandbriefgläubiger jedoch zu maximieren, genügt keine normale konkursrechtliche Bestimmung, vielmehr müssen dafür Vorrechte in Form von Sondervermögensmassen geschaffen werden. Erst im Störfall des Konkurses nähert sich die wertpapierrechtliche Beziehung dem Grundbuchsrecht wieder an, ohne jedoch die beiden zweipersonalen Schuldverhältnisse aufzulösen.

bc) Gefährdungspotentiale für den Pfandbriefgläubiger

Während die Hypothekenbank auf Grund der Sachhaftung des beliehenen Grundstücks eine (wie oben bereits dargestellt) vom Schuldner praktisch losgelöste Risikominimierung vorfindet, kann der Hypothekenpfandbriefgläubiger ähnliches nur dann behaupten, wenn der Gesetzgeber ihm gegenüber der Hypothekenbank durch konkursrechtliche Sondernormen eine unanfechtbare Vorzugsstellung einräumt. Die Gefährdung für den Pfandbriefgläubiger liegt nämlich weit weniger im Hypothekenbankgeschäft an sich, sondern in anderen, riskanten Geschäftsfeldern, die, wenn sie nicht gewinnbringend betrieben werden, Rückwirkungen auf das an sich risikoarme Hypothekenbankgeschäft haben können und an der Substanz der Sicherheiten zehren.

c) Notwendigkeit von Eingriffen des Gesetzgebers

Der Börsenkrach von 1873 hat dem österreichischen Gesetzgeber vor Augen geführt, daß massive Probleme am Aktienmarkt auch direkte Auswirkungen auf den Pfandbriefmarkt haben können, wenn die Pfandbriefe emittierenden Banken als Aktienbanken konstruiert sind. Wenngleich das in Statuten oder Geschäftsbestimmungen verankerte Sicherstellungsrecht der Pfandbriefbesitzer nicht als völlig wertlos bezeichnet werden kann, hält es doch dem stärksten Druck, der einer Hypothekenbank drohen kann, nämlich dem Konkursrecht, nie und nimmer stand. Der österreichische Gesetzgeber hat es verstanden, binnen kurzer Zeit ein Gesetz zu schaffen, das - begünstigt durch ein einheitliches Zivil- und Konkursrecht - zum Vorbild für den deutschen Gesetzgeber werden konnte, der allerdings erst ein Vierteljahrhundert später dieselbe Sicherheit schaffen konnte. Das besondere Charakteristikum des (im übrigen sehr kurzen und leicht verständlichen) Gesetzes ist es, trotz seiner Herkunft aus einer Anlaßgesetzgebung heraus eine Systematik zu schaffen, die sich bis zum heutigen Tag bewährt. Zudem hat es der Gesetzgeber verstanden, sich aus der (unnötigen) Diskussion herauszuhalten, ob es denn ein Pfandrecht für stets (durch Wertpapiertransaktionen) wechselnde Gläubiger geben könne. Von der pragmatischen Handlungsweise des Gesetzgebers ausgehend läßt sich (trotzdem oder vielleicht gerade deshalb) eine rechtliche Fundierung der Sicherung der Rechte der Pfandbriefbesitzer ableiten, die ihre Wurzeln in einer ganz anderen Rechtsmaterie hat.

3. Versuch einer Einordnung des Sicherungsrechts für Pfandbriefgläubiger in die Rechtsdogmatik mit Hilfe des „ius dormiens"

a. Grundanliegen des Gesetzgebers

Im wesentlichen läßt sich das Bestreben des Gesetzgebers auf ein Hauptinteresse reduzieren: Der Pfandbriefgläubiger, der sein Geld einer zur Ausgabe von Pfandbriefen berechtigten Bank anvertraut, soll - selbst für den Fall, daß die Bank in Konkurs fällt - absolut geschützt sein.

Da - wie oben bereits ausgeführt - in dieser Spezialmaterie Hypothekarrecht, Wertpapierrecht und Konkursrecht auf fast unauflösliche Weise ineinander verstrickt werden, bedarf es einer Konstruktion des Gesetzgebers, welche dieser Besonderheit nachgebildet ist.

Die verzweifelten Versuche, die (grundbuchsrechtlich) bedeutende Frage nach der Bestimmtheit des Sicherungsinhabers auch für ein primär wohl wertpapierrechtlich und konkursrechtlich bestehendes Problem zu lösen, führen von der eigentlichen Lösung völlig weg.

Denkt man hingegen (zunächst) die Besonderheit einer grundbuchsmäßig abgesicherten Wertpapierforderung weg, versucht man also, den Lösungsansatz in der Materie des Wertpapierrechts zu finden, so ist ein charakteristisches Merkmal wohl die Verkehrsfähigkeit, wobei als zusätzliches Kriterium noch die Schnelligkeit der Weitergabe (am besten sichtbar an einer Wertpapierbörse) hinzukommt. Zu der Schnelligkeit und Flexibilität der Wertpapiergeschäfte steht das Liegenschaftsrecht wohl in einem krassen Widerspruch. Zudem lernen die Vertragspartner eines Börsengeschäfts einander typischerweise nicht kennen, die Börse vermittelt als Dritter zwischen den gegensätzlichen Interessen von Käufern und Verkäufern und bildet Wertpapierkurse. Trotz der Schnelligkeit, mit der große Vermögenswerte (egal in welcher Wertpapierform) tagtäglich hin- und hergeschoben werden, kann nicht bezweifelt werden, daß die Marktteilnehmer in einem rechtlich klar definierten Rahmen agieren.

Diese durch gesetzliche Rahmenbedingungen hergestellte Rechtssicherheit bezieht sich jedoch ausschließlich auf das Transaktionsgeschehen, keinesfalls jedoch auf Kapitalerhaltung beziehungsweise Kapitalsicherung nach einer durchgeführten Transaktion.

Ganz im Gegensatz dazu will der Gesetzgeber bei einem Teil der Anleger neben der Transaktionssicherheit auch noch den Kapitalwert sichern. Ganz deutlich sichtbar wird dies bei der Mündelsicherheit von Pfandbriefen. Zur perfekten Sicherung reicht es aber nicht aus, Grundstücke als Deckungsmasse heranzuziehen, vielmehr muß die Verfügbarkeit über diese strengen Kautelen unterworfen werden, ohne daß dadurch das Interesse an einer raschen Kaufs- oder Verkaufsmöglichkeit der Pfandbriefe an der Börse wirklich verhindert oder unmöglich gemacht wird.

Da nun zur Ausübung des Rechts, welches durch ein Wertpapier verbrieft wird, der Besitz am Wertpapier gehört, müssen alle Sicherungsmaßnahmen zunächst im Wertpapierrecht ansetzen.

b. Rechtsfolgen beim Konkurs einer Hypothekenbank

Vorab sei bemerkt, daß - wie die Geschichte bewiesen hat - der Konkursfall einer Hypothekenbank auf Grund der strengen Vorschriften eine höchst hypothetische Angelegenheit ist.

Sollte der unwahrscheinliche Fall aber dennoch eintreten, so haben die Pfandbriefgläubiger eigentlich nichts zu befürchten: Durch die Konstruktion als Sondervermögensmasse fallen die der Pfandbriefdeckung dienenden Hypotheken nicht in die allgemeine Konkursmasse. Durch die auf großer Vorsicht beruhenden Beleihungsvorschriften ist selbst bei Wertminderung von Hypotheken ein ausreichender Polster vorhanden, zudem wirkt die Gesamtmasse bezogen auf den Einzelfall risikodämpfend.

Erst (und nur) im Konkursfall kommt es zu einem Stillstand im Wertpapierverkehr. Nunmehr ist nicht mehr Transaktionssicherheit gefragt, sondern Liquidationssicherheit.

Nur im Konkursfall tangieren sich Wertpapier- und Konkursrecht. Daraus folgt nun aber logisch, daß sämtliche Überlegungen, wie eine Sicherung für eine unbekannte, stets wechselnde Anzahl von Pfandbriefbesitzern eigentlich nicht ins Grundbuchsrecht gehören.

c. Die Denkkonstruktion des „ius dormiens" als Lösungsansatz

Die Vorzugsstellung der Pfandbriefbesitzer im Konkurs soll (und kann) klarerweise erst greifen, wenn die Hypothekenbank endgültig liquidiert werden muß. Auf Grund der strengen gesetzlichen Rahmenbedingungen sowie der umfassenden Kontrollmechanismen setzt dies gröbste Fehlleistungen voraus. Das bedeutet konkret, daß die konkursrechtliche Sphäre in die Sphäre der (eine Gemeinschaft bildende) zum Konkurseröffnungszeitpunkt gerade pfandbriefbesitzenden Anleger einwirkt.

Da die Papiere einer in Konkurs gefallenen Hypothekenbank nicht mehr gehandelt werden, kann auch kein (nachfolgende Besitzer benachteiligender) Kursverlust eintreten. Die Besitzverhältnisse werden eingefroren, Ziel muß es nunmehr sein, die Konkurssonderrechte zu administrieren.

Die sicherlich große Masse der betroffenen Pfandbriefgläubiger ist leicht zu eruieren, da keine Besitzübertragungen mehr stattfinden können. Selbst wenn man davon ausgeht, daß sich nicht alle betroffenen Pfandbriefgläubiger entsprechend melden, ist doch der Kreis der Anspruchsberechtigten zumindest abstrakt bestimmbar.

Da die Konstruktion der Pfandbriefsicherheit darauf beruht, daß jeder einzelne Pfandbrief durch eine hypothekarische Sicherstellung abgesichert ist, wobei sich eigentlich zwei Massen (gebildet aus allen emittierten Pfandbriefen beziehungsweise allen Hypotheken) gegenüberstehen, wird im Störfall des Konkurses (da die Bank ja liquidiert werden soll) aus den beiden zweipersonalen Schuldverhältnissen (Pfandbriefgläubiger - Hypothekenbank beziehungsweise Hypothekenbank - Darlehensnehmer) fast wieder ein Rechtsverhältnis zwischen Pfandbriefgläubiger und Darlehensnehmer, wobei eine direkte Kontaktnahme (schon auf Grund des Deckungsmassenprinzips) nicht stattfinden wird.

Steht im Normalfall die Hypothekenbank als Gläubiger des Hypothekarschuldners (eigentlich als Vertreterin der Pfandbriefbesitzer) im Grundbuch, so ist im Falle eines Konkurses dieses Vertretungsrecht erloschen. Zwar ist auch schon außerhalb eines Konkurses das Verfügungsrecht der Bank über Hypotheken an strenge Vorschriften gebunden, der Rechtslage im Konkurs ist diese Einengung jedoch keinesfalls gleichzusetzen.

Die Durchsetzung der Rechte der Pfandbriefbesitzer wird also erst wirklich dann heikel, wenn über die Bank ein Konkurs verhängt wurde. Fraglich ist, ob die dann eingeräumte gesetzliche Vorrangstellung erst dem konkret betroffenen Pfandbriefbesitzer zukommt oder ob dieses Recht bereits bei Emission des Pfandbriefs quasi mitverpackt ist.

Meines Erachtens handelt es sich um ein bereits zum Zeitpunkt der Begebung des Wertpapiers „Pfandbrief" existierendes Recht, welches aber bloß als letzte Rettung aus der Konkursgefahrensituation dienen soll. Es ist ein „ius dormiens", das erst im schlimmsten Moment zum Erwachen kommt.

Was spricht nun für die These, daß es sich beim Konkurssicherungsrecht um ein bereits von Anfang an vorhandenes Recht handelt?

d. Zweck der Hypothek zugunsten einer Hypothekenbank

Wie bereits ausführlich dargelegt, konnte durch den pfandbrieffinanzierten Hypothekarkredit eine beachtliche Ausweitung der Finanzierung der Grundeigentümer hinsichtlich Betragshöhe und Laufzeit erreicht werden. Das anlagesuchende Kapital mußte durch das Hinzutreten eines Dritten, eben der Hypothekenbank, keine lange Bindungsdauer eingehen, da der Pfandbrief jederzeit veräußert werden konnte. Demgegenüber konnte der Darlehensnehmer sicher sein, unabhängig vom Pfandbriefbesitzer in der Hypothekenbank einen langjährigen Partner zu relativ stabilen Konditionen zu bekommen. Das besondere Merkmal der Pfandbriefe, daß nämlich eine hypothekarische Sicherstellung (im Umweg des Wertpapierrechts) gegeben ist, muß eine grundbuchsrelevante Vorkehrung zur Folge haben. Da aber das Grundbuch nicht (wie ein Kursblatt der Börse) tagesaktuell veränderbar ist, kann (abgesehen von der technisch bedingten Schwierigkeit, jeden Pfandbriefbesitzer einer Hypothek zuzuweisen) zunächst nur die Hypothekenbank im Grundbuch aufscheinen, wobei schon das System der Refinanzierung durch Pfandbriefemissionen zugleich mit der Sicherheitszusage für die Pfandbriefbesitzer darauf hinweist, daß die Hypothekenbank eigentlich nur als (in der Verfügung über die Hypotheken stark eingeschränkter) Vertreter der momentanen Pfandbriefbesitzer in Frage kommt.

Solange die Geschäfte der Hypothekenbank normal laufen und die gesetzlich vorgesehenen Kontrollen klaglos funktionieren, ist es völlig belanglos, wer gerade Pfandbriefbesitzer ist, da er seinen Anspruch auf Zinsenzahlung beziehungsweise Auszahlung des Kapitals nach Laufzeitende wertpapierrechtlich leicht durchsetzen wird können. Die grundbücherliche Sicherstellung zugunsten der Hypothekenbank wirkt bloß für die abstrakte Bonität einer Wertpapiergattung, nicht aber in Hinblick auf einen konkreten Zinsenzahlungs- oder Tilgungsgeldfluß.

Im Normalfall ist also die Hypothekenbank als Vertreter der Pfandbriefbesitzer im Grundbuch anzusehen, das heißt, sie kommt ihrer Vermittlerrolle zwischen anlagesuchendem Kapital und kreditsuchendem Grundeigentum nach und sichert den Anlegern durch hypothekarische Sicherheit ihr Kapital.

e. Unmöglichkeit der Vertretung im Konkursfall

Wird nun über eine Hypothekenbank der Konkurs eröffnet, kann die oben angeführte Konstruktion schon denkmöglich nicht aufrecht erhalten werden, da ein Inkonkursfallen jegliche Vertretungstätigkeit unmöglich machen muß. Es stellt sich jedoch die Frage, in welcher Weise nunmehr den betroffenen Pfandbriefgläubigern die im Normalfall unproblematische Vertretung (gerade dann, wenn sie am nötigsten ist!) nicht nur in anderer Form erhalten werden kann, sondern (was viel wichtiger ist) ihre Rechte zum Durchbruch gelangen.

Zwar wird den Pfandbriefbesitzern im Konkursverfahren schon auf Grund der eine Sondermasse bildenden Vermögenswerte eine Vorzugsstellung eingeräumt, ihnen also vom besonderen Konkursrecht ausreichender Schutz zukommen, dies alles vermag aber die grundbuchsrechtlich abgesicherte Sicherungskonstruktion einer Wertpapierforderung weder aufzuheben noch zu erklären. Sollte nämlich gerade dann, wenn das größte Sicherheitsbedürfnis auftritt, die grundbuchsrechtliche Seite (zugunsten des Konkursrechts und des die Rechte im Konkurs begründenden Wertpapierrechts) zurücktreten?

Zugegebenermaßen ist diese Frage eine sehr theoretische, noch theoretischer als der Konkurs einer Hypothekenbank unter den gegebenen rechtlichen Bedingungen.

Dennoch kann die (an sich nicht zu beanstandende) Vertretung der Interessen der Pfandbriefgläubiger durch die Hypothekenbank im Grundbuch nicht für den Konkursfall der Hypothekenbank gelten.

f. Zweistufigkeit der Sicherungshierarchie

Da die Vertretung der Interessen der (stets wechselnden) Pfandbriefbesitzer durch die Hypothekenbank grundbücherlich völlig ausreicht, dem Leser des Grundbuchs sofort klar wird, daß hier pfandbriefrechtliche Anlegerinteressen wahrzunehmen sind, kommen die einzelnen Rechtsmaterien, nämlich das Hypothekarrecht und das Wertpapierrecht in der Sonderform des Pfandbriefrechts, nicht in Konflikt.

Erst durch das Hinzutreten des Konkursrechts ergibt sich die Notwendigkeit, über die (nunmehr nicht ausreichend logisch erklärbare) Sicherungskonstruktion nachzudenken.

Dabei ist von folgenden Fakten auszugehen:

- Im Konkursfall gibt es keine wertpapierrechtlichen Transaktionen mehr;
- Das zufällig im Konkurseröffnungszeitpunkt vorhandene Anlegerpublikum bildet eine Gemeinschaft;
- Die für die Hypothekenbank eingetragenen Hypotheken bedürfen (wegen der Handlungsunfähigkeit der Hypothekenbank) einer neuen Definierung.

Wenn nun der Konkurs der Hypothekenbank die zum Wesen eines Wertpapiers gehörende Kaufs- und Verkaufsmöglichkeit jäh beendet, ist der Geldanleger, um zu seinem Vermögen zu kommen, auf das vom Gesetzgeber eingeräumte Vorzugsrecht gegenüber anderen Konkursgläubigern der Bank angewiesen. Er teilt dieses Schicksal mit sämtlichen anderen Pfandbriefgläubigern in gleicher Weise.

Der von Amts wegen zu bestellende Kurator hat für die Abwicklung in wertpapierrechtlich korrekter Weise zu sorgen.

Offen bleibt zunächst die Frage, welche Auswirkungen der Konkurs der Hypothekenbank auf die grundbuchsrechtliche Situation haben kann. Das Gesetz betreffend die Wahrung der Rechte der Besitzer von Pfandbriefen aus 1874 ordnet zwar in § 5 Absatz 1 an, daß bei den als Kaution bestellten Vermögenswerten, an denen ein bücherliches Recht erworben werden kann, deren Haftung als Kaution zur Sicherstellung für die Befriedigung der Ansprüche aus den von der Hypothekenbank ausgegebenen Pfandbriefen in den öffentlichen Büchern auf Grund einer von der Hypothekenbank auszustellenden Erklärung einzutragen ist. Bereits im § 3 Absatz 2 wird jedoch (unzusammenhängend mit § 5 Absatz 1) vom Konkurs und der Kuratorbestellung gesprochen.

Daraus kann nur abgeleitet werden, daß die (später erwähnte) Kennzeichnung der Sicherungswidmung zugunsten der Pfandbriefgläubiger im für den Konkurs relevanten Paragraphen auf Grund der unterschiedlichen Materien Grundbuchsrecht und Konkursrecht für den Gesetzgeber offenbar auch im Konkurs weitergelten sollte. Dies hat aber zur Folge, daß im Konkurs (und gerade nur dort) den nunmehr nicht ständig wechselnden Pfandbriefbesitzern, welche über einen gemeinsamen Kurator verfügen, die gleichen Sicherungsrechte zukommen sollen wie den Pfandbriefbesitzern vor dem Konkurs (mit welchen diese ja wertpapierrechtlich idente Rechte, bloß vermindert um die jetzt nicht mehr mögliche Handelsmöglichkeit, besitzen).

Grundbuchsrechtlich ergibt sich daraus, daß vor dem Konkurs der Hypothekenbank die stets wechselnde Zahl der Pfandbriefgläubiger durch die (unverändert im Grundbuch stehende) Hypothekenbank vertreten wird, im Konkurs aber das Vorrecht einer nun nicht mehr veränderbaren Pfandbriefgläubigergemeinschaft, vertreten durch einen vom Konkursgericht von Amts wegen bestellten Kurator, zukommt.

Die Sicherungskonstruktion erweist sich daher als zweistufig, wobei die zweite Stufe erst im Konkurs der Hypothekenbank ihre Wirkung entfalten kann und muß.

g. Das Erwachen des „ius dormiens"

Bereits unter c) wurde zuvor die These vertreten, daß im Konkurs ein bereits bei der Begebung des Pfandbriefs existierendes Recht aktiviert, aber nicht neu geschaffen wird.

ga) Argumente für ein früheres Entstehen als im Konkurs

Wie bereits oben dargelegt, trennt der Gesetzgeber Sicherungsrechte beziehungsweise Maßnahmen zur Sicherung von Rechten klar in solche, welche immer (also vor einem Konkurs) und solche, die erst nach Eröffnung des Konkurses greifen sollen. Da der Gesetzgeber (was ihm verfassungsrechtlich eindeutig erlaubt ist) in einem einzigen (noch dazu kurzen) Gesetz dicht aneinander gereiht zwar primär (wie der Titel des Gesetzes deutlich zeigt) wertpapierrechtliche Angelegenheiten regeln will, diese aber auf Grund der Spezialmaterie „Pfandbriefrecht" keinesfalls losgelöst von den angrenzenden Materien „Grundbuchsrecht" und „Konkursrecht" gesehen werden können, wird bereits im § 5 Absatz 1 durch die Anordnung zur Eintragung in einem öffentlichen Buch eine (neben der allgemeinen) zusätzliche Sicherheit konstruiert, die allerdings erst im Konkurs aktiviert werden soll.

gb) Abstrakte Vorhersehbarkeit

Ohne jetzt in ein völlig anderes Rechtsgebiet abgleiten zu wollen, können doch gewisse Analogien mit dem Jagdrecht nicht übersehen werden. Das Jagdrecht im subjektiven Sinn kann als ausschließliches Recht auf Erwerb und Hegung des auf einem abgegrenzten Gebiet befindlichen herrenlosen Wildes definiert werden. Selbst in dem Fall, daß vorübergehend kein jagdbares Wild vorhanden ist, geht das Recht nicht unter, sondern stellt sich als ein „ius dormiens" dar. Ebenso wechselt der Wildbestand mitunter oft die Grundstücksgrenzen, sodaß erst im

Zeitpunkt des konkreten Abschusses feststeht, welches Tier erlegt wurde. Vergleicht man nun den Wildwechsel mit Transaktionsgeschehen an der Wertpapierbörse und den Abschuß, der Rechtsfolgen auslöst, mit der Konkurseröffnung, lassen sich gewisse Parallelen nicht ignorieren. Abschuß und Konkurseröffnung bewirken gewisse Klarheiten der Zuordnung, die zuvor nur mit Unsicherheiten vorhersehbar war. Klar ist auch eine Gemeinsamkeit von Abschuß und Konkurs zu erkennen: Beide Zerstörung bewirkenden Ereignisse sind (wenngleich nicht in gleicher Weise gewollt) klar vorhersehbare Faktizitäten mit Rechtsfolgen.

Der Eintritt eines Konkurses ist (wenngleich bloß mit äußerst geringer Wahrscheinlichkeit) abstrakt stets möglich. Gerade dann soll klar erkennbar sein, wem welche Rechte in welcher Weise zustehen. So wie das Recht des Jagdberechtigten durch den Akt des Abschusses erwacht, nicht aber erst neu entsteht, tritt beim Konkurs der Hypothekenbank der vom Gesetzgeber gewollte Mechanismus in Wirksamkeit. Alle jene, die nunmehr (egal, ob schon lange oder kurz) Inhaber von Pfandbriefen sind, welche von der insolventen Hypothekenbank begeben worden sind, können nunmehr kraft der konkursrechtlichen Sondernorm ihre wertpapierrechtlichen und grundbücherlichen Vorzugsstellungen nutzen.

Wenn aber, was den Regelfall darstellt, die Geschäfte der Hypothekenbank ordnungsgemäß abgewickelt werden, ist der jeweilige Besitzer eines Pfandbriefes wertpapierrechtlich Träger einer Reihe von Rechten. Diese bestehen nicht nur aus dem Anspruch auf pünktliche Zahlung der Zinsen und der Rückzahlung des Kapitals nach Laufzeitende des Pfandbriefs, sondern auch aus der (zunächst wohl nur als Anwartschaft zu deutenden) Berechtigung, im Konkursfall anders behandelt zu werden, als „normale" Gläubiger der Hypothekenbank. Dieses Anwartschaftsrecht geht für den einzelnen Wertpapierbesitzer beim Verkauf des Papiers unter, indem es in der Folge dem Käufer zugeordnet wird. Bei der (vorzeitigen oder planmäßigen) Tilgung des Pfandbriefs geht dieses Anwartschaftsrecht klarerweise für die gesamte Besitzergruppe der jeweiligen Pfandbriefreihe unter, da es sich ja bloß um ein aus dem Wertpapierbesitz abgeleitetes Nebenrecht handelt.

h. Unabhängigkeit des „ius dormiens" vom Rechtsverhältnis Hypothekenbank - Darlehensnehmer

Des öfteren wurde bereits erwähnt, daß im modernen Pfandbriefrecht keine direkte Beziehung zwischen den beiden zweipersonalen Rechtsverhältnissen der Hypothekenbank mehr gibt. Es stehen einander zwei Deckungsmassen gegenüber, in denen sich die einzelne Rechtsbeziehung geradezu verliert. Rechtlich stellt diese Konfiguration jedoch in mehrfacher Hinsicht keine Schwierigkeit dar, da die einzelnen schuldrechtlichen Beziehungen (der Darlehensnehmer und Pfandbriefbesitzer) klar herauszufiltern sind. Ist schon im Normalfall keine direkte Beziehung nötig, da die Zinsenzahlungen und Tilgungen aus den Rückflüssen an die Hypothekenbank geleistet werden, kommt es auch im Störfall eines Konkurses zur bloßen Abwicklung aus Pfandbriefmassen und Hypothekenmassen. Es ist also selbst in dem Fall, in dem alle Pfandbriefbesitzer in einem gewissen Zeitpunkt feststehen, gar nicht möglich, eine konkrete Zuordnung zu einzelnen Hypotheken zu treffen. Daraus ergibt sich nun aber geradezu zwingend, daß es sich beim vom Gesetzgeber eingeräumten Vorrecht der Pfandbriefgläubiger im Konkurs nicht nur um ein „ius dormiens", sondern auch ein Recht sui generis handelt, da die Geltendmachung der grundbücherlich ja im Interesse der Pfandbriefgläubiger sichergestellten Werte auch noch im Konkurs primär nach den Regeln des Wertpapierrechts erfolgt, somit dem Grundbuchsrecht nur eine indirekte (wenngleich sehr wichtige) Rolle im Zusammenhang mit der Verfügungsbeschränkung der Hypothekenbank über Deckungswerte zukommt.

i. Problem der mittelbaren Innehabung von Pfandbriefen

Der Besitz von einzelnen Forderungswertpapieren tritt immer mehr zugunsten von Investmentfondsanteilen zurück. Das hat zur Folge, daß auch bloß Teile von Pfandbriefen auf die einzelnen Investmentfondsanteilsbesitzer entfallen. Sollte nun der Konkurs über die Hypothekenbank eröffnet werden, käme der Investmentfondsgesellschaft kraft der zu den Anteilseignern bestehenden Rechtsbeziehung eine Pflicht zur Vertretung der Interessen zu. Dies kann jedoch die Investmentfondsanteilsinhaber nicht daran hindern, ihre Anteile abzustoßen, zumal ja auch auf Grund des Gebots der Risikostreuung niemals der ganze Investmentfonds von der Insolvenz der Hypothekenbank getroffen sein kann.

Im Konkursverfahren der Hypothekenbank wäre es dem einzelnen Investmentfondsanteilseigner schon auf Grund der Konstruktion dieser Wertpapieranlageform nicht möglich, seinen Forderungsanteil am Pfandbriefvermögen geltend zu machen, da ihm ja bloß ein mittelbarer Pfandbriefbesitz zugeordnet ist. Zudem würde die Geltendmachung auch auf formale Hindernisse stoßen, da die Investmentfondsgesellschaft zwar verpflichtet ist, die Wertpapierbestände offenzulegen, dies aber meist nur im Geschäftsbericht einmal pro Jahr erfolgt und vielen Anteilseignern (auch mangels Interesse ihrerseits) gar nicht zur Kenntnis gelangt.

Es spricht rechtlich nichts dagegen, daß die Investmentfondsgesellschaft in einem Konkursverfahren einer Hypothekenbank die Interessen der Investmentfondsanteilseigner vertritt, umso mehr, als sie in ihrer Eigenschaft als Vermögensverwalter des hereingenommenen Geldes auch im Normalfall diverse

Handlungen zu setzen hat, etwa die entsprechenden Schritte zur Lukrierung von Zinserträgen, Tilgungen und dergleichen. Es bedarf auch in diesem Fall keiner ausdrücklichen Ermächtigung, da schon auf Grund der Natur des Investmentfondsrechtsverhältnisses eine treuhändige Verwaltung des anvertrauten Kapitals geschuldet wird, was freilich die Möglichkeit von Substanzverlusten (auch bei Forderungswertpapieren) durch Kursverluste nicht ausschließt, ohne daß der Investmentfondsgesellschaft sogleich eine Sorgfaltswidrigkeit vorgeworfen werden könnte.

Zudem wäre auch jede andere Konstruktion völlig unpraktisch, würde das Konkursverfahren unnötig in die Länge ziehen und noch dazu im Ergebnis keinen anderen Effekt haben. Es ist auch unschwer argumentierbar, daß die einem Pfandbriefbesitzer zukommenden Rechte durch eine Veranlagung in einem Investmentfonds nicht geschmälert werden können, ihre Durchsetzbarkeit im Konkursfall einer Hypothekenbank durch die Vertretungsmacht der Investmentfondsgesellschaft jedoch sogar noch gestärkt wird. Selbst für den Fall, daß die Investmentfondsgesellschaft (etwa als Tochter der insolventen Hypothekenbank) selbst in ein Konkursverfahren verstrickt ist, kann auf Grund der Tatsache, daß es sich beim verwalteten Wertpapierbestand um eine separate Vermögensmasse handelt, zu keinen Zuordnungsproblemen kommen, sodaß auch in diesem Fall der Gläubigerschutz voll gewahrt bleibt.

4. Schlußfolgerung

Der Pfandbrief als eine gesetzlich geschützte Sonderform eines Forderungswertpapiers bietet dem Anleger einen mehrfachen Schutz, indem die Nominalbeträge der emittierten Pfandbriefe stets in den der Hypothekenbank eingeräumten Hypotheken Deckung finden müssen. Zusätzlich kommt als Sicherheit noch hinzu, daß im Konkurs der Hypothekenbank die Gläubiger, die Pfandbriefe besitzen, gegenüber anderen durch die Bildung einer Sondermasse bevorzugt werden.

Während die erste Sicherungsstufe bereits konkret ab der Emission des jeweiligen Pfandbriefs durch einen genau geregelten Mechanismus in Wirksamkeit gesetzt wird, wobei durch die Einschränkung der Verfügungsgewalt der Hypothekenbank über die Deckungswerte eine Vorauskontrolle ausgeübt wird, kommt die Privilegierung im Konkurs erst im Störfall zum Tragen. Trotzdem wird bereits ab dem Zeitpunkt der Begebung (nicht zuletzt auf Grund der grundbuchsrechtlichen Komponente des Sicherungssystems) ein „ius dormiens" geschaffen, das dem Wertpapierbesitzer von Anfang an zugeordnet ist, jedoch nur im Konkursfall erwacht. Im Normalfall werden die zugunsten der Hypothekbank im Grundbuch eingetragenen Hypotheken von dieser in Wirklichkeit nur als

Vertreter der gesetzlich besonders geschützten Pfandbriefgläubiger verwaltet. Da dies im Zeitpunkt einer Konkurseröffnung klarerweise nicht mehr möglich ist, erwacht nunmehr das bis dahin schlafende Recht zugunsten der Pfandbriefbesitzer, die untereinander gemäß ihren Anteilsgrößen gleichgestellt eine Gemeinschaft bilden.

Da Sinn und Zweck der vom Gesetzgeber geschaffenen Spezialnorm einzig und allein der Anlegerschutz ist, haben sich diesem Ziel auch alle tangierten Rechtsmaterien, (Wertpapierrecht, Grundbuchsrecht, Konkursrecht) entsprechend unterzuordnen. Die Rechtsnatur des Sicherungsrechts für Pfandbriefgläubiger stellt sich als eine Konstruktion sui generis dar, welche in sonst nirgends vorkommender Weise verschiedenste Rechtsbereiche miteinander vernetzt und so die Sicherheit der Gläubiger entsprechend gewährleistet.

VII. Zusammenfassung

1. Die Bemühungen in Deutschland um ein reichseinheitliches Hypothekenbankgesetz

Die rasche Expansion der Hypothekenbanken in Deutschland ab den 60er Jahren des 19. Jahrhunderts machte es notwendig, die Sicherheit für die Pfandbriefgläubiger gesetzlich festzuschreiben, da die bloße Zusicherung der Banken, den Pfandbriefbesitzern ein Vorrecht ihrer Forderung einzuräumen, ungenügend war.

Auf Grund der Tatsache, daß noch kein reichseinheitliches Bürgerliches Gesetzbuch existierte, war den Bemühungen des Gesetzgebers bis zur Jahrhundertwende kein Erfolg beschieden. Einige Bundesstaaten machten jedoch von der im § 17 dEGKO vorgesehenen Möglichkeit Gebrauch, den Pfandbriefgläubigern eine faustpfandmäßige Sicherung zu gewähren.

2. Das Hypothekenbankgesetz vom 13. 7. 1899

Erst nach der Fertigstellung des BGB konnte sich der Gesetzgeber der Endredaktion des HBG widmen.

Im Mittelpunkt steht der Schutz der Pfandbriefgläubiger, während auf die Hypothekenschuldner nur am Rande Bezug genommen wird. Der Schutz der Pfandbriefgläubiger wird einerseits durch eine sehr strenge Aufsicht im täglichen Geschäftsbetrieb, andererseits aber auch durch Vorrechte in einem allfälligen Konkurs der Bank gewährleistet.

Das ehrgeizige Ziel des Gläubigerschutzes wurde jedoch insofern wieder verwässert, als für viele der bestehenden Banken wichtige Bestimmungen des Gesetzes nicht galten. Die Unterscheidung in „reine“ und „gemischte“ Hypothekenbanken blieb bestehen.

Durch das HBG wurden nicht alle in Deutschland bestehenden Pfandbriefinstitute erfaßt, da die öffentlich-rechtlichen Institute (etwa die Landschaften, Stadtschaften und Ritterschaften) nicht in den Geltungsbereich einbezogen wurden. Ansatzpunkt für den Gesetzgeber war die Rechtsform der Bank, nämlich die der Aktiengesellschaft oder der Kommanditgesellschaft auf Aktien. Vom HBG nicht erfaßte Institute unterlagen daher auch nach 1900 weiter den Vorschriften der Landesgesetze.

3. Das Pfandbriefgesetz vom 21. 12. 1927

Erst mit dem Gesetz über die Pfandbriefe und verwandten Schuldverschreibungen öffentlich-rechtlicher Kreditanstalten („Pfandbriefgesetz“) wurde auch für jene Institute, die nicht dem HBG unterworfen waren, eine reichseinheitliche Regelung getroffen.

4. Die Einführung von HBG und Pfandbriefgesetz in Österreich 1938

Durch den Anschluß Österreichs 1938 wurde die deutsche Rechtslage zwar übernommen, allerdings nicht in vollem Umfang und mit gewissen Anpassungen an die zuvor geltenden Bestimmungen.

Da es sich nicht um ideologisch eingefärbte Normen handelte, wurden sie nach 1945 weiter im österreichischen Rechtsbestand belassen und gelten (mit bloß geringfügigen Modifikationen) bis heute.

5. Kapitel: Die österreichischen Landeshypothekenanstalten

I. Die ersten Gründungsversuche bis Mitte der 70er Jahre

1. Niederösterreich

Dem Protokoll über die Versammlung des löblichen verstärkten Ausschusses vom 15.12.1824[236] ist zu entnehmen, daß unter dem zweiten Tagesordnungspunkt der Vorschlag zur Gründung eines niederösterreichischen ständischen Kreditvereins zur Debatte stand. Die niederösterreichischen ständischen Realitätenbesitzer sollten unter leichteren Bedingungen Zugang zu Darlehen bekommen. Die Versammlung lehnte den Vorschlag eines eigenen Institutes insofern ab, als auf die Möglichkeit der Nationalbank verwiesen wurde, Realitätenbesitzern Vorschüsse zu leisten.

Schon das älteste Statut der österreichischen Nationalbank hatte 1816 diese zur Erteilung von Darlehen gegen Sicherstellung auf Häuser und Grundbesitz ermächtigt, in dem als Ergänzung der Statuten erlassenen Reglement war aber die Ausdehnung der Tätigkeit einem späteren Zeitpunkt vorbehalten worden. Anläßlich der Erneuerung des Bankstatuts im Jahre 1841 wurde dann aber von keiner Seite das Verlangen nach Aktivierung des Hypothekarkreditgeschäftes der Notenbank geäußert und daher die in den ersten Statuten erteilte Ermächtigung zur Belehnung von Liegenschaften wieder aufgehoben.[237]

Es wurde daher am 15.12.1824 folgendes Conclusum beschlossen:

„*Es sei dieser Vorschlag den Herren Ständen mit der Erinnerung vorzulegen, daß der verstärkte Ausschuß denselben einesteils für die einzelnen Realitätenbesitzer nicht für vorteilhaft und andererseits für die Herren Stände für gefährlich erachte, daher von solchem kein Gebrauch zu machen wäre. Da aber übrigens äußerst zu wünschen sei, daß die Realitätenbesitzer unter leichteren Bedingnissen Anleihen zu erhalten vermöchten, so wäre Seine Majestät zu bitten, die Nationalbank, deren Operationen seit ihrem Entstehen sehr vorteilhaft (wie allgemein bekannt ist) ausgefallen sind, zu verhalten, ihren Statuten gemäß auch den Realitätenbesitzern ohne Einfluß der Stände Gelder zu leihen.*“[238]

---

236 Landesarchiv Niederösterreich, Ständische Bücher Nr. 296, ohne Seitenangabe
237 Schulte, 88
238 Ständische Bücher Nr. 296

Die Versammlung der löblichen niederösterreichischen drei oberen Stände vom 20. Dezember 1824 beriet in der Folge ebenfalls über dieses Thema. Dabei kam die ablehnende Haltung einer neuen Einrichtung gegenüber erneut zum Ausdruck, indem etwa Herr von Heintel ausführte:

„Dieser Vorschlag hat mit den Pfandbriefen des Königreiches Preußen nichts ähnlich, überdies könnten die niederösterreichischen Herren Stände keine Bürgschaft übernehmen, indem dieselben außer dem Landhause und dem Stadel in der Roßau kein anderes Eigentum besitzen, auch könnte auf den Kredit des Landes nichts geschehen, bloß durch Privatunternehmen würde etwas zustandekommen können.“[239]

Die Versammlung faßte sodann folgendes Conclusum:

„Es sei der über den anonymischen Antrag zur Bildung eines ständischen Creditvereins nach höchsten Orten zu erstattende Bericht nach dem Geist des in Vortrag gebrachten Gutachtens des verstärkten ständischen Ausschusses abzufassen und ohne Beilegung des Vorschlages, wie ein derlei Verein auszuführen wäre, zu überreichen.“[240]

In Niederösterreich konnte sich vorerst das Pfandbriefsystem nicht durchsetzen. Aber auch in den anderen Ländern der Monarchie konnten zunächst keine Pfandbriefinstitute gegründet werden. Der Landtag Galiziens, der sich zeitgleich mit der Gründung einer Pfandbriefanstalt beschäftigte, hatte letztlich erst nach zwei Jahrzehnten Erfolg (siehe 3. Kapitel, II.1).

Im stenographischen Protokoll des niederösterreichischen Landtages über die 25. Sitzung der 2. Session, 1. Wahlperiode, vom 4. März 1863[241] ist die Eingabe des Abgeordneten Dr. von Fischer betreffend einen Vorschlag zur Gründung einer NÖ-Landes-Hypothekenbank erwähnt. Diese Eingabe wurde dem Ausschuß für die Wuchergesetze oder die Modifikation des Zinsfußes zugeteilt.

In der 42. Sitzung vom 27. März 1863[242] brachte der Berichterstatter Abgeordneter Dr. Bauer unter anderem folgendes vor:

„Der Ausschuß hat sich dahin geeinigt, daß es wünschenswert wäre, ein solches Landesinstitut zu kreieren, indem er sich die großen und nachhaltigen Vorteile gegenwärtig hält, welche aus einer solchen Institution fließen müssen, namentlich, wenn man den Gesichtspunkt ins Auge faßt, daß von einer solchen Landes-Hypothekenbank insbesondere kleine Gutsbesitzer mit Hypothekardarlehen zu unterstützen wären, dadurch aber die Lücken aufgefüllt werden, welche gegenwärtig die Sparkasse und Waisenkasse bei ihren unzureichenden Kapitalien offenlassen. Der Ausschuß ging von der Ansicht aus, daß ein solches Institut, welches Pfandbriefe ausgibt, die durch Hypotheken vollkommen gedeckt

239 Ständische Bücher Nr. 284, Seite 514

240 Ständische Bücher Nr. 284, Seite 514 f

241 Stenographische Protokolle des NÖ Landtages 1863, 555

242 ebenda, 1124 f

sind, und welches wieder eine kleinere Assoziation bildet, daß eine Vereinigung von Teilnehmern, welche solidarisch für die bewilligten Kredite einstehen, für den Wert der Hypotheken haften und dem Schuldner bei der Verwertung der Pfandbriefe selbst behilflich sind, daß ein solches Institut, welches von den Kreditnehmern selbst verwaltet wird und nicht erst einer besonderen Aktienunternehmung bedarf, welche folgerecht die pekuniären Vorteile der Unternehmung ausschließlich für sich in Anspruch nimmt, von unendlich hohem Vorteil sein muß, weil alle Vorteile, welche aus einem solchen Landeshypothekeninstitut hervorgehen, den Teil nehmen und dadurch dem Lande nur selbst zu Gute kommen. - Aber gerade von der Voraussetzung ging der Ausschuß aus, daß es gerade dann notwendig sei, ein solches Institut zu schaffen, wenn die Wuchergesetze wegfallen, damit nicht etwa bei den unzureichenden Fonds der Spar- und Waisenkassen die Kapitalien angelockt durch die Höhe des Zinsfußes und durch die hypothekarische Deckung eine immense Bedrückung auf den Bodenkredit ausüben. Es wäre empfehlenswert, ein solches Institut aus Landesmitteln zu gründen."

Der Antrag, der hohe Landtag möge den Landesausschuß beauftragen, der nächsten Session des Landtages einen umfassenden Antrag (eventuell Statutenentwurf) zur Errichtung einer Landeshypothekenanstalt vorlegen, wurde mit Mehrheit angenommen.[243]

Am 9. März 1864 verwies der Schriftführer Abgeordneter Dr. Lötsch in der 4. Sitzung der 3. Session auf die Sitzung vom 27. März 1863. Insbesondere fragte er, was der Landesausschuß bisher veranlaßt habe, um dem Auftrag des hohen Landtages zu entsprechen und ob der erwartete umfassende Antrag zur Errichtung einer Landes-Hypothekenbank im Laufe der gegenwärtigen Session noch vorgelegt werde.[244]

Abgeordneter Dr. Brestel erwiderte, der Landesausschuß habe die Sache keineswegs aus den Augen verloren, sondern alle nötigen Vorarbeiten getroffen, um in der Lage zu sein, dem hohen Haus eine Vorlage zu machen. Wenn dies nicht geschah, so deshalb, weil der böhmische Landtag in seiner vorigen Session ein Gesetz über die Errichtung einer Hypothekenbank für Böhmen angenommen hat, welches aber, wenigstens bis vor wenigen Tagen, die Allerhöchste Sanktion noch nicht erhalten habe. Bei der Anfertigung des niederösterreichischen Gesetzentwurfes wäre es nun wünschenswert gewesen, vorher genau zu wissen, ob dieser Entwurf die Allerhöchste Sanktion erhalten habe oder welche einzelnen Punkte etwa beanstandet wurden, um sich in der Beziehung teilweise danach richten zu können. Da aber eine Entscheidung ausstehe, könne dies derzeit nicht geschehen.[245]

---

243 ebenda, 1127
244 Stenographische Protokolle des NÖ Landtages 1864, 47
245 ebenda, 47 f

Erst in der 8. Sitzung der 4. Session vom 16. Dezember 1865[246] wurde vom Abgeordneten Springer der Antrag eingebracht, es habe ein Ausschuß Mittel und Wege in Beratung zu ziehen, durch welche die Lösung der Kreditnot erreicht werden könne, und dem Landtag Bericht zu erstatten. Der Antrag wurde dem Finanzausschuß zugewiesen.

Anläßlich der 37. Sitzung am 17. Februar 1866 berichtete der Ausschuß für Finanzen, daß dem Antrag des Abgeordneten Springer nicht stattgegeben werden sollte, und zwar aus dem Grund, weil der Landtag die Angelegenheit in der Session 1864 nicht weiterverfolgt hatte. Der Entwurf der Statuten sei zwar vollendet, die jetzt aber zur Gründung von Landeshypothekenanstalten so ungünstigen Verhältnisse ließen eine Vertagung dieser Vorlage ratsam erscheinen. Die böhmische Hypothekenbank, die gleichsam als Muster dienen sollte, habe nicht großen Erfolg gehabt. Noch wichtiger sei, daß in Galizien eine Hypothekenanstalt im Entstehen begriffen sei, die sich dem kleinen bäuerlichen Grundbesitzern widmen solle, nachdem bekanntlich schon ein Institut für den Großgrundbesitz bestehe. Diese neue Anstalt solle auf dem Grundsatz beruhen, daß sich Bezirksvereine bilden, für die von dieser Hypothekenanstalt ausgeliehenen Gelder sollte jeder Bezirksverein solidarisch haften, der Gewinn solle den Kreditnehmern selbst zugute kommen. Es sei daher abzuwarten, welche Resultate teils die böhmische Hypothekenbank, teils die galizische bringen, um dies dann auf Niederösterreich zu übertragen, was annehmbar erscheine.[247]

Nachdem am 17. Februar 1866 kein Fortschritt erzielt worden war, wurde in der 20. Sitzung der 5. Session am 29. Dezember 1866 der Antrag gestellt, der Landtag möge dem Landesausschuß neuerlich die Vorlage entsprechender Statuten auftragen.[248]

Der Antrag wurde zwar angenommen, bis zur Gründung der niederösterreichischen Landeshypothekenanstalt sollten aber noch Jahrzehnte vergehen.

2. Die Hypothekenbank des Königreiches Böhmen, Prag

Die Statuten der Hypothekenbank des Königreiches Böhmen wurden am 4. August 1864 mit Allerhöchster Genehmigung versehen. Die Bank ist eine Gründung der Landesvertretung zwecks Förderung des Realkredits. Sie gewährte Hypothekardarlehen nur auf Realitäten in Böhmen, das Königreich haftete mit

---

246 Stenographische Protokolle des NÖ Landtages, 4. Session, 23.11.1865 bis 21.2.1866, 128

247 ebenda, 917 ff

248 Stenographische Protokolle des NÖ Landtages, 5. Session, 19.11.1866 bis 30.12.1866, 424

seinem Domestikal- und Landesfonds für alle durch die Bank eingegangenen Verbindlichkeiten, wobei die Darlehensvaluta in Pfandbriefen erstattet wurde. Der Gesamtbetrag der herausgegebenen Pfandbriefe durfte die Summe der Pfandbriefdarlehen nicht überschreiten. Ferner war ein Reservefonds bis zur Höhe von 5% der Nominalsumme aller im Umlauf befindlichen Pfandbriefe zu bilden, der zur Deckung von Verlusten und aller Ausgaben diente, die nicht aus den laufenden Einnahmen bestritten werden konnten. Die Pfandbriefe waren zur Anlegung der Kapitalien von Gemeinden, Korporationen, Kirchen, Stiftungen, Fideikommissen und anderen unter öffentlicher Aufsicht stehenden Anstalten sowie von Mündelgeldern geeignet. Die Rückzahlung der Darlehen konnte seitens des Schuldners jederzeit in unverlosten Pfandbriefen erfolgen. Darlehen wurden seitens der Bank auf fruchttragende Grundstücke bis zu zwei Drittel des Wertes gewährt, bei Häusern bis zur Hälfte. Die Bank genoß eine Reihe von Ausnahmen von den Justizgesetzen, insbesondere im Hinblick auf die Beweiskraft ihrer Bücher. So konnte auf Grund der Vorlage von Auszügen aus den Hauptbüchern die sofortige Exekution begehrt werden. Die Pfandbriefe der Bank wurden an den Börsen in Prag und Wien notiert.[249]

3. Die Österreichisch-Schlesische Bodencreditanstalt Troppau

Auf diese unter die Landeshypothekenanstalten zu zählende Einrichtung wurde bereits unter Kapitel 3, II.4.d Bezug genommen.

4. Die Hypothekenbank der Markgrafschaft Mähren, Brünn

Bereits 1845 hatte sich der erweiterte mährische Landtag mit der Ausarbeitung eines Entwurfs für eine allgemeine mährische Hypothekenanstalt befaßt, der Gründungsbeschluß ließ jedoch noch 30 Jahre auf sich warten (12. Oktober 1874 / 29. April 1875). Die Allerhöchste Genehmigung erfolgte am 17. August 1875, mit 1. Juli 1876 nahm die Anstalt ihre Tätigkeit auf. Die Markgrafschaft Mähren haftete mit ihrem Domestikal- und Landesfonds für alle Verbindlichkeiten der Anstalt.[250]

249 Schulte, Die Bodenkreditinstitute der Österreichisch-Ungarischen Monarchie 1841 bis 1910, 49 ff
250 Schulte, 61 f

II. Landeshypothekenanstaltengründungen nach 1874

1. Niederösterreich

Nachdem die ersten Gründungsversuche in Niederösterreich - wie bereits an anderer Stelle dargestellt - gescheitert waren, nahm der niederösterreichische Landtag ab 1884 einen neuen Anlauf.

In der 5. Sitzung am 30.9.1884 der 1. Session der 6. Wahlperiode stellte der Abgeordnete Pirko den Antrag, der Landtag möge die Errichtung einer Landes-Hypothekenbank in ernstliche Erwägung ziehen und einen bereits 1878 verfaßten Entwurf eines diesbezüglichen Statuts ehemöglichst zur Ausführung bringen. Dieser Antrag wurde in der Folge dem Finanzausschuß zugewiesen.[251]

Dem Protokoll über die 17. Sitzung der 2. Session der 6. Wahlperiode vom 8. Jänner 1886[252] ist zu entnehmen, daß der Berichterstatter Abgeordneter von Lindheim ausführte, daß die preußischen Landschaften ein segensreiches Wirken entfaltet hätten und es keinen gesicherten und fundierten Realbesitz ohne fundierten Realkredit gäbe, wobei dieser Kredit unter der Aufsicht des Landes gehalten werden müsse und von ihm zu organisieren sei. Der Finanzausschuß sei daher für eine Gründung eines solchen Instituts. Dem erwiderte der Abgeordnete Königswarter, das Projekt komme um zwanzig Jahre zu spät. Er sei heute ein Gegner des Projekts, da es überflüssig sei und für den Kredit des Landes nachteilig wäre. Einer Hypothekenbank für Mähren habe man Begünstigungen versagt, und was man Mähren versagt habe, werde man Niederösterreich schwerlich gewähren. Abgeordneter Dr. Magg wiederum war der Meinung, man solle am Beispiel anderer, etwa Böhmen, lernen. Es sei nämlich bedenklich, daß in Niederösterreich der Hypothekarkreditzinsfuß kaum entsprechend niedriger sei als der für ungedeckte Darlehen. Eine Senkung durch Gründung einer Landes-Hypothekenbank wäre ein Erfolg. Eine solche Gründung sei eine Aufgabe für das Land, es müsse aber Schranken geben, damit nicht eine unnötige oder unangemessene Haftung des Landes eintrete. Abgeordneter Dr. Borschke kritisierte, daß sich der Landtag seit einer Reihe von Jahren mit der Errichtung einer Landes-Hypothekenbank beschäftige. Die Bevölkerung sage, es hätten kapitalistische Kreise und insbesondere jene Institute, die Konkurrenz fürchten würden, verstanden, die Gründung zu verzögern. Heute sei die Situation insofern anders, als auch die Finanzexperten dafür seien, außerdem werde der Kredit billiger. Abgeordneter Graf Hardegg merkte an, es sei eine logische Folgerung, daß ein Insti-

---

251 Stenographische Protokolle des NÖ Landtages, 1. Session, 6. Wahlperiode, 15.9.1884 bis 18.10.1884, 69

252 Stenographische Protokolle des NÖ Landtages, 2. Session, 6. Wahlperiode, 25.11.1885 bis 13.1.1886, 389 ff

tut, daß nicht gewinnbringend eingerichtet ist, billigeres Geld geben könne als ein gewinnorientiertes. Ferner zitierte er aus der „Sparkassa-Zeitung" folgende Passage: *„Es ist eine Tatsache, daß durch unsere journalistische Agitation Einfluß auf die Mitglieder des niederösterreichischen Landtages ausgeübt wurde und so das Projekt zu Fall gebracht wurde."*

In der am nächsten Tag, dem 9. Jänner 1886, in der 18. Sitzung fortgeführten Debatte meinte Abgeordneter Dr. Granitsch, daß nur eine Anstalt für Niederösterreich maßgebend sein könne, und zwar die Böhmens, da in deren Statut ausgesprochen sei, daß die Zinsen der Pfandbriefe einkommensteuerfrei seien. Anders sei es in Mähren gewesen, wo die im Statut der Hypothekenbank festgelegte Einkommensteuerfreiheit wieder beseitigt worden sei. - In der Folge wurde abgestimmt, daß 1.) Eine Landeshypothekenanstalt errichtet werden sollte, wenn die Reichsgesetzgebung derselben solche Begünstigungen und Erleichterungen gewährt, wie sie den meistbegünstigten Landeshypothekenanstalten anderer Kronländer zugestanden worden sind, 2.) daß ein Auftrag an den Landesausschuß ergeht, an die k.k. Regierung mit Ansuchen um Erwirkung dieses Ziels und Verhandlungen heranzutreten und 3.) daß der jetzige Statutenentwurf als Vorlage dienen solle, jedoch größere Vorsorge gegen Verluste aus den Darlehensgeschäften und hieraus entspringende Belastungen des Landesfonds vorsehen solle. Der Antrag wurde knapp (31 : 27) angenommen.[253]

Am 14. Jänner 1887 beschäftigte sich der Landtag in der 11. Sitzung der 3. Session der 6. Wahlperiode[254] erneut mit der Materie, wobei Abgeordneter Dr. Freiherr von Sommaruga die besonderen Vorteile des Statutenentwurfes hervorhob, nämlich das Kündigungsrecht des Schuldners, andererseits aber den Verzicht der Bank auf eine Kündigung ihrerseits, was einen Vorteil gegenüber den Sparkassen bedeuten würde.

In der 3. Sitzung der 4. Session der 6. Wahlperiode vom 3. Dezember 1887[255] lag dem Landtag ein Bericht und Antrag des Landesausschusses betreffend die Errichtung einer niederösterreichischen Landeshypothekenanstalt vor.

Anläßlich der 14. Sitzung am 5. Jänner 1888 wurde ein Bericht des Landesausschusses vorgelegt. Das Statut sei der Landesregierung zur Genehmigung weitergeleitet worden, wobei die Note, welche Wünsche der Regierung bezüglich Änderungen dieses Statuts enthalte, dem Landesausschuß erst in der laufenden Session des Landtages vorgelegt worden seien. Der Landtag möge nun das Statut in jener Fassung, welche den Wünschen der Regierung entspreche, akzep-

---

253 ebenda, 425 ff

254 Stenographische Protokolle des NÖ Landtages, 3. Session, 6. Wahlperiode, 9.12.1886 bis 25.1.1887, 268

255 Stenographische Protokolle des NÖ Landtages, 4. Session, 6. Wahlperiode, 24.11.1887 bis 12.1.1888, 39

tieren. Daraufhin wurde - ohne Generaldebatte - sofort die Spezialdebatte eröffnet, bei der Abgeordneter Dr. Freiherr von Sommaruga beantragte, das abgeänderte Statut en bloc anzunehmen, was keine Wortmeldung zur Folge hatte. Es wurde daher folgender Antrag angenommen: 1.) Annahme des Statuts und Auftrag an den Landesausschuß, die Allerhöchste Genehmigung zu erwirken, 2.) habe der Landesausschuß alle Vorbereitungen zu treffen, daß der Landtag in der nächsten Session in die Lage versetzt wird, jene Beschlüsse zu fassen, welche zur sogleichen Aktivierung der Landeshypothekenanstalt notwendig sind.[256]

Am 29. September 1888 wurde in der 6. Sitzung der 5. Session der 6. Wahlperiode der Antrag angenommen, die niederösterreichische Landeshypothekenanstalt bis 1. Juli 1889 zu aktivieren.[257]

Im Landesgesetz- und Verordnungsblatt Nr. 44 vom 21. Juli 1888 wurde sodann folgendes kundgemacht: *„Laut Erlasses des hohen k.k.Ministeriums des Innern vom 5. Juli 1888, Z. 2992/M.J., haben Seine k. und k. Apostolische Majestät mit Allerhöchster Entschließung vom 30. Juni l. J. die vom niederösterreichischen Landtage beschlossene Errichtung einer niederösterreichischen Landeshypothekenanstalt unter Haftung des Landes Niederösterreich, sowie das Statut für dieselbe in der nachstehenden Fassung allergnädigst zu genehmigen geruht."*

Das Statut bestimmte in § 1, daß die von der Landesvertretung gegründete Anstalt den Zweck habe, auf in Niederösterreich liegende Realitäten Darlehen zu gewähren, welche ausschließlich in Pfandbriefen dieser Anstalt gegeben werden. Der Gesamtbetrag der von der Anstalt ausgegebenen Pfandbriefe durfte die Summe der erworbenen Hypothekarkapitalien nie übersteigen (§ 2).

Zur Deckung der Pfandbriefe (Verzinsung und Einlösung) diente das gesamte Vermögen der Anstalt, wobei alle Teile dieses Vermögens sowie die Gesamtheit aller Hypothekardarlehen für die Befriedigung der Ansprüche aus den Pfandbriefen als Kaution bestellt waren und dieses sogenannte Kautionsband in Ansehung derjenigen Vermögensobjekte, an welchen ein bücherliches Recht erworben werden konnte, in den öffentlichen Büchern auf Grund einer von der Anstalt auszustellenden Erklärung eingetragen wurden. Zudem haftete das Land Niederösterreich für alle von der Hypothekenanstalt eingegangenen Verbindlichkeiten (§ 3).

Gemäß § 6 war die Anstalt verpflichtet, einen Reservefonds bis zur Höhe von 4% des in Umlauf befindlichen Pfandbriefkapitals zu bilden und auf dieser Höhe zu erhalten.

---

256 ebenda, 343 f

257 Stenographische Protokolle des NÖ Landtages, 5. Session, 6. Wahlperiode, 10.9.1888 bis 18.10.1888

Was die Pfandbriefe anbelangte, waren diese halbjährlich im nachhinein zu verzinsen (§ 9). Als Nennwert kamen 5 000, 1 000, 500, 100 und 50 Gulden in Betracht (§ 10). Die Gemeinnützigkeit der Anstalt kam deutlich im § 14 zum Ausdruck, der bestimmte, daß der Zinsfuß der Pfandbriefe jederzeit dem Zinsfuß der denselben zur Grundlage dienenden Hypothekardarlehen gleich sein mußte, wobei die Höhe des Zinsfußes vom niederösterreichischen Landtag zu bestimmen war.

Die Pfandbriefe waren zur Anlage von Mündelgeldern geeignet (§ 16).

Hinsichtlich der Rechte der Inhaber von Pfandbriefen war normiert, daß das Recht auf pünktliche Einlösung des Zinskupons besteht sowie auf Rückzahlung des Kapitals (§ 23), ferner sah § 24 für den Fall der Nichterfüllung der übernommenen Verpflichtungen vor, daß den Inhabern (zusammen oder einzeln) unbeschadet des Rechtsweges das Recht zusteht, vom Landesausschuß Abhilfe zu verlangen.

Bezüglich der Rechtsbeziehung zwischen dem Schuldner und der Anstalt war in § 26 festgelegt, daß seitens des Schuldners die Verpflichtung bestand, jährlich eine Pauschalzahlung (Annuität), welche den festgesetzten Zinsfuß um mindestens ein halbes Prozent des Kapitalbetrages übersteigt, in halbjährlichen Raten im vorhinein ohne irgendeinen Abzug zu entrichten, wobei von jeder halbjährlichen Pauschalrate jener Betrag, der die vom Kapitalrest für ein halbes Jahr entfallenden Zinsen überstieg, als Kapitalabschlagzahlung berechnet wurde. Des weiteren bestand die Verpflichtung, bei jeder halbjährlich fälligen Zinsrate ein Achtel Prozent des entlehnten und bei Beginn des Jahres noch nicht rückgezahlten Kapitalbetrages als Regiekosten- und Reservefondsbeitrag zu erlegen, dieser Betrag konnte durch Beschluß des Landtages herabgesetzt oder aufgehoben oder aber auch auf die ursprüngliche Höhe rückgeführt werden.

§ 33 bestimmte, daß die Anstalt nicht berechtigt war, dem Schuldner das Darlehen zu kündigen, es sei denn, er wäre bereits mit zwei nacheinander folgenden Pauschalraten im Rückstand oder fällt in Konkurs, ferner im Fall der bedrohlichen Wertminderung der Hypothek, bei Teilung der Hypothek ohne Zustimmung der Anstalt sowie wenn trotz Mahnung keine Feuerversicherung nachgewiesen werden kann.

Dem Schuldner stand demgegenüber gemäß § 34 das Recht zu, das erhaltene Darlehen ganz oder teilweise halbjährlich zu kündigen.

Die Anstalt konnte Darlehen bis zum Minimalbetrag von 100 Gulden gewähren auf Grund und Boden, sofern dieser in Niederösterreich gelegen war und eine bücherliche Einlage besaß, sowie auf grundbücherliche Gebäude, wobei festgelegt war, daß solche dann, wenn sie ausschließlich oder zum größten Teil Industriezwecken dienten, allein zur Belehnung nicht geeignet waren. Unbewegliche Güter, welche von der Exekution gänzlich ausgenommen waren, ferner

Schauspielhäuser, Bergwerke und Steinbrüche waren von der Belehnung mit Hypothekardarlehen ausgeschlossen (§ 35). Laut § 36 konnten Häuser bis zur Hälfte, Grund und Boden bis zu zwei Drittel des ermittelten Wertes mit Darlehen bedacht werden, war jedoch bei Weingärten der angenommene Wert insoweit durch die Anpflanzung bedingt, konnten Darlehen nur bis zu einem Drittel des Wertes gegeben werden.

Die Statuten schufen allerdings keinen Rechtsanspruch auf eine Darlehensgewährung, da im § 41 festgelegt war, daß die Anstalt berechtigt ist, auch dann, wenn alle geforderten Nachweise vollständig und genügend geliefert wurden, das Darlehensgesuch ohne Begründung abzuweisen. § 42 enthielt eine ebenso einseitig begünstigende Bestimmung, daß selbst bei Erfüllung der Darlehensbedingungen die Auszahlung des bewilligten Darlehens bei wichtigen Gründen ganz oder teilweise verweigert werden konnte.

§ 43 legte Begünstigungen für die Anstalt fest, namentlich Ausnahmen bei Gebühren von Rechtsgeschäften, Urkunden, Schriften und Amtshandlungen, ferner Ausnahmen von den allgemeinen Justizgesetzen.

Der gemeinnützige Charakter der Landeshypothekenanstalt kam auch in § 48 zum Ausdruck, der die Bestimmung enthielt, daß der rechtskundige Direktor sowie die übrigen Beamten der Anstalt den Status von niederösterreichischen Beamten besitzen und ihre Bezüge vom niederösterreichischen Landtag festzusetzen sind.

Die Kontrolle der Anstalt wurde im § 51 normiert. Sie umfaßte die Befugnis des Landesausschusses, einen Kommissär zu den Sitzungen der Geschäftsführung zu entsenden ebenso wie die Überwachung der Einhaltung des Gesetzes vom 24. April 1874, RGBl. Nr. 48, durch dieses Organ. Die oberste Aufsicht stand gemäß § 52 dem Landtag zu. Der Landesausschuß hatte ihm über die Gebarung der Anstalt jährlich Bericht zu erstatten und einen Ausweis über den Stand der Pfandbriefe, der erworbenen Hypotheken und des Reservefonds vorzulegen.

Nicht in den Statuten enthalten war die verlangte Befreiung der Pfandbriefzinsen von der Einkommensteuer, da dies von der Regierung abgelehnt worden war. Der Landesausschuß war jedoch der Meinung, daß die Errichtung der Anstalt nicht davon abhängig gemacht werden sollte.[258]

Die Landeshypothekenanstalt Niederösterreich nahm am 1. Juli 1889 den Geschäftsbetrieb auf.[259]

Durch Statutenänderung vom 13. Februar 1898 wurde der Zweck der Niederösterreichischen Landeshypothekenanstalt auf Darlehen an den Staat (jedoch

---

258 Schulte, 69 f
259 ebenda, 70

nur für Landeszwecke), das Land und Gemeinden und solche öffentliche Einrichtungen in Niederösterreich, die das Recht auf Einhebung von Umlagen für die Deckung ihrer Erfordernisse besaßen, erweitert. Diese Kommunalkredittätigkeit wurde abgesondert vom Pfandbriefgeschäft verrechnet, des weiteren wurde ein besonderer Reservefonds für das Kommunalschuldscheinkapital gebildet.[260]

Die niederösterreichische Landeshypothekenanstalt arbeitete eng mit den Raiffeisenkassen zusammen, welche ihr als Darlehensvermittler dienten, während die Raiffeisenkassen bei vorübergehender Geldknappheit der Schuldner eintraten, indem sie fällige Annuitätenzahlungen vorschußweise beglichen.[261]

Bereits 1891 ging die Anstalt dazu über, das Darlehen nicht in Pfandbriefen, sondern in Geld auszuzahlen, um einen festen Zuzählungskurs zu erreichen. Weitere Erleichterungen für den Schuldner betrafen Beschränkungen des Regiebeitrages ab 1. Juli 1893, dessen gänzliche Aufhebung für Darlehen bis 3 000 Gulden ab 1. Juli 1897, spesenfreie Eintreibung der Rückstände, Stundung und Nachlässe von Annuitäten in Notfällen, usw.[262]

2. Tirol

Bestrebungen, auch in Tirol eine Landeshypothekenanstalt zu gründen, gehen bis ins Jahr 1865 zurück. In der 12. Sitzung der 4. Session vom 21. Dezember 1865 beauftragte der Landtag den Landesausschuß zu klären, ob und inwiefern die Errichtung einer Bodenkreditanstalt im allgemeinen Interesse des Landes liege. Ferner sollte erhoben werden, in welcher Form ein solches Institut eingerichtet werden sollte. Das Ergebnis sollte dem nächsten Landtag präsentiert werden.[263]

Der Abgeordnete Freiherr von Cresseri brachte schließlich am 5. Oktober 1869 im Landtag den Antrag ein, der Landtag möge die Errichtung eines unter der Garantie des Landes stehenden Institutes beschließen und einen Auftrag zur Ausarbeitung eines Statutenentwurfes erteilen.[264] In der Sitzung vom 7. Oktober 1869 wurde der Antrag dem volkswirtschaftlichen Comité zugewiesen.[265] Trotz einer positiven Stellungnahme des Comités faßte der Landtag am 28. Oktober 1869 den Beschluß, daß der Landesausschuß klären solle, ob unter Landesga-

---

260 ebenda, 70
261 ebenda, 70
262 ebenda, 70
263 Stenographische Protokolle des Tiroler Landtages, 4. Session der 1. Wahlperiode, 386 f
264 ebenda, 5. Sitzung, 3. Session, 2. Periode, 68
265 ebenda, 6. Sitzung, 3. Session, 2. Periode, 101 f

rantie ein Kreditinstitut für das Land Tirol zu errichten sei, wobei der Landesausschuß seine Anträge dem nächsten Landtag vorlegen sollte.[266]

Es dauerte jedoch noch über ein Jahrzehnt, bis der Landtag am 24. Juni 1880 den Landesausschuß beauftragte, die Frage, in welcher Weise die Verschuldung des Bauernstandes zu bekämpfen sei, zu erwägen und geeignete Mittel, etwa eine Beschränkung der Veräußerung von Grund und Boden, durch Errichtung einer Landes-Hypothekenbank, Landesvorschuß- oder Sparkasse vorzuschlagen.[267] Dieser Antrag wurde am 26 Juni 1880 angenommen.[268]

Am 30. September 1881 wurde vom Landtag auf Antrag des volkswirtschaftlichen Ausschusses eine Kommission zur Prüfung der Frage eingesetzt, ob die Errichtung eines Landeskreditinstitutes in Erwägung gezogen werden solle.[269] In dem am 18. Juli 1882 dem Landtag vorgelegten Bericht war die Kommission der Ansicht, daß an eine Gründung solange nicht gedacht werden könne, als das Verfachwesen (Vorläufer des Grundbuches) und die Evidenz der Besitzer nicht geordnet seien, des weiteren könne das Land keine besseren Konditionen als Sparkassen bieten, sodaß eine Landesbank von keinem besonderen Nutzen sei.[270]

In einem neuerlichen Anlauf des Landtages am 27. November 1889[271] ersuchte dieser den Landesausschuß um Beratung mit dem Landeskulturrat. Der volkswirtschaftliche Ausschuß, dem der daraufhin ergangene Bericht vorgelegt worden war, meinte am 8. Jänner 1891, daß der Gründung einer Landeshypothekenanstalt der gegenwärtige Zustand der öffentlichen Bücher entgegenstehe.[272]

Der Abgeordnete zum Tiroler Landtag, Dr. Karl von Grabmayr, veröffentlichte 1894 ein Buch mit dem Titel „Schuldnot und Agrarreform, eine agrarpolitische Skizze mit besonderer Berücksichtigung Tirols“. Darin kritisiert er den schleppenden Prozeß der Bildung einer Landes-Hypothekenbank, gleichzeitig aber auch den skandalösen Zustand der öffentlichen Bücher in Tirol. Wörtlich schreibt er: „*Die bekannten Nachteile des Privatkredits - unsicheres Angebot, kurzfristige Kündbarkeit, hohe Verzinsung, fehlende Amortisation - lassen sich nur durch die gemeinwirtschaftliche Organisation vermeiden, die durch Kumulierung aller hypothekarischen Einzelsicherheiten in eine einzige Gesamtsicherheit den Grundbesitzern den nach Lage des Geldmarktes niedrigsten Zinsfuß sichert, durch die Unkündbarkeit des Darlehens das aus dem innersten Bedürf-*

266 ebenda, 18. Sitzung, 3. Session, 2. Periode, 402
267 ebenda, 7. Sitzung, 3. Session, 5. Periode 100
268 ebenda, 9. Sitzung, 3. Session, 5. Periode, 141 ff
269 ebenda, 17. Sitzung, 4. Session, 5. Periode, 336
270 ebenda, 15. Sitzung, 5. Session, 5. Periode, 357
271 Stenographische Protokolle des Tiroler Landtages, 26. Sitzung, 1. Session, 7. Periode, 664 ff
272 Blg. 115 zu den stenographischen Protokollen, 2. Session 1890/91, 3

nis des Grundbesitzes erwachsene Rentenprinzip durchführt und durch den segenvollen Grundsatz der Amortisation in einem entscheidenden Punkte verbessert."[273]

Auch in der Sitzung des Landtages vom 7. Jänner 1896 plädierte Grabmayr eindringlich für die Schaffung eines Landeshypothekeninstituts.[274] Schon bald danach faßte der Landtag am 11. Februar 1896 den grundsätzlichen Beschluß, eine Tirolische Landes-Hypothekenbank zu errichten.[275] Nach den nötigen Vorarbeiten wurde schließlich zwei Jahre später, am 12. Februar 1898, die Gründung einer Landeshypothekenanstalt mit Landeshaftung für die Verbindlichkeiten dieser Anstalt beschlossen.[276]

Nach Vornahme kleiner Korrekturen erfolgte die zweite (und endgültige) Beschlußfassung durch den Tiroler Landtag am 15. Februar 1898.[277] Nach einigen Verzögerungen[278] wurde die Errichtung des Instituts mit Allerhöchster Entschließung vom 22. März 1899 genehmigt. Das Statut wurde unter Zitierung der Beschlüsse des Landtags vom 12. und 15. Februar 1898 sowie der Allerhöchsten Genehmigung im LGBl. Nr. 18/1899 kundgemacht.

3. Vorarlberg

Auf Grund der für den Bauernstand drückenden Verschuldung brachte 1881 das „Constitutionelle katholische Bürger-Casino Dornbirn" im Vorarlberger Landtag eine Petition ein, in welcher die Errichtung einer Landesrentenbank gefordert wurde, welche - nach Einführung des Grundbuches - für jeden Grundbesitzer zugänglich sein solle.[279]

Der Zustand der öffentlichen Bücher in Vorarlberg ließ jedoch vorerst keine Möglichkeit zu, ein solches Institut zu schaffen. Die „Verfachbücher", welche 1817 eingeführt worden waren, machten nämlich die Belastung der Grundstücke nicht ersichtlich, wodurch der gesamte Realkredit auf unsicheren Fundamenten stand und sich durch die zwangsläufig verlangte Risikoprämie verteuerte. So war trotz großer Aufmerksamkeit für die Petition im Landtag keine baldige Gründung denkbar.[280]

---

273 Grabmayr, Schuldnot und Agrarreform, 176
274 Stenographische Protokolle, 3. Sitzung, 1. Session, 8. Periode, 28
275 ebenda, 19. Sitzung, 1. Session, 8. Periode, 319 f
276 ebenda, 13. Sitzung, 3. Session, 8. Periode, 195 ff
277 ebenda, 14. Sitzung, 3. Session, 8. Periode, 199 ff
278 eingehend dazu: Pernthaler, Die föderalistische Bedeutung der Landes-Hypothekenbanken für die Länder, 106 f
279 Blg. X zu den Stenographischen Protokollen des Vorarlberger Landtages, V. Session, 6. Periode
280 Pernthaler, 100

1894 schlug der volkswirtschaftliche Ausschuß dem Vorarlberger Landtag ein Statut einer zu gründenden Landes-Hypothekenbank vor, das im wesentlichen dem der niederösterreichischen Landeshypothekenanstalt entsprach.[281] Das vorgeschlagene Statut wurde vom Vorarlberger Landtag zwar am 3. Februar 1894 angenommen, die Gründung der Bank kam vorerst aber nicht zustande.[282]

Nachdem in Vorarlberg 1897 das Grundbuch eingeführt worden war, faßte der Landtag am 23. Februar 1897 den Beschluß, das in der letzten Landtagssession angenommene Statut einer Hypothekenbank zurückzuziehen, ein neues im Hinblick auf die Einführung des Grundbuches anzunehmen und den Landesausschuß zu beauftragen, die Allerhöchste Genehmigung des Statuts zu erwirken und alles vorzubereiten, daß der Landtag in der nächsten Session die Hypothekenbank aktivieren könne.[283]

Die Allerhöchste Entschließung betreffend die Genehmigung wurde am 25. Oktober 1897 getroffen und schließlich konnte mit LGBl. Nr. 38/1897 das Statut kundgemacht werden.

4. Salzburg

Die Gründung der Salzburger Landeshypothekenanstalt zog sich über einen Zeitraum von drei Jahrzehnten. Am 7. Oktober 1878 brachte der Abgeordnete Lienbacher folgenden Antrag ein:

„Der Landesausschuß wird beauftragt, die Kreditverhältnisse des Herzogtumes Salzburg, sowie die Mittel und Wege, wie dem Bedürfnisse der salzburgischen Grundbesitzer und Gewerbetreibenden nach Real- und Personalkredit auf das rascheste zu erheben und in der nächsten Session die dem Erhebungsresultate entsprechenden Anträge zu stellen.“[284]

In den folgenden Jahren konnte sich der Salzburger Landtag nie zu einer Gründung durchringen. Erst durch eine Bitte des Zentralausschusses der k.k. Landwirtschafts-Gesellschaft, der am 23. April 1906 den einstimmigen Beschluß gefaßt hatte, die Gründung einer Landeshypothekenanstalt an den Landtag heranzutragen, die Gründung zum Gegenstand von Beratungen zu machen, wurde die Angelegenheit wiederbelebt.[285]

---

281 Blg. XXV zu den Stenographischen Protokollen des Vorarlberger Landtages, IV. Session, 7. Periode

282 Stenographische Protokolle des Vorarlberger Landtages, 11. Sitzung, IV. Session, 7. Periode, 94 ff

283 Stenographische Protokolle des Vorarlberger Landtages, 13. Sitzung, I. Session, 8. Periode, 158 ff

284 Salzburger Landtagsverhandlungen 1878, Salzburger Landesarchiv, 853

285 Pernthaler, 111

Unter Hinweis auf den Landtagsbeschluß vom 20. Oktober 1908 und die daraufhin ergangene Allerhöchste Entschließung vom 3. April 1909 wurden die Statuten im LGBl. Nr. 33/1909 und 37/1909 (Berichtigung des § 38) kundgemacht. Der Geschäftsbetrieb wurde am 1. Mai 1909 aufgenommen.[286]

5. Istrien

Die Bodenkreditanstalt der Markgrafschaft Istrien wurde auf Grund von Beschlüssen des Istrianer Landtages vom 1. Mai 1875 und 27. März 1876 und des am 15. März 1877 genehmigten Organisationsstatuts von der Landesvertretung Istriens gegründet. Die Anstalt nahm am 1. Jänner 1881 den Geschäftsbetrieb auf.[287]

6. Galizien und Lodomerien

Der Landtag beschloß am 21. Oktober 1881 die Errichtung einer Kreditanstalt mit dem Namen „Landesbank des Königreiches Galizien und Lodomerien samt dem Großherzogtum Krakau". Am 2. Mai 1882 wurde das Statut genehmigt. Zunächst bestand die Bank aus zwei Abteilungen, von denen eine das Hypothekengeschäft und die andere das Bankgeschäft betrieb, später kamen noch eine Kommunalkreditabteilung (Landtagsbeschluß vom 21. Oktober 1884) und eine Abteilung für Eisenbahndarlehen hinzu (Landtagsbeschluß vom 17. Mai 1893). Letztere diente der Gewährung von in Raten rückzahlbaren Darlehen an den Staat, das Land und Privatbahnunternehmen. Durch die Geschäftspraxis der Bank konnte der Zinsfuß in Galizien auf einen Normalstand reduziert werden. Die Kommunalkreditabteilung und die Eisenbahnkreditabteilung wurden zum Vorbild für gleiche Einrichtungen in Böhmen, Mähren, Schlesien, Nieder- und Oberösterreich.[288]

7. Oberösterreich

Der oberösterreichische Landtag beschloß am 22. Mai 1890 die Gründung einer Landeshypothekenanstalt, am 1. Juli 1899 folgte der Beschluß zur Schaffung einer oberösterreichischen Kommunal-Kreditanstalt, die zwar formell von der

---

286 Schulte, 77
287 Schulte, 64
288 Schulte, 64 ff

Landeshypothekenanstalt getrennt war, aber unter der gleichen Verwaltung wie diese stand.[289]

8. Kärnten

Die Gründung der Kärntnerischen Landeshypothekenanstalt geht auf einen Beschluß des Landtages vom 17. Februar 1894 zurück. Die ersten Jahresabschlüsse zeigten zwar ein stetes Wachstum, es kam allerdings bis 1910 zu keiner Reservefondsbildung. Der Abschluß für dieses Jahr wies einen Verlustsaldo von 14 012 Kronen aus, der Pfandbriefumlauf betrug zur selben Zeit mehr als 15 Millionen Kronen.[290]

9. Dalmatien

Die Landesvertretung schuf die Boden-Kreditanstalt des Königreichs Dalmatien mit Beschluß vom 11. Februar 1898.[291]

10. Görz

Mit Beschluß der Landesvertretung vom 31. März 1905 wurde das Istituto provinciale di credito ipotecario della Contea principesca di Gorizia e Gradisca ins Leben gerufen, dem 1910 eine Kommunalkreditabteilung angegliedert wurde.[292]

11. Bukowina

Im Dezember 1904 trat der Landesausschuß des Herzogtums Bukowina an den Aufsichtsrat der Aktiengesellschaft Bukowinaer Bodenkredit-Anstalt in Czernowitz mit dem Antrag heran, die Anstalt für die vom Landtag beschlossene (zu errichtende) Bukowinaer Landesbank zu erwerben. In der Folge kam am 18. März 1905 ein Vertrag zustande, der regelte, daß die Bukowinaer Bodenkredit-Anstalt ihre Aktiven und Passiven auf die Landesbank mit Wirkung vom 1. Juli 1905

---

289 Schulte, 71
290 Schulte, 71, 73
291 Schulte, 71
292 Schulte, 71

überträgt, während die Aktionäre für das ausgewiesene Vermögen von 3 081 580 Kronen einen Ablösungsbetrag von vier Millionen Kronen erhielten und das Land die mit der Transaktion verbundenen Steuern und Gebühren aus eigenen Mitteln übernahm. Am 31. Mai 1905 stimmte der Landtag zu, die Allerhöchste Entschließung ist mit 29. Juni 1905 datiert. Die Landesbank senkte in der Folge den Pfandbriefzinssatz, indem sie die 5%igen Pfandbriefe nach und nach aus dem Verkehr zog und durch 4%ige ersetzte. Ebenso wurden die Regiebeiträge verringert.[293]

Zu Ende der österreichisch-ungarischen Monarchie bestanden überall mit Ausnahme der Steiermark und der Freistadt Triest Landeshypothekenanstalten. In der Steiermark hatte allerdings die Pfandbriefanstalt der steiermärkischen Sparkasse in Graz de facto eine ähnliche Stellung (siehe 3. Kapitel, II.4.fa).

III. Die Bedeutung der Landeshypothekenanstalten für die Entwicklung des Pfandbriefwesens in Österreich

a. Allgemeines

Auf Grund der Börsenkrise von 1873 war der Bedarf eines umfassenden Anlegerschutzes für die Inhaber von Pfandbriefen erkannt worden. Die Gesetzgebung hat mit der Schaffung des Pfandbriefgesetzes diesen Schutz rasch verwirklichen können, sodaß die Sicherheit der Pfandbriefgläubiger im Konkursfall gegeben war.

Der Grundbesitz litt jedoch - speziell als bäuerlicher Grundbesitz - an zu hohen Zinsen, die ihre Ursache einerseits in der Gewinnorientiertheit der Darlehensgeber hatten, andererseits aber auch im noch nicht ausgereiften Grundbuchswesen.

Die vorhin - klarerweise nur sehr kursorisch - zitierten Landtagsdebatten lassen jedoch klar die allgemeine Tendenz erkennen, diesen Mißstand durch eine neue Unternehmensform, nämlich die Landeshypothekenanstalt, zu beseitigen. Trotzdem dauerte es in den einzelnen Ländern mitunter äußerst lange, bis sich die jeweiligen Institute entwickeln konnten. Das umfangreiche Zahlenmaterial[294] läßt auf eine solide und dauerhafte Fortentwicklung der Institute schließen, die freilich im Verlauf des 1. Weltkrieges und seinen Folgen jäh unterbrochen

293 Schulte, 71 ff
294 Schulte führt zu jeder Hypothekenanstalt genaue Bilanzdaten an, welche eine genaue Betrachtung (oft über Jahrzehnte) ermöglichen.

wurde. Das Pfandbriefwesen ist nach dem Börsenkrach immer stärker von den gemeinnützigen Landesinstituten dominiert, während den privatrechtlich organisierten Banken dieser Geschäftszweig zunehmend abhanden kam.

Die wachsende Bedeutung der von den Ländern gegründeten Landeshypothekenanstalten muß auch vor dem Hintergrund der im Jahre 1867 geänderten Verfassungslage betrachtet werden.

Durch die Dezemberverfassung von 1867 war das Schwergewicht der Landeskultur- und Wirtschaftspflege den Landtagen der Kronländer zugefallen. Diese waren es dann auch, die nach dem Zusammenbruch des privaten Organisationsprinzips nach 1873 die Führung in der weiteren Entwicklung der Bodenkreditorganisationen an sich nahmen.[295]

b. Der Niedergang der Aktienhypothekenbanken

Von den 22 (ohne die österreichische Nationalbank) bis 1867 gegründeten Aktienhypothekenbanken gab es Anfang der 80er-Jahre nur noch vier, nämlich die Allgemeine Österreichische Bodenkredit-Bank, die Österreichische Zentral-Boden-Kredit-Bank, die Österreichische Hypothekenbank sowie die Galizische Aktien-Hypothekenbank. 1882 kam dann noch die Bukowinaer Bodenkreditanstalt dazu, die dann 1905 in der Bukowinaer Landesbank aufging. Hohe Zinsen und Provisionen der Banken hatten den von ihnen gewährten Realkredit auch nur als eine sehr problematische Hilfe für die Kreditnot des Grundbesitzes erscheinen lassen.[296]

In Österreich wäre es daher in der Organisation des Hypothekenkredits zu einer vollen Stagnation gekommen, wenn nicht die Landtage selbst angesichts der Notlage sowohl im ländlichen als auch städtischen Grundbesitz, dazu übergegangen wären, Kreditanstalten ins Leben zu rufen.[297]

c. Die Positionierung der Landeshypothekenanstalten im Geschäftsleben

Die rechtliche Stellung ist die einer Unternehmung der Landesvertretungen, genehmigt durch kaiserliche Entschließung.[298]

Erst die Institute der Länder konnten der Forderung des Grundbesitzes nach einem ausreichenden, billigen und unkündbaren Kredit in größerem Umfang nachkommen.[299]

---

295 Schulte, 27
296 Schulte, 28
297 Schulte, 29
298 Schulte, 29
299 Schulte, 29

Anfänglich waren die Landesinstitute nicht auf Gewinn gerichtet. Dies kam in der Praxis dadurch zum Ausdruck, daß die Pfandbriefzinsen und der Darlehenszinssatz gleich hoch lagen. Zur Deckung der Regien wurde ein geringer Beitrag eingehoben, auf den aber, besonders bei kleineren Darlehen, vielfach verzichtet wurde. Ebenso wurden die Institute anläßlich der Gründung nicht mit Eigenkapital ausgestattet. Statt dessen stellten die Länder ein rückzahlbares Dotationskapital zur Verfügung, das meist schon nach wenigen Jahren abgestattet werden konnte. Zur Deckung etwaiger Verluste mußte ein Reservefonds gebildet werden.[300]

Das Prinzip der Gemeinnützigkeit konnte durch viele Jahrzehnte hindurch uneingeschränkt aufrechterhalten werden, solange nämlich die Anstalten von Beamten geführt wurden, deren Bezüge die Länder bezahlten.[301]

Trotz des nicht gerade großen Optimismus betreffend die zukünftige Entwicklung der neugegründeten Landesanstalten war der tatsächliche Verlauf durchaus positiv. Die mit 4 % Verzinsung ausgestatteten Pfandbriefe mit Landeshaftung wurden in Kürze ein beliebtes Anlagepapier. Die mit 4 % Verzinsung gewährten Darlehen waren im Vergleich zu den sonst üblichen Bedingungen sehr günstig. Allein das Bestehen der Anstalten und der von ihnen gewährten Darlehen bewirkte in wenigen Jahren eine mehr oder mindere Angleichung der Darlehensverzinsung der übrigen in Frage kommenden Kreditinstitute. Die Kurse der Pfandbriefe lagen meist um oder über pari. Durch die amerikanische Wirtschaftskrise 1907 und die Auswirkungen des Balkankriegs nach 1912 entschlossen sich die Landesanstalten, allmählich 4,5%ige Pfandbriefe auszugeben.[302]

IV. Die Entwicklung der Landeshypothekenanstalten in den Jahren 1914 - 1945

1. Probleme beim Absatz von Pfandbriefen

Der Ausbruch des 1. Weltkrieges verursachte einen starken Kursverfall aller Rentenwerte, die Ausgabe von neuen Pfandbriefen und Darlehen war daher nur mehr sehr eingeschränkt möglich. Der in der Nachkriegszeit eingetretene Verfall der Kronenwährung und die ungeheure Inflation verhinderten die Bildung von Sparkapitalien. An einen Absatz von Pfandbriefen war unter diesen Umständen nicht zu denken. Erst die Stabilisierung der Währung im Jahre 1924 brachte

300 Otta in: Festschrift Krasensky 1968, 381
301 Otta, 381
302 Otta, 390 ff

wieder einen Kreditbedarf. Da ein Absatz von Pfandbriefen noch immer nicht möglich schien, erhielten die Anstalten, sofern dies noch nicht geschehen war, Satzungserweiterungen zur Entgegennahme von Kontokorrenteinlagen und allgemein auch von Spareinlagen. Die Stabilisierung der Währung war mit einem Sinken des Zinsfußes verbunden, so sank etwa die Verzinsung von Pfandbriefen bei der Landeshypothekenanstalt für Niederösterreich im Jahre 1925 von 12 % auf 8 % innerhalb desselben Jahres, während gleichzeitig der Zinsfuß für Spareinlagen bis zu 17 % betrug.[303]

2. Die Ausgabe von Papieren mit Goldwertklausel

1925 schlossen sich die Landeshypothekenanstalten zu einer Gemeinschaft zusammen. Vordringliches Ziel war die Ausgabe von Pfandbriefen und Kommunalschuldverschreibungen mit Goldwertklausel. Noch 1925 wurden 8%ige Goldpfandbriefe emittiert, 1926 sank der Zinssatz bereits auf 6 %, sodaß die früher ausgegebenen 12%igen und 8%igen Papiere ohne Golddeckung aus dem Umlauf gezogen werden konnten. Die Krise des Jahres 1931 brachte zunächst keine Kurseinbußen, längerfristig konnten sich die Anstalten jedoch nicht der allgemein sinkenden Kurstendenz verschließen. Durch Verordnung wurde 1933 klargestellt, daß die Zahlungen aus Goldpfandbriefen entsprechend der Goldparität aufgewertet zu erfüllen seien. Die Darlehensnehmer wiederum mußten ihre Darlehen aufgewertet zurückzahlen, was nur solange möglich war, als die allgemeine Wirtschaftslage erhöhte Rückzahlungen zuließ. Erst das sogenannte Hypothekenerleichterungsgesetz befreite 1936 die Schuldner von der Zahlung des damals 25 % betragenden Aufgeldes.[304]

Von 1931 bis 1936 war an die Begebung neuer Emissionen nicht zu denken, die Darlehensgewährungen erfolgten ausschließlich aus den zunehmend angewachsenen Spareinlagen. Eine Ausnahme bildete 1933 die Ausgabe von 4,5%igen Umschuldungspfandbriefen. Ab 1936 gab es Emissionen von zunächst 5%igen, schließlich 4,5%igen Papieren ohne Goldklausel.[305]

Anfang November 1936 gab der Finanzminister im Zuge der allgemeinen Bestrebungen zur Beseitigung der Krisenüberreste, wie sie etwa die Goldklausel noch darstellte, öffentlich bekannt, daß diese bei sämtlichen Goldpfandbriefen aufgehoben werden soll. Am 31. Dezember 1936 wurde das vom Finanzminister angekündigte Gesetz kundgemacht, welches bestimmte, daß alle Goldpfandbriefe mit 1. Februar 1937 konvertiert werden. Man erhielt zum Beispiel je No-

303 Otta, 392
304 Otta, 392 f
305 Otta, 393 f

minale 1.000,-- Schilling 5%ige Goldpfandbriefe einerseits Nominale 1.000,-- 5%ige Schillingpfandbriefe und andererseits Nominale 250,-- 5%ige Bundesobligationen, womit das Kapitalversprechen der Einlösung zum Goldwert auch tatsächlich erfüllt wurde. Somit erhöhte sich ab Februar 1937 das Nominale der Schilling-Gold-Pfandbriefbesitzer unter Umstellung auf den Schillingwert um ein Viertel des bisherigen Betrages.[306]

3. Die Zeit nach dem Anschluß 1938

Die Ereignisse des Jahres 1938 brachten außer personellen Maßnahmen und Rechtsanpassungen keine grundsätzlichen Änderungen, da die Satzungen der Anstalten aufrechterhalten wurden. Eine Ausnahme bildete dabei die Niederösterreichische Landeshypothekenanstalt. Pfandbriefe und Kommunalschuldverschreibungen wurden auf Grund von Verordnungen generell zum Umtausch in niedriger verzinsliche Werte aufgerufen, und zwar 1939 in 4,5%ige und 1941 in 4%ige Papiere, die Darlehensverzinsung wurde entsprechend gesenkt. Die Kurse stiegen kräftig an, zumal außer den stets erhältlichen, vom Publikum aber abgelehnten Reichsschatzanweisungen praktisch keine Anlagewerte notierten.[307]

V. Landeshypothekenanstaltengründungen nach dem 1. Weltkrieg

1. Wien

Im Sommer 1929 befaßte sich der Wiener Landtag mit einem Antrag auf Gründung einer Wiener Landeshypothekenanstalt. Dem stenographischen Bericht[308] ist folgendes zu entnehmen:

Berichterstatter Stadtrat Breitner führte an, daß es durch die im § 3 des Wohnbauförderungs- und Mietengesetzes vom 14. Juni 1929 den Landeshypothekenanstalten zugewiesenen Aufgaben zur Fragestellung gekommen sei, ob man auch in Wien eine eigene Landeshypothekenanstalt gründen solle. Der noch mögliche Ausweg, daß irgendein bestimmtes Institut mit der Funktion betraut wird - seine, die sozialistische Fraktion hatte dafür die Zentralsparkasse in Aussicht genommen - habe nicht die Zustimmung der maßgebenden Stelle gefunden.

---

306 Festschrift „25 Jahre Landeshypothekenanstalt für Niederösterreich 1922 - 1947", 31

307 Otta, 394 f

308 Stenographischer Bericht des Wiener Landtages, 3. Wahlperiode, 21. Sitzung vom 16. Juli 1929, 137 ff

Im Zuge der Trennung von Wien und Niederösterreich sei die Niederösterreichische Landeshypothekenanstalt mit 1. Jänner 1921 liquidiert worden, wobei die Vertreter Wiens damals nicht gerne zugestimmt hätten. Niederösterreich habe dann ein Jahr später eine eigene Hypothekenanstalt errichtet und von der Bundesregierung in der Konzession zugebilligt erhalten, ihren Wirkungskreis auf Wien und Niederösterreich erstrecken zu können. Dies sei ein Privileg besonderer Art, da alle übrigen Hypothekenanstalten immer nur auf ihr eigenes Landesgebiet eingeengt seien. Deswegen seien nun Verhandlungen zwischen den beiden Ländern geführt worden, um zu verhindern, daß aus diesem ungewöhnlichen Nebeneinander der beiden Hypothekenanstalten ungünstige Einwirkungen entstehen. Die Wiener Landesregierung habe ein Übereinkommen gebilligt, das eine Abgrenzung in Bezug auf die Betätigung der Niederösterreichischen Hypothekenanstalt in Wien und hinsichtlich der künftigen Vereinbarungen zwischen Hypothekenanstalt und Zentralsparkasse vorsehe.[309]

Ferner stellte Stadtrat Breitner fest, daß die dem Landtag zur Beschlußfassung vorgelegten Statuten den Musterstatuten, die vom Bundeskanzleramt im Einvernehmen mit dem Bundesministerium für Finanzen ausgearbeitet wurden, entsprechen würden. Was das rein Äußerliche der Betätigung anbelangt, bestehe nicht die Absicht, ein völlig neues Institut auch durch Aufbau eines eigenen Beamtenkörpers zu bilden, sondern die anfallenden Arbeiten in innigster, lokaler und persönlicher Gemeinschaft mit der bestehenden Zentralsparkasse der Gemeinde Wien zu vollziehen.[310]

Abgeordneter Kunschak beklagte zu Beginn seiner Ausführungen, daß 1921 jedes sachliche Interesse gefehlt habe, die Niederösterreichische Landes-Hypothekenbank aufzulassen. Die Auflösung sei lediglich als konsequenter Schritt auf dem Weg erfolgt, das Verhältnis zwischen Wien und dem flachen Lande überhaupt zu lösen. Alle Einwendungen seien damals, sowohl im Rathaus, wie auch in der Herrengasse, an tauben Ohren wirkungslos abgeprallt. Man hätte es sich nun einmal in den Kopf gesetzt, zwei eigene Länder mit Eigenrecht zu gründen. Schon ein Jahr darauf wäre es nötig gewesen, anstelle der aufgelösten Hypothekenanstalt eine neue zu gründen. Es sei naheliegend gewesen, daß sich der Wirkungskreis der neugegründeten Anstalt nur auf das Land Niederösterreich beschränken müsse, habe aber damals eingesehen, daß dies nicht vernünftig sei. Mit der Zustimmung der Vertreter Wiens sei an die Stelle der aufgelösten Niederösterreichischen Hypothekenanstalt eine neue gegründet worden, und zwar mit genau demselben Wirkungskreis, denselben Aufgaben und Kompetenzen, wie sie die aufgelöste gehabt habe. Er glaube kaum, daß der Zweck der Auflö-

---

309 ebenda, 137
310 ebenda, 138

sung der Landeshypothekenanstalt der gewesen sein könne, nur das eine zu erreichen, daß aus der Hypothekenanstalt und deren Gestion die Einflußnahme der Gemeinde Wien vollständig verschwinde. Man habe sich aber damals, im Jahr 1922, doch gezwungen gesehen, der Gründung dieser neuen Anstalt zuzustimmen und ihr den Wirkungskreis über zwei Ländergebiete zu geben.[311]

Im weiteren Verlauf seiner Ausführungen verwies der Abgeordnete Kunschak darauf, daß die neugegründete Landeshypothekenanstalt ursprünglich selbst ihren Wirkungskreis auf Niederösterreich beschränkt habe, sodaß die Wiener von der Inanspruchnahme der Anstalt ausgeschlossen gewesen seien. Es sei in der Folge auf die Leitung wiederholt eingewirkt worden, sich doch auch um das Wiener Geschäft zu kümmern. Später habe sich dann die Anstalt auch für das Einlagengeschäft auf Wiener Boden sehr interessiert. Jetzt, da sich alles eingelebt habe, gründe man eine eigene Wiener Landeshypothekenanstalt, wogegen nichts einzuwenden sei, die Voraussetzungen wären nun aber wesentlich ungünstiger. Es dränge sich die Frage auf, ob es in diesem Stadium noch sachlich gerechtfertigt sei, eine eigene Anstalt zu gründen oder durch Verhandlungen die neue Niederösterreichische Landeshypothekenanstalt wieder in den Status der liquidierten aus dem Jahr 1921 zu bringen. Es würde dann auf Wiener Boden nur ein Institut geben, für dessen Prosperität sich durch den Hinzutritt der Gemeinde Wien ganz unabsehbar günstige Perspektiven eröffnen würden. Er glaube aber, daß man einen solchen Versuch gar nicht unternommen, sondern sich lediglich auf den Standpunkt gestellt habe, man sei berechtigt, eine Hypothekenanstalt zu errichten, also werde sie errichtet.[312]

Erfreulich - so Kunschak weiter - sei der äußere Anlaß, nämlich das Gesetz über die staatliche Wohnbauförderung. Dies eröffne ein weites Feld für die Kreditinstitute und namentlich für die Hypothekarkreditinstitute. Er verstehe, daß die Gemeinde Wien, die im Besitz der Zentralsparkasse sei, ein Interesse habe, bei diesem Geschäft nicht daneben zu stehen. Er frage sich aber, ob es für dieses Ziel nicht einen anderen Weg gegeben hätte, handle es sich doch nur um die formale Gründung einer eigenen Landeshypothekenanstalt, im Wesen aber um die Errichtung eines neuen Departements bei der Zentralsparkasse. Dafür spreche allerdings der Umstand, daß Sparkassen nicht berechtigt wären, Pfandbriefe auszugeben. Ferner wisse er nicht, ob das Interesse der Gemeinde Wien an dem Pfandbriefgeschäft, das sich aus der staatlichen Wohnbauförderung ergeben würde, wirklich so weitgehend sei, daß damit auch dieser Schritt gerechtfertigt erscheine, denn die staatliche Wohnbauförderung sei doch terminisiert. Es sei unklar, ob nach drei Jahren eine Verlängerung erfolgen werde, diese wäre aber

311 ebenda, 138
312 ebenda, 139

zweifellos wieder nur eine kurzfristige, sodaß Antwort auf die Frage zu geben wäre, was dann mit der Wiener Landeshypothekenanstalt zu geschehen habe.[313]

Stadtrat Breitner entgegnete den Ausführungen von Kunschak, indem er als Rechtfertigung für die Vorgangsweise darauf hinwies, daß wegen des Wohnbaugesetzes des Bundes eine Wiener Landeshypothekenanstalt entstehen müsse, wolle man nicht auf jede Betätigung in dieser Beziehung verzichten. Das Verschwinden der alten Anstalt Niederösterreichs habe auch etwas Gutes an sich gehabt, da die Inflation die ganzen Außenstände der damaligen Hypothekenanstalt hinweggewischt habe, die Pfandbriefe hingegen in Umlauf gewesen seien. Man könne nicht beurteilen, welche Schwierigkeiten daraus entstanden wären und wie ungünstig es auf den Emissionskredit der Anstalt gewirkt hätte, wenn dauernd dieser ganze Ballast der uneingelösten Pfandbriefe vorhanden gewesen wäre. In dieser Beziehung habe die Liquidierung der alten Anstalt und die Errichtung von zwei neuen Anstalten immerhin völlige Klarheit geschaffen. Es stimme, daß auch andere Formen möglich gewesen wären, das Finanzministerium habe es jedoch abgelehnt, die Zentralsparkasse der Gemeinde Wien als Institut zu bezeichnen, dem die Rechte einer Hypothekenanstalt zukämen. Zum Hinweis, daß man nun eine nur dreijährige Tätigkeit vor sich habe, sei darauf zu verweisen, daß ja auch für das normale Realbelehnungsgeschäft sich die Emission von Pfandbriefen als durchaus nützlich erweisen könne. Eine Liquidierung schon nach drei Jahren komme schon deshalb nicht in Betracht, da lang laufende Obligationen in Umlauf wären, deren Bestand eine Liquidierung von vornherein ausschließe. Die enge Anbindung an die Zentralsparkasse sei gewählt worden, um bei einem anderen Gang der Geschäfte nicht mit einem großen Apparat belastet zu sein, der sich dann als unproduktiv erweisen würde.[314]

Das Statut der Wiener Landeshypothekenanstalt wurde mit dem LGBl. Nr. 34/1930 auf Grund des Beschlusses des Wiener Landtages vom 16. Juli 1929 sowie des Beschlusses der Bundesregierung vom 22. März 1930 schließlich am 29. April 1930 kundgemacht.

2. Burgenland

Die Landeshypothekenanstalt für das Burgenland wurde mit Gesetz vom 29. Februar 1928, LGBl. Nr. 25/1928, gegründet. Das Gründungsstatut findet sich im LGBl. Nr. 27/1928 als Kundmachung der burgenländischen Landesregierung.

---

313 ebenda, 139

314 ebenda, 140 f

Von allem Anfang an war diese Landeshypothekenanstalt eng mit der Niederösterreichischen verbunden, wobei eine Vereinbarung zwischen den beiden Instituten vorsah, daß die neue Anstalt wohl mit eigenem Risiko zu arbeiten habe, daß jedoch die Geschäftsführung - allerdings unter Leitung eines eigenen Kuratoriums - bei der Niederösterreichischen Landeshypothekenanstalt liege. Diese Zusammenarbeit hat den Betrieb der neuen Anstalt wesentlich erleichtert und verbilligt und dazu beigetragen, daß die Tätigkeit erfolgreich verlaufen konnte.[315]

Auf Grund der politischen Veränderungen im Jahr 1938 wurde die Burgenländische Landeshypothekenanstalt mit Verordnung vom 27. März 1939, RGBl. I S. 600, wieder aufgelöst, wobei das Vermögen im Wege einer Gesamtrechtsnachfolge auf die Landeshypothekenanstalt für Niederösterreich überging.

Nach dem 2. Weltkrieg gründete der burgenländische Landtag mit Gesetzesbeschluß vom 29. März 1946 die Anstalt neu, die Kundmachung erfolgte jedoch erst mit dem LGBl. Nr. 2/1949.

3. Steiermark

Als letztes der heutigen österreichischen Bundesländer ging die Steiermark daran, eine Landeshypothekenanstalt zu gründen. Wie bereits im 3. Kapitel unter II.4.fa) erwähnt, wurde in der Steiermark zunächst ein anderer Weg beschritten, nämlich der einer Sparkasse mit angegliederter Pfandbriefanstalt.

Mit Gesetz vom 17. Juli 1930, LGBl. Nr. 21/1931, beschloß der Steiermärkische Landtag die Gründung, die vom Bundeskanzleramt mit Erlaß vom 4. Februar 1931 genehmigte Satzung wurde als Kundmachung der steiermärkischen Landesregierung im LGBl. Nr. 22/1931 kundgemacht.

VI. Die Schaffung der Pfandbriefstelle Ostmärkischer Landeshypothekenanstalten

Mit Erlaß des Reichswirtschaftsministers vom 27. März 1939, kundgemacht im Gesetzblatt für das Land Österreich Nr. 492/1939, wurde die „Pfandbriefstelle Ostmärkischer Landeshypothekenanstalten" als Körperschaft öffentlichen Rechts mit dem Sitz in Wien gegründet.

---

315 Festschrift „25 Jahre Landeshypothekenanstalt für Niederösterreich 1922 - 1947", 12

Diese neugeschaffene Einrichtung hatte den Auftrag, für sämtliche Landeshypothekenanstalten gemeinschaftliche Pfandbriefe und Kommunalschuldverschreibungen auszugeben, was eigene Wertpapieremissionen ausschloß. Die so emittierten Papiere sollten durch die Mitgliedsinstitute verkauft werden.[316] Diesen Wertpapierverkäufen entsprachen in gleicher Höhe seitens der Pfandbriefstelle an die Landeshypothekenanstalten gewährte Ausleihungen. Diese vergaben diese Gelder als Direktdarlehen, welche wieder die Deckungsmasse für die Emission der Pfandbriefstelle darstellten.[317] Die Pfandbriefstelle war ursprünglich als zentrales Leitungsinstrument und Vorstufe einer Zentralanstalt konzipiert.[318]

VII. Zusammenfassung

1. Anlaufschwierigkeiten bei der Gründung von Landeshypothekenanstalten

Obwohl in Niederösterreich bereits 1824 (siehe I. 1) erste Versuche der Gründung einer Landeshypothekenanstalt unternommen wurden, dauerte es dann noch über ein halbes Jahrhundert, bis ein solches Institut Mitte 1889 seine Tätigkeit als erstes im heutigen Österreich aufnehmen konnte.

Begünstigt durch den Börsenkrach von 1873 setzte sich in den politischen Gremien langsam die Meinung durch, daß die jeweiligen Länder durch die Gründung eigener Anstalten der Kreditnot des Grundbesitzes begegnen sollten. Parallel zu dieser Entwicklung entglitt den Aktienbanken zunehmend der Pfandbriefmarkt, nicht zuletzt deshalb, da die Landesinstitute nicht auf Gewinn ausgerichtet waren und auf Grund der emittierten Pfandbriefe günstige Darlehen für breite Bevölkerungsschichten gewähren konnten.

2. Die Folgen des 1. Weltkriegs

Der für Österreich ungünstige Ausgang des 1. Weltkriegs führte in der Folge zu einer Hyperinflation, welche den Pfandbriefmarkt zusammenbrechen ließ. Erst langsam konnte dieser wieder aufgebaut werden, wobei die Schwäche der Währung durch eine Goldwertklausel bekämpft wurde. Kaum war 1936 die Beseiti-

316 Pernthaler, Die föderalistische Bedeutung der Landes-Hypothekenbanken für die Länder, 24

317 Janauer in: „Das Kreditwesen in Österreich, Festschrift Krasensky zum 80. Geburtstag“, 1983, 95

318 Pernthaler, 24

gung der Krisenüberreste gelungen, wurde durch den 2. Weltkrieg 1939 bis 1945 dem Pfandbriefwesen erneut schwerer Schaden zugefügt.

3. Neugründungen von Landeshypothekenanstalten in der Zwischenkriegszeit

Bedingt durch das neue Wohnbauförderungsrecht ging man in Wien 1929 an die Gründung einer eigenen Landeshypothekenanstalt heran, welche in enger Verbindung zur Zentralsparkasse der Gemeinde Wien stand. 1928 war bereits die Burgenländische Landeshypothekenanstalt ins Leben gerufen worden, die mit der 1922 auf Grund der Trennung von Wien neu errichteten Niederösterreichischen Landeshypothekenanstalt eng verbunden war. Als letztes der heutigen österreichischen Bundesländer erhielt die Steiermark 1930 eine Landeshypothekenanstalt.

4. Zentralisierungstendenzen

Die 1939 vom deutschen Reichswirtschaftsminister geschaffene Pfandbriefstelle Ostmärkischer Landeshypothekenanstalten stellte eine föderalismusfeindliche Maßnahme dar, da sie als Vorstufe einer Zentralanstalt gedacht war. Kriegsbedingt kam eine solche Einrichtung jedoch nicht mehr zustande.

6. Kapitel: Das Pfandbriefsystem in Österreich nach dem 2. Weltkrieg

I. Die Wiederaufnahme der Emissionstätigkeit

Durch die Kriegswirren war auch das Pfandbriefwesen in Österreich schwer in Mitleidenschaft gezogen worden. In Zeiten des Wiederaufbaus verfügten große Teile der Bevölkerung nicht einmal über das Nötigste zum Leben, geschweige denn konnten sie Rücklagen bilden.

Trotzdem konnten die Landeshypothekenanstalten 1948 4%ige Emissionen plazieren, wobei sichergestellt war, daß dem Wertpapierinhaber der verbriefte Nominalbetrag voll gewahrt wurde. Während die 4%igen Papiere bis 1951 begeben wurden, mußten von 1952 bis 1954 auf Grund notwendig gewordener Zinsanpassungen 7%ige Pfandbriefe emittiert werden. Um die Inhaber der niedrig verzinsten Pfandbriefe besserzustellen, wurden ab 1953 5,5%ige Papiere begeben und die 4%er im Verlosungsweg zum Umtausch aufgerufen. Ab Mitte 1954 wurde der Zinssatz auf 6 % für Neuemissionen gesenkt, zwischen 1955 und 1967 schwankten die Zinsen zwischen 6 % und 7 %.[319]

Bei steigenden Zinsen sinken zwangsläufig die Kurse der zuvor mit niedrigem Zinssatz ausgestatteten Papiere. Die Landeshypothekenanstalten waren bemüht, die Kursdifferenzen zwischen den verschieden verzinslichen Emissionen möglichst klein zu halten. Ferner waren sie bestrebt, das Vertrauen der Pfandbriefinhaber zu stärken und auf den Markt kommende Papiere unverzüglich aufzunehmen und somit Kurspflege zu betreiben.[320]

II. Die Phase der Expansion der Emissionstätigkeit

1. Emissionen der Landeshypothekenanstalten

Waren Ende 1955 Pfandbriefe im Wert von 731 Millionen Schilling in Umlauf, steigerte sich dieser Wert auf 1,617 Milliarden Schilling Ende 1960. Weitere fünf Jahre später, Ende 1965, betrug der Pfandbriefumlauf der Landeshypothekenanstalten bereits 4,056 Milliarden Schilling.[321]

---

319 Otta in: Festschrift Krasensky 1968, 396
320 Otta, 396 f
321 Janauer in: Festschrift Krasensky, 1983, 109

Ähnlich rasant entwickelte sich der Bereich der Kommunalschuldverschreibungen, wobei Ende 1955 655 Millionen Schilling in Umlauf waren, 1960 1,398 Milliarden und schließlich Ende 1965 bereits 3,166 Milliarden.[322]

2. Emissionen der CA-BV und des ÖCI

Die Emissionen der beiden zur Ausgabe von Pfandbriefen und Kommunalschuldverschreibungen berechtigten Institute, der Aktienbanken Creditanstalt-Bankverein und des Österreichischen Creditinstituts, erreichten Ende 1956 mit 393 Millionen Schilling insgesamt exakt 20 % der Gesamtemissionen am österreichischen Markt, die bei 1,965 Milliarden lagen. Ende 1960 waren Pfand- und Kommunalbriefe der beiden Institute im Wert von 711 Millionen Schilling (Marktanteil 19,1 %), Ende 1965 im Wert von 1,622 Milliarden (Marktanteil 18,3 %) in Umlauf.[323]

3. Entwicklung des Ausleihungsgeschäftes seit 1955

Im wesentlichen parallel entwickelte sich das Ausleihungsgeschäft der beiden Zweige, wobei auch durch das Einlagengeschäft Mittel zuflossen.[324]

III. Restrukturierungsmaßnahmen nach dem 2. Weltkrieg

1. Austrifizierung der Pfandbriefstelle

Die 1939 zum Zweck der Zentralisierung errichtete Pfandbriefstelle wurde nach dem 2. Weltkrieg austrifiziert. Während von 1939 bis 1945 keine eigene Emissionstätigkeit der einzelnen Landeshypothekenanstalten möglich war, verlagerte sich dieser Aufgabenbereich nunmehr zu den einzelnen Instituten.[325] Die nunmehr „Pfandbriefstelle der österreichischen Landeshypothekenanstalten" genannte Einrichtung hat zwar weiter die Stellung eines zentralen Emissionsinstitutes, organisatorisch besteht jedoch der Verwaltungsrat aus den Vorstandsvorsitzenden aller Landesinstitute. Somit wird auf die föderalistische Struktur

322 Janauer, 109
323 Otta, 397 f
324 Otta, 399
325 Janauer, 95

der Landesinstitute und auf ihren selbständigen Geschäftsbetrieb Rücksicht genommen. Der Pfandbriefstelle kommt eine wichtige koordinierende Funktion bei der Abwicklung gemeinsamer überregionaler Kreditaktionen zu.[326]

2. Die Gründung des Verbandes der österreichischen Landeshypothekenanstalten

Schon 1925 war die sogenannte „Gemeinschaft der Landeshypothekenanstalten" gebildet worden, 1935 schließlich ein „Landeskreditinstitute-Verband" als selbständiger Fachverband. Im Dritten Reich war dieser Verband von 1939 bis 1945 der „Wirtschaftsgruppe öffentlich-rechtlicher Kreditinstitute" im damaligen Großdeutschen Reich eingegliedert.[327]

1947 wurde auf der Grundlage einer freien Vereinigung der „Verband der österreichischen Landeshypothekenanstalten" gegründet. Seine Aufgabe ist die Interessenvertretung der Institute, wozu auch ein „Länderbeirat" im Verband dient, dem alle politischen Landesfinanzreferenten und alle Vorstandsvorsitzenden sowie der Verbandsgeschäftsführer angehören.[328]

IV. Die Entwicklung der Landeshypothekenanstalten nach 1965

1. Die rasante Zunahme der Wertpapieremissionen

Die Zeit der Hochkonjunktur führte bei den einzelnen Landeshypothekenanstalten zu einer raschen Zunahme der emittierten Wertpapiere, wobei zunächst sowohl die Pfandbriefemissionen als auch die Kommunalbriefemissionen eine parallele Entwicklung nahmen.

Der Umlauf von Pfandbriefen stieg von 4,056 Milliarden Schilling Ende 1965 auf 7,669 Milliarden Ende 1970, erreichte Ende 1975 schon 15,365 Milliarden und wuchs bis Ende 1980 rasant auf insgesamt 26,774 Milliarden Schilling.[329]

Noch dynamischer war die Entwicklung bei den Kommunalbriefen: deren Umlauf wuchs von 3,166 Milliarden Schilling Ende 1965 rasch auf 6,622 Milliarden Ende 1970. Mit 16,416 Milliarden lagen die Kommunalschuldverschreibungen Ende 1975 bereits vor den Pfandbriefen, um fünf Jahre später mit 39,759 Milliarden Schilling schon ein bedeutendes Übergewicht zu haben.[330]

---

326 Pernthaler, 25
327 Janauer, 96
328 Janauer, 96
329 Janauer, 109
330 Janauer, 109

Die in den 70er Jahren stark expandierende Verschuldung von Gebietskörperschaften wurde somit auch von den Landeshypothekenanstalten maßgeblich mitfinanziert.

2. Markt- und Kurspflege

Die Landeshypothekenanstalten waren bestrebt, den Emissionskurs von 100 oder knapp darunter weitgehend stabil zu halten. Die Folge war, daß die Landeshypothekenanstalten die Sparer von 1955 bis 1965 wieder an das langfristige Veranlagen herangeführt haben. Der Erwerber der von den Landeshypothekenanstalten ausgegebenen Papieren hatte folglich gute Chancen, bei Bedarf wieder zum Kurs von 100 zu verkaufen.[331]

3. Inverse Zinssituationen

Prinzipiell wird ein Zinssatz umso höher liegen, je länger die Kapitalbindung ist. Ist dies auf Grund relativ plötzlich auftretender Zinssteigerungen auf Grund eines Fixzinses bei langfristigen Investments nicht (mehr) der Fall, spricht man von einer „inversen" Zinssituation.

1980/81 erreichten die Zinsen in Österreich einen neuen Höchststand, einzelne Papiere wurden mit 11 % verzinst.[332]

Die außerordentlich hohen Zinssätze haben die Emissionstätigkeit der Landes-Hypothekeninstitute sehr erschwert. Besonders das Jahr 1982 hat gezeigt, daß am österreichischen Kapitalmarkt insgesamt mit stärkeren und kurzfristigen Veränderungen der Zinsen auf der Aktiv- und Passivseite zu rechnen ist.[333]

Die von den Landes-Hypothekenbanken emittierten hochprozentigen Pfand- und Kommunalbriefe wurden in den nachfolgenden Jahren oft gekündigt beziehungsweise mit deutlich geringerer Verzinsung am Markt belassen.[334]

4. Der Wandel der Landeshypothekenanstalten zu Universalbanken mit Spezialaufgaben

Wie bereits an anderen Stellen ausführlich dargelegt wurde, war der Zweck der Gründung von Landeshypothekenanstalten die Verringerung der Probleme des

331 Janauer, 106 f

332 Jahrbuch der Wiener Börse 1981

333 Janauer, 107

334 Bundesanleihen mit 11 % wurden hingegen nicht gekündigt, was gewisse Disparitäten für die Anleger zur Folge hatte.

Grundbesitzes, zu billigem Kredit zu gelangen. Die Geschäftstätigkeit war somit auf einen sehr engen und spezialisierten Bereich beschränkt. Auch die später hinzugekommene Kommunalfinanzierung hat an dieser Nischensituation nicht wirklich etwas geändert.

Ab 1970 und verstärkt durch das neue Kreditwesengesetz 1979, BGBl. Nr. 63/1979, wurde in Österreich ein Trend zur Universalbank wirksam, den auch der Bund durch den Abbau von steuerlichen Begünstigungen, eine Ausweitung der Befugnisse der Banken, Liberalisierung des Kreditwesens und der Bankgeschäftsführung sowie eine entsprechende Handhabung der Bankenaufsicht stark gefördert hat.[335]

Wenngleich das Kreditwesengesetz 1979 auf die Universalbank ausgerichtet wurde, gab es doch gleichzeitig durch die Erlassung des Wertpapieremissionsgesetzes 1979, BGBl. Nr. 65/1979 eine Steuerung der Emissionstätigkeit, da § 3 vorsah, daß das Bundesministerium für Finanzen eine Genehmigung nur dann erteilen darf, wenn hiebei weder die Funktionsfähigkeit des Marktes noch sonstige volkswirtschaftliche Interessen gefährdet werden. § 36 Kreditwesengesetz bestimmte ferner, daß die Vorschriften des Hypothekenbankgesetzes 1899 sowie des Pfandbriefgesetzes 1927 durch das neue Gesetz (soweit sie von den neueren Bestimmungen des Kreditwesengesetzes abweichen) nicht berührt werden, was die Sonderstellung auch weiterhin klarstellte.[336]

Schon bald nach dem Inkrafttreten des Kreditwesengesetzes 1979 haben die Landes-Hypothekenbanken neue Satzungen erhalten, die sich an diesen neuen Gesetzesüberlegungen orientierten. Auch nach diesen stellte das Emissionsrecht für Pfandbriefe und Kommunalbriefe einen besonderen Tätigkeitsbereich dar. Die Berechtigung der Bank erstreckte sich nunmehr auf überhaupt alle Geschäfte, die geeignet sind, den Geschäftszweck der Bank unmittelbar und mittelbar zu fördern. In allen Satzungen der Landes-Hypothekenbanken wurde festgeschrieben, daß die Landesbank die Aufgabe hat, den Geld- und Kreditverkehr, vor allem im betreffenden Bundesland, zu fördern und die Geschäfte der Bank unter Bedachtnahme auf die Interessen des Landes als Haftungsträger unter Beachtung volkswirtschaftlicher Gesichtspunkte nach kaufmännischen Grundsätzen zu führen.[337]

In früheren Satzungen war von der Berücksichtigung des gemeinnützigen Zwecks die Rede. Das Prinzip der Gemeinnützigkeit bedeutete den Ausschluß jeden Gewinnstrebens. Das Vordringen der Universalbankidee mußte zu einer Erweiterung der Geschäftstätigkeit führen. Gleichzeitig erfolgte eine Vermeh-

335 Pernthaler, 79
336 Janauer, 97
337 Janauer, 98

rung der Filialen von 15 im Jahr 1970 auf 75 Ende 1982.[338] Ende 1999 hatten die Landes-Hypothekenbanken neben 9 Hauptanstalten (inklusive Pfandbriefstelle) insgesamt bereits 155 Zweigstellen.[339]

Die Bestimmung, daß die Landes-Hypothekenbanken die Geschäftstätigkeit vor allem „im betreffenden Bundesland" abzuwickeln hat, hat das vormalige strenge Regionalprinzip beseitigt, wonach etwa bis 1979 Filialerrichtungen außerhalb des eigenen Bundeslandes überhaupt unzulässig waren. Ab 1979 herrschte auch hier Freizügigkeit.[340]

Schon vor dem Inkrafttreten des Kreditwesengesetzes 1979 war man bestrebt, den Begriff „Landeshypothekenanstalt" durch die Bezeichnung „Landes-Hypothekenbank" zu ersetzen. Beispielsweise hat dies Oberösterreich durch eine Kundmachung der Landesregierung vom 9. September 1974, LGBl. Nr. 42/1974, getan.

5. Die Folgen der Liberalisierung von 1979 im Bereich der Landes-Hypothekenbanken

Der Trend zur Universalbank verstärkte einerseits den Wettbewerb zwischen den einzelnen Sektoren, führte aber auch zu der ungesunden Entwicklung, daß dem Marktanteilsdenken Vorrang vor dem Ertragsdenken eingeräumt wurde.

Ab 1979 drängten die Banken und Sparkassen massiv auf den Kapitalmarkt und begaben in den Folgejahren in großem Maßstab Anleihen. Damit wurden sie aber in einem Segment tätig, in dem die Landes-Hypothekenbanken keine wirklichen Konkurrenten gewohnt waren und das für sie einen weit überproportionalen Anteil am Geschäftsumfang darstellte.

Den Landes-Hypothekenbanken blieb daher in der Folge nichts anderes übrig, als in andere Geschäftsfelder, die bisher nicht oder nur am Rande beachtet wurden, einzudringen. Ein Blick in die Bilanzen der Landes-Hypothekenbanken zeigt deutlich, daß der Anteil des Emissionsgeschäfts in den 80er Jahren deutlich zurückgeht. Verschärft wurde die Situation noch durch die extreme Hochzinsphase 1980 bis 1982, welche eine inverse Zinssituation zur Folge hatte.

Im Februar 1985 schlossen die österreichischen Geldinstitute eine sogenannte „Ordnungspolitische Vereinbarung" mit dem Ziel, die durch den ausufernden Wettbewerb der letzten Jahre beeinträchtigte Ertragskraft und Eigenmittelausstattung internationalen Standards anzunähern. Diese Vereinbarung lag auf einer

338 Janauer, 99
339 Statistisches Monatsheft der Österreichischen Nationalbank 3/2000, 42
340 Janauer, 100

Linie mit den Intentionen zur Novellierung des Kreditwesengesetzes, die ab Herbst 1985 die Diskussion im Kreditapparat beherrschte.[341]

Die Ordnungspolitische Vereinbarung sah unter anderem eine Koppelung des Höchstzinssatzes für längstgebundene Einlagen an den höchsten Kapitalmarktzinssatz mit einem Abschlag von 1% als Richtlinie vor. Die Landes-Hypothekenbanken hatten als Daueremittenten und jene Institute, die sich so sehr über festverzinsliche Wertpapiere refinanzieren, ein besonderes Bemühen, den „richtigen" Zinssatz zu finden, gesetzt.[342]

6. Die Emissionspolitik der Landes-Hypothekenbanken in den 80er Jahren

a. Pfandbriefemission

Zu Beginn der 80er Jahre war eine rege Emissionstätigkeit festzustellen. Der Umlauf an Pfandbriefen der Landes-Hypothekenbanken erhöhte sich rasch von 26,774 Milliarden Schilling Ende 1980 auf 35,846 Milliarden Schilling Ende 1985. In der zweiten Hälfte des Jahrzehnts war eine gewisse Stagnation zu bemerken, da Ende 1990 mit 36,756 Milliarden Schilling Umlauf der Wert von 1985 nur um 2,5 % übertroffen wurde.[343]

b. Kommunalbriefemission

Ganz anders stellt sich der Bereich der Kommunalbriefe dar, deren Umlauf von Ende 1980 (39,759 Milliarden Schilling) bis Ende 1985 auf 69,319 Milliarden hochschnellte. Bis Ende 1990 konnte mit 99,794 Milliarden Schilling beinahe die 100-Milliarden-Grenze erreicht werden.[344]

c. Die Änderungen im Laufzeitenspektrum

Der starke Wettbewerb zwischen den Kreditinstituten veranlaßte die Landes-Hypothekenbanken zu Änderungen bei den Laufzeiten der Papiere. Schon 1984 wurden neben „Langläufern" 5jährige Papiere zu 7,5 % auf den Markt gebracht. Dieser Typ lag zeitweise in Konkurrenz mit Anleihewerten zu 8 % bei 6jähriger Laufzeit und effektiven Spareinlagenverzinsungen von damals 7 % bei Laufzeiten von 3 Jahren.[345]

---

341 Tätigkeitsbericht 1985 des Verbands der österreichischen Landes-Hypothekenbanken, 8

342 ebenda, 17 f

343 Finanznachrichten 42/1991, 1

344 ebenda

345 Tätigkeitsbericht 1985, 18

Neu war ab 1985 auch die Begebung von sogenannten „Zerobonds“ durch 4 Landes-Hypothekenbanken mit Emissionskursen zwischen 62,25 % und 69,66 % und Tilgung zu 100 %.[346]

7. Die Novelle zum Kreditwesengesetz und ihre Auswirkung auf die Landes-Hypothekenbanken

a. Ausgangssituation

Der österreichische Finanzminister sprach in einem Vortrag am 7. Mai 1985 davon, daß die haftenden Eigenmittel zur Maßzahl der geschäftlichen Tätigkeit der Kreditunternehmungen zu erheben seien, um die Funktionstüchtigkeit und Sicherheit des Kreditwesens in Zukunft zu sichern.[347] Des weiteren führte er aus, daß die rasche Entwicklung zur Universalbank unzweifelhaft zur systematischen Aushöhlung der Ertragsmargen beigetragen habe und nahezu jedes Institut bestrebt gewesen sei, in Bereiche der jeweils anderen einzudringen. Die Bundesrepublik Deutschland hätte durch eine Kreditwesengesetznovelle Ende 1984 der verschärften Risikosituation schon Rechnung getragen, während in Österreich die Ordnungspolitische Vereinbarung zwar eine Tendenzwende bedeuten würde, allerdings nur ein erster Schritt wäre.

Den deutschen Instituten war vorgegeben worden, die Eigenkapitalausstattung zu stärken, was erhebliche Anstrengungen erforderlich machte.[348]

b. Die Besonderheit des Haftkapitals im Hypothekenbanksektor

Speziell die Landes-Hypothekenbanken weisen historisch eine bankwirtschaftliche Sonderstellung auf, sind doch ihre Tätigkeiten auf das Emissionsgeschäft einerseits und auf die Vergabe von Pfandbrief- beziehungsweise Kommunalbriefdarlehen fokussiert. Bankwirtschaftlich sind beide Bereiche durch besonders niedrige Erträge (Durchschnittsunterschied zwischen langjährig 0,3 und 0,7 %) und geringes Erfordernis an Eigenkapital gekennzeichnet. Die Landes-Hypothekenbanken verfügten bei ihrer Gründung durchwegs über kein Eigenkapital, sondern nur über ein rückzahlbares Betriebskapital, das nach wenigen Jahren zurückgezahlt wurde, sodaß das Eigenkapital bis zur Kreditwesengesetznovelle 1986 nur aus den gesetzlichen und freien Rücklagen bestand.[349]

---

346 ebenda, 19

347 Vranitzky in: Österreichisches Bankarchiv 1985, 150 ff

348 Arnold in: Österreichisches Bankarchiv 1985, 96

349 Pernthaler, 58

Die Landes-Hypothekenbanken begrüßten viele Grundsätze der Kreditwesengesetznovelle, insbesondere auch deshalb, weil die Ordnungspolitische Vereinbarung, die eine freiwillige Basis hatte, immer wieder durchbrochen worden war. Man war aber ebenso der Ansicht, daß auch eine Halbierung des sonst angepeilten Haftkapitalerfordernisses unzureichend sei, da der Aufbau dieses Kapitals mehr oder weniger von Null beginne. Das Erreichen des halben Satzes falle den Landes-Hypothekenbanken schwerer als den anderen Instituten bezüglich eines 4,5%igen Satzes. Man war sogar der Auffassung, daß eine Gleichbehandlung mit anderen Instituten in Richtung Störung der Erwerbsfreiheit gemäß Artikel 6 Staatsgrundgesetz gehe.[350]

c. Die Argumentation des Gesetzgebers zur Besonderheit des Haftkapitals anläßlich der Kreditwesengesetznovelle 1986[351]

Auch nach der Kreditwesengesetznovelle 1986 wurde der Sonderstatus der Landes-Hypothekenbanken und der Pfandbriefstelle berücksichtigt, was in § 12 Absatz 2 Ziffer 3 Kreditwesengesetz bei der Sonderregelung für das Haftkapital (Halbierung von 4,5 % auf 2,25 %) sichtbar wurde.

Die Erläuternden Bemerkungen zur Regierungsvorlage[352] führen dazu folgendes aus: „Die von Ziffer 1 abweichende geringere Mindestdeckung von 2,25 % bestimmter Aktivposten von (Landes-)Hypothekenbanken und der Pfandbriefstelle der österreichischen Landes-Hypothekenbanken findet ihre Begründung darin, daß nach den Bestimmungen des Pfandbriefgesetzes und des Hypothekenbankgesetzes der Gesamtbetrag der im Umlauf befindlichen Pfandbriefe in Höhe des Nennwertes jederzeit durch Hypotheken von mindestens gleicher Höhe und mindestens gleichem Zinsertrag gedeckt sein muß. Ähnliche Deckungsvorschriften finden auch auf Kommunalschuldverschreibungen Anwendung. Im Zusammenhalt mit dem Recht der vorzugsweisen Befriedigung der Pfandbriefbesitzer aus den Vermögensobjekten, die der vorzugsweisen Deckung der Pfandbriefe dienen und über die nur mit Zustimmung des Regierungskommissärs verfügt werden darf, kann der Gesetzgeber davon ausgehen, daß das Ausfallsrisiko und das Zinsänderungsrisiko, das bei langfristig refinanzierten und langfristig ausgereichten Geldern besonders zu beachten ist, zwar nicht ausgeschaltet ist, jedoch eine geringere Haftkapitaldeckung rechtfertigt."

350 Tätigkeitsbericht 1985, 23
351 BGBl. Nr. 325/1986
352 934 der Beilagen, XVI. GP, 31

d. Kritikpunkte aus föderalistischer Sicht

Pernthaler[353] erscheint die vom Gesetzgeber getroffene Ausnahmeregelung keinesfalls ausreichend. Sie entspricht seiner Ansicht noch immer nicht voll der Sonderstellung des Kommunal- und Hypothekengeschäfts und der Struktur der Landes-Hypothekenbanken als öffentlich-rechtliche Landesbanken. Die strengen Bestimmungen über Deckungsausleihungen (Hypothekar- und Kommunaldarlehen), die besondere zusätzliche Landesaufsicht und die besondere Haftung des Landes als Ausfallsbürge hätten einen Entfall des Haftkapitals für das Hypotheken- und Kommunalbankgeschäft gerechtfertigt, jedenfalls aber wegen sachlicher Unterschiede eine Sonderbehandlung der öffentlich-rechtlichen Landes-Hypothekenbanken gegenüber den privatrechtlichen Hypothekenbanken in § 12 Absatz 2 Ziffer 3 erforderlich gemacht.

Die Kritik Pernthalers ist angesichts der im Hypothekenbankgeschäft vom Gesetzgeber veranlaßten Einschränkungen des Bewegungsspielraumes und der damit verbundenen Risikoarmut des Geschäfts vollauf berechtigt. Objektiv betrachtet ist aber bereits die Ausnahmeregelung als Erfolg der Landes-Hypothekenbanken zu betrachten, zumal vom Bundesgesetzgeber föderalistischfreundliche Maßnahmen auf Grund langjähriger Erfahrungen nicht zu erwarten waren. Es darf allerdings auch nicht übersehen werden, daß es durch die Kreditwesengesetznovelle 1986 auch ermöglicht wurde, entsprechendes Partizipationskapital als Haftkapital der Bank zuzuführen (§ 12 Absatz 6).

e. Konsequenzen für den Geschäftsbetrieb der Landes-Hypothekenbanken

Wenngleich die Kreditwesengesetznovelle eine gewisse Korrektur gegenüber dem Stammgesetz aus 1979 darstellte, wurde an der Entwicklung zum Universalbankprinzip dennoch nicht gerüttelt. Für die Landes-Hypothekenbanken blieb daher nichts anderes übrig, als sich verstärkt in andere, bisher nicht betreute Marktsegmente auszubreiten.

Daß diese Expansion in neue Aufgabenfelder nicht ohne Kooperation innerhalb des Landes-Hypothekenbanksektors sinnvoll ist, zeigt die Tatsache, daß 1985 von acht Landes-Hypothekenbanken eine Kapitalanlage-Gesellschaft gegründet wurde. Damit wurde es möglich, den Kunden zur Wertpapierdeckung der Abfertigungsrücklage eigene Investmentzertifikate anzubieten.[354]

Ein extremes Wachstum konnte von den Landes-Hypothekenbanken bei den Spareinlagen erzielt werden. Lagen diese Ende 1985 noch bei 12,2 Milliarden

353 Pernthaler, 59
354 Tätigkeitsbericht 1985, 30

Schilling[355], waren sie Ende 1990 schon bei 23,442 Milliarden Schilling angelangt.[356] Ende 1999 machte der Wert bereits 60,283 Milliarden Schilling aus.[357]

8. Die Situation der Landes-Hypothekenbanken in den 90er Jahren

a. Der Beitritt Österreichs zur Europäischen Union und seine Auswirkung auf die Kreditwirtschaft

Der mit Wirksamkeit 1. Jänner 1995 erfolgte Beitritt Österreichs zur Europäischen Union brachte für alle Bereiche der Wirtschaft grundlegende Veränderungen und vor allem vermehrte Konkurrenz.

Angesichts der Kleinheit der österreichischen Banken im allgemeinen sowie der Landes-Hypothekenbanken im besonderen im Vergleich zu Instituten in anderen EU-Staaten stellte sich bald zu Beginn der 90er Jahre die Frage, welche kritische Größe ein Überleben im Binnenmarkt der EU ermöglichen würde. Bereits lange vor dem 1. Jänner 1995 wurde 1991 durch die Fusion von Zentralsparkasse und Länderbank ein für österreichische Verhältnisse riesiges, international betrachtet jedoch bestenfalls mittelgroßes Regionalinstitut geschaffen.

Wie bereits an anderer Stelle ausgeführt, stellten und stellen die einzelnen Landes-Hypothekenbanken trotz aller Gemeinsamkeiten in ihrer Geschäftstätigkeit doch (schon auf Grund ihrer Gründungsgeschichte und regional orientierten Aufgabenstellung) ein mit starker Identität geprägtes Gebilde dar, das sich (auch aus politischen Motiven heraus) nicht einfach fusionieren oder auflösen läßt.

Anläßlich der Vollversammlung des Verbandes der österreichischen Landes-Hypothekenbanken in Innsbruck 1991 ließ der mit dem Festvortrag betraute Vertreter des Bundesministeriums für Finanzen erkennen, daß die Sektorgrenzen im Kreditapparat zu jenen Austriazismen zählen, die sich bald als überholt erweisen könnten.[358]

Doch unabhängig von der Meinung der Aufsichtsbehörde war damals schon klar, daß sich die meisten Landes-Hypothekenbanken mit der Absicht trugen, den Status eines öffentlich-rechtlichen Kreditinstituts mit dem einer Aktiengesellschaft zu vertauschen, was einerseits durch die bevorstehenden Erhöhung der Eigenkapitalerfordernis, anderseits durch die Erleichterung strategischer Allianzen bedingt gewesen sein dürfte.[359]

---

355 ebenda, 38

356 Statistisches Monatsheft der Österreichischen Nationalbank 12/1999, 24

357 Tätigkeitsbericht des Verbands der österreichischen Landes-Hypothekenbanken 1999, 29

358 Finanznachrichten Nr. 23/1991, 3

359 ebenda, 3 f

Schon zuvor hatte sich beim Rückblick des Generalsekretärs des Verbandes der österreichischen Landes-Hypothekenbanken auf das zu Ende gehende Geschäftsjahr 1990 gezeigt, daß die österreichischen Landes-Hypothekenbanken von einer Holdinglösung mit Durchgriffsrecht Abstand nehmen werden und vielmehr ihre Position als Regionalbanken in den Vordergrund stellen.[360]

b. Die Entwicklung einzelner Landes-Hypothekenbanken

ba) Landes-Hypothekenbank Burgenland

Nachdem bereits 1990 die Umwandlung der Landes-Hypothekenbank Burgenland in eine Aktiengesellschaft beschlossen worden war, einigten sich das Land Burgenland als Eigentümer der Landes-Hypothekenbank und die Österreichische Länderbank AG als Mehrheitseigentümer der Eisenstädter Bank Mitte 1991 bezüglich einer Fusion der beiden Institute ab Oktober 1991, um einerseits noch die Begünstigungen des Strukturverbesserungsgesetzes in Anspruch zu nehmen und andererseits Einsparungs- und Synergieeffekte rasch nutzen zu können. Durch die Verschmelzung der beiden burgenländischen Regionalbanken entstand ein Institut mit einer Bilanzsumme von mehr als 20 Milliarden Schilling.[361]

bb) Wiener Landes-Hypothekenbank

Eine eigenständige Linie innerhalb des Landes-Hypothekenbanksektors verfolgte die Wiener Landes-Hypothekenbank. Als einzige Hypothekenbank Österreichs entschloß man sich 1992, auch weiter eine Spezialbank zu bleiben und nicht zur Universalbank zu werden. In der Bilanzpressekonferenz für das Jahr 1991 erklärte der Vorstand, die Wiener Landes-Hypothekenbank wolle „die Wohnbaubank für Wien" sein, man denke auch nicht an eine Umwandlung in eine Aktiengesellschaft.[362] Die mit 1. Jänner 1994 dann doch in eine Aktiengesellschaft umgewandelte Bank ging wenig später in der 1991 geschaffenen Bank Austria auf.

Beim Untergang der Wiener Landes-Hypothekenbank per 30. September 1994 betrug die Bilanzsumme ca. 28 Milliarden Schilling.[363] Durch das Ausscheiden der Wiener Landes-Hypothekenbank sank die zusammengefaßte Bi-

---

360 Bank & Börse 49/1990, 9
361 Bank & Börse 27/1991, 36
362 Wiener Zeitung vom 29. April 1992, 10
363 Tätigkeitsbericht des Verbandes der österreichischen Landes-Hypothekenbanken 1994, 13

lanzsumme aller Landes-Hypothekenbanken von 278,6 Milliarden Schilling Ende 1993 auf 266,0 Milliarden Schilling Ende 1994.[364]

bc) Salzburger Landes-Hypothekenbank

1992 wurde die Salzburger Landes-Hypothekenbank in eine Aktiengesellschaft eingebracht. Bis 17. Dezember 1998 war die Salzburger Landes-Holding alleiniger Aktionär. Ab 17. Dezember 1998 ist die Oberösterreichische Hypo BeteiligungsAG, ein Konsortium aus Raiffeisenlandesbank Oberösterreich reg. Gen.m.b.H. und Oberösterreichischer Landesbank AG, als Aktionär mit 50% minus eine Aktie eingetreten. Die Salzburger Landes-Holding hält seither 50% plus eine Aktie.[365]

bd) Niederösterreichische Landes-Hypothekenbank

Anfang 1992 wurde beschlossen, die Bank in eine Aktiengesellschaft umzuwandeln, am 16. September 1992 wurde die Gründungssitzung abgehalten. Dies änderte jedoch nichts an den Eigentumsverhältnissen, Alleinaktionär blieb (über eine zwischengeschaltete Verwaltungsholding) das Land Niederösterreich.[366] 1996 suchte man seitens des Landes nach einem Minderheitseigentümer. Schließlich wurde der Österreichischen Volksbanken AG ein 26%iger Anteil verkauft, wobei die Möglichkeit einer späteren Erhöhung auf 49% eingeräumt wurde.[367]

be) Kärntner Landes-Hypothekenbank

Die Grazer Wechselseitige Versicherung erwarb 1991 eine 33%ige Beteiligung, welche 1998 auf 48 % aufgestockt wurde.[368]

bf) Landes-Hypothekenbank Oberösterreich

Unter Einschaltung einer internationalen Investmentbank wurde 1996 der Verkauf einer Minderheitsbeteiligung öffentlich ausgeschrieben. Schließlich erwarb

---

364 ebenda

365 Geschäftsbericht der Salzburger Landes-Hypothekenbank 1998, 6

366 Geschäftsbericht der Niederösterreichischen Landes-Hypothekenbank 1995, 3

367 Tätigkeitsbericht des Verbandes der österreichischen Landes-Hypothekenbanken 1998, 14f

368 Tätigkeitsbericht des Verbandes der österreichischen Landes-Hypothekenbanken 1997, 15

die Oberösterreichische Raiffeisenlandesbank einen 49%igen Anteil, wobei die formelle Durchführung erst 1997 erfolgte.[369]

bg) Landes-Hypothekenbank Steiermark

Nachdem 1995 das Institut in eine Aktiengesellschaft eingebracht worden war, beschloß der Steiermärkische Landtag am 7. Juli 1998, 49% der Aktien an die Raiffeisenlandesbank Steiermark als Bestbieter zu veräußern.[370]

bh) Landes-Hypothekenbank Vorarlberg

1996 wurde die Vorarlberger Landes-Hypothekenbank in eine Aktiengesellschaft eingebracht.[371] 1998 erwarb ein Konsortium von drei Banken aus Baden-Württemberg (aus denen durch Fusion die Landesbank Baden-Württemberg und die Landeskreditbank Baden-Württemberg-Förderbank entstanden sind) eine Beteiligung von 25% plus einer Aktie.[372]

bi) Landes-Hypothekenbank Tirol

Als letzte Landes-Hypothekenbank wurde diejenige Tirols per 1. Jänner 1998 in eine Aktiengesellschaft eingebracht.[373] Mit einer Bilanzsumme von 66,7 Milliarden Schilling Ende 1999 ist sie seit Jahren die größte der nunmehr acht Landes-Hypothekenbanken.[374]

c. Die Länderbeiratsempfehlung von 1996

Durch die Beteiligungen von sektorfremden Banken an den Instituten in Niederösterreich und Oberösterreich, die zwar Minderheitsbeteiligungen sind, dennoch aber als strategisch anzusehen sind, war mit aller Deutlichkeit die Frage nach den Auswirkungen auf künftige Kooperation und den Zusammenhalt im Hypo--

369 Tätigkeitsbericht des Verbandes der österreichischen Landes-Hypothekenbanken 1998, 14

370 Geschäftsbericht der Landes-Hypothekenbank Steiermark 1998, 2f

371 Tätigkeitsbericht des Verbandes der österreichischen Landes-Hypothekenbanken 1996, 16

372 Tätigkeitsbericht des Verbandes der österreichischen Landes-Hypothekenbanken 1998, 15

373 Tätigkeitsbericht des Verbandes der österreichischen Landes-Hypothekenbanken 1998, 14

374 Internet, www.hypotirol.at, 2000

Sektor aufgeworfen. Im Länderbeirat des Verbands der Landes-Hypothekenbanken, der am 4. Oktober 1996 nach längerer Pause wieder tagte, wurde eine Privatsierungsdiskussion geführt.[375] Der Länderbeirat empfahl den Ländern beschlußmäßig, sich bei der Abgabe von Beteiligungen an einer Landes-Hypothekenbank an folgende Grundsätze zu halten: das Land soll bis maximal 51% reduzieren, es soll keine „Respezialisierung“ der Hypothekenbank zugelassen werden und die Bank soll im Sektorverbund verbleiben, was auch den weiteren Vertrieb der Produkte von Tochtergesellschaften des Sektors miteinschließt. Diese Prinzipien wurden bis jetzt beachtet.[376]

d. Auswirkungen der Umstrukturierung auf den Firmenwortlaut der einzelnen Landes-Hypothekenbanken

Schon allein durch die Schaffung einer Aktiengesellschaft mußte der Firmenwortlaut der Bank geändert werden. Einige haben nunmehr nicht nur den Zusatz „AG“, sondern auch einen gegenüber früher veränderten Namen.

Im einzelnen lauten die Bezeichnungen der Institute wie folgt: [377]

da) Burgenland: EB und Hypo-Bank Burgenland AG
db) Kärnten: Kärntner Landes- und Hypothekenbank AG (sie führt im Geschäftsleben auch die Bezeichnung „Hypo-Alpe-Adria-Bank AG“[378] als Verdeutlichung ihrer Geschäftsphilosophie)
dc) Niederösterreich: Niederösterreichische Landesbank-Hypothekenbank AG
dd) Oberösterreich: Oberösterreichische Landesbank AG
de) Salzburg: Salzburger Landes-Hypothekenbank AG
df) Steiermark: Landes-Hypothekenbank Steiermark AG
dg) Tirol: Landes-Hypothekenbank Tirol AG
dh) Vorarlberg: Vorarlberger Landes- und Hypothekenbank AG

e. Konstruktion der Eigentumsverhältnisse

In der Steiermark und in Oberösterreich werden die Aktien ohne Zwischenschaltung einer Holding-Gesellschaft direkt vom Land gehalten. In den Bundes-

---

375 Tätigkeitsbericht des Verbandes der österreichischen Landes-Hypothekenbanken 1996, 16

376 Tätigkeitsbericht des Verbandes der österreichischen Landes-Hypothekenbanken 1998, 15

377 Tätigkeitsbericht des Verbands der österreichischen Landes-Hypothekenbanken 1998, 2

378 Internet, www.hypo-alpe-adria.com, 2000

ländern Burgenland, Kärnten, Niederösterreich, Salzburg, Tirol und Vorarlberg besteht die seinerzeitige öffentlich-rechtliche Hypothekenbank als Landes-Holding- beziehungsweise Hypo-Anteilsverwaltungsgesellschaft weiter und hält die Aktien der Hypo-Bank-AG, in einigen Fällen daneben auch Beteiligungen an anderen Landesgesellschaften für das Land.[379]

f. Auslandsorientierung der einzelnen Institute

Die herrschenden Strukturbedingungen haben einige Institute dazu veranlaßt, ihre Aktivitäten ins benachbarte Ausland auszudehnen.

Dies führte auch zur Eröffnung von Repräsentanzen und Filialen in den Nachbarstaaten, um die Kundennähe zu gewährleisten. Die Regionalorientierung der einzelnen Landes-Hypothekenbanken wird auch im Auslandsgeschäft deutlich: Die EB und Hypo-Bank Burgenland unterhält eine Repräsentanz in Sopron, die Landes-Hypothekenbank Tirol je eine in Trient und Bozen.

Die Vorarlberger Landes- und Hypothekenbank ist in der Schweiz (St. Gallen) mit einer Filiale, in Bozen und Augsburg mit einer Repräsentanz und in Liechtenstein mit einer Investmentbank vertreten. Die italienischen Filialen der Kärntner Landes- und Hypothekenbank wurden 1998 ausgetöchtert.[380]

9. Die Novellierung des Pfandbrief- und des Hypothekenbankgesetzes

Durch die Novelle zum Pfandbrief- sowie zum Hypothekenbankgesetz, BGBl. I, Nr. 88/1998, wurde eine für die Hypothekenbanken längst notwendig gewordene Veränderung herbeigeführt, nämlich die Möglichkeit, Grundpfandrechte an in EWR-Staaten sowie in der Schweiz gelegenen Grundstücken zu erwerben.

Dem § 2 Pfandbriefgesetz wurden die Absätze 4 und 5 mit folgendem Wortlaut hinzugefügt:

„(4) Hypotheken an Grundstücken in anderen Mitgliedstaaten des Europäischen Wirtschaftsraumes als Österreich oder in der Schweiz sind Hypotheken an inländischen Grundstücken gleichzuhalten, sofern unter Berücksichtigung aller Umstände die rechtliche und wirtschaftliche Stellung der Pfandbriefgläubiger im Verhältnis zu diesen Hypotheken mit der rechtlichen und wirtschaftlichen Stellung der Pfandbriefgläubiger gegenüber inländischen Hypotheken vergleichbar ist. Diese Stellung ist insbesondere nur dann vergleichbar, wenn sichergestellt ist, daß sich das Konkursvorrecht der Pfandbriefgläubiger nach § 6 Abs. 1 auch auf diese Hypotheken erstreckt, wobei bis zu einem Gesamtbetrag von 10% der Hypotheken an inländischen Grundstücken toleriert wird, daß die Vergleichbarkeitsprüfung mißlingt."

379 Tätigkeitsbericht des Verbandes der österreichischen Landes-Hypothekenbanken 1998, 14

380 Tätigkeitsbericht 1998, 19

„(5) Die Währung des Nennwertes der von der Kreditanstalt ausgegebenen Hypothekenpfandbriefe darf von der Währung der zu ihrer Deckung benutzten Werte nur abweichen, soweit durch geeignete Maßnahmen ein Währungsrisiko - und zwar auch im Konkursfall der Kreditanstalt - ausgeschlossen ist. Die Ansprüche, die auf Grund dieser Maßnahmen von der Kreditanstanstalt erworben wurden, sind in den Büchern der Kreditanstalt als Deckungswerte zu bezeichnen und in das Register nach § 3 einzutragen. Die Eintragung hat den einzelnen Anspruch zu bezeichnen. Die Regelungen dieses Bundesgesetzes für Wertpapiere in den §§ 5 und 6 gelten auch für diese Ansprüche, und zwar auch dann, wenn sie nicht in Wertpapieren verbrieft sind."

Eine gleichlautende Bestimmung wurde dem Hypothekenbankgesetz in § 11 als Absatz 4 und 5 eingefügt.

Die gesetzlichen Maßnahmen waren insbesondere dringend nötig, als durch den Beitritt Österreichs zum EWR und zur EU die wirtschaftliche Verflechtung mit den anderen teilnehmenden Staaten eine immer engere wurde. Trotz der Nichtteilnahme der Schweiz am EWR auf Grund des Ergebnisses der Volksabstimmung vom 6. Dezember 1992 ist die Schweizer Bankenwelt im europäischen Wirtschaftsleben fest verankert. Daß sie als Nachbarstaat Österreichs trotz der Nichtteilnahme am EWR nicht auszugrenzen war, ohne Disparitäten zu schaffen, erscheint leicht nachvollziehbar.

Auch dem Gläubigerschutz im Konkurs wurde durch die Novelle Rechnung getragen: Dem Pfandbriefgesetz wurde im § 6 ein Absatz 5 angefügt, der folgenden Wortlaut aufweist:

„(5) Konkursvorrechte zugunsten der Pfandbriefgläubiger einer öffentlich-rechtlichen Kreditanstalt, die ihren Sitz in einem anderen Mitgliedstaat des Europäischen Wirtschaftsraumes als Österreich oder in der Schweiz hat, sind in einem inländischen Insovenzverfahren anzuerkennen, wenn sie im wesentlichen dem Vorrecht gemäß Abs. 1 entsprechen und die Gegenseitigkeit gegeben ist."

Eine inhaltsgleiche Bestimmung wurde als § 35 Absatz 2 dem Hypothekenbankgesetz angefügt.

10. Die Situation der Landes-Hypothekenbanken am Ende des Jahrtausends

a. Allgemeines

Am Ende des Jahres 1999 hatten die acht Landes-Hypothekenbanken ihre Stellung innerhalb des österreichischen Bankenapparats gut gefestigt. Teilweise wuchsen die Institute schneller als der gesamtösterreichische Markt.

b. Zusammengefaßte Bilanzsummen der Landes-Hypothekenbanken

Die Bilanzsumme aller Landes-Hypothekenbanken betrug Ende 1999 394,699 Milliarden Schilling gegenüber 352,247 Milliarden Schilling Ende 1998, was immerhin eine Steigerung um 12,05 % bedeutet.[381]

c. Umlauf von Pfandbriefen und Kommunalschuldverschreibungen der Landes-Hypothekenbanken

Ende 1999 waren Pfandbriefe im Nominale von 41,770 Milliarden Schilling und Kommunalbriefe im Nominale von 71,237 Milliarden Schilling im Umlauf. Gegenüber 1998 waren zwar 5,6 % Zuwachs bei den Pfandbriefen feststellbar, der Umlauf an Kommunalschuldverschreibungen sank aber um nicht weniger als 8,1 %.[382]

d. Umlauf von Pfandbriefen und Kommunalschuldverschreibungen anderer Emittenten

Die anderen emissionsberechtigten Institute (Bank Austria - Creditanstalt sowie die Erste Bank als Rechtsnachfolger von ÖCI beziehungsweise GiroCredit) hatten Ende 1999 Pfandbriefe im Nominale von 26,463 Milliarden Schilling und Kommunalschuldverschreibungen im Nominale von 28,132 im Umlauf. Beide Bereiche schrumpften gegenüber Ende 1998, die Pfandbriefe um 5,2 %, die Kommunalschuldverschreibungen sogar um 17,4 %.[383]

e. Marktanteile der Landes-Hypothekenbanken bei Pfandbriefen und Kommunalschuldverschreibungen

Die Dominanz beim Umlauf von Pfandbriefen und Kommunalschuldverschreibungen konnte 1999 weiter ausgebaut werden: der Marktanteil betrug 61,2 % (1998: 58,6 %) beziehungsweise 71,7 % (1998: 69,5 %).[384]

f. Trenderwartungen

Eine Analyse der Bilanzen der Landes-Hypothekenbanken ergibt, daß sich diese Institute immer mehr vom ehemaligen Charakter als bloße Emittenten von

381 Tätigkeitsbericht des Verbandes der österreichischen Landes-Hypothekenbanken 1999, 23

382 ebenda, 27

383 ebenda, 27

384 ebenda, 27

Pfandbriefen und Kommunalschuldverschreibungen entfernen. Daran dürfte sich wohl auch in naher Zukunft nichts ändern, der Trend dürfte sich wahrscheinlich noch verstärken. Gleichzeitig wird aber - wie unter e) nachgewiesen - der Marktanteil im traditionsreichen Sektor sogar noch stärker. Der Umlauf an Kommunalschuldverschreibungen dürfte - bedingt durch den Konsolidierungsbedarf der öffentlichen Hand - in den nächsten Jahren stark zurückgehen. Schon in den kommenden Jahren könnte der Umlauf von Pfandbriefen wieder denjenigen an Kommunalschuldverschreibungen übersteigen.

V. Zusammenfassung

1. Die Wiederaufnahme der Emissionstätigkeit nach dem 2. Weltkrieg

Da nach dem Kriegsende weite Teile der Bevölkerung keine Rücklagen bilden konnten, war zunächst auch nicht an die Emission von Pfandbriefen zu denken. Ab 1948 gelang es den Pfandbriefinstituten aber, Schritt für Schritt die Bevölkerung wieder für das Wertpapiersparen zu gewinnen.

2. Strukturmaßnahmen

Die Pfandbriefstelle wurde nach dem Krieg austrifiziert und als Partner der neun Landesinstitute ausgestaltet. 1947 wurde der Verband der österreichischen Landeshypothekenanstalten gegründet, um bundesländerübergreifend kooperieren zu können.

3. Der Trend zur Universalbank

Den rasch expandierenden Landeshypothekenanstalten erwuchsen durch den Trend zur Universalbank im österreichischen Kreditapparat insofern Konkurrenten, als sektorfremde Institute in den Emissionsbereich eindrangen und vor allem ab 1979 auf Grund des neuen Kreditwesengesetzes massiv begannen, Anleihen zu emittieren. Den Landes-Hypothekenbanken blieb gar nichts anderes übrig, als sich ebenfalls in bisher fremde Geschäftsfelder zu begeben.

4. Die Tendenz zu sektorübergreifenden Partnerschaften

Anfang der 90er Jahre begannen die Landes-Hypothekenbanken, außerhalb des Hypothekenbanksektors nach Partnern zu suchen. Trotz dieser Öffnung in

Richtung anderer Sektoren verblieben die nunmehr acht Landes-Hypothekenbanken (das Wiener Institut wurde 1994 aufgelöst und ging in der Bank Austria auf) alle mehrheitlich in Landesbesitz. Entsprechend ihrer Selbstdefinition als vorwiegend regional tätige Banken suchen sie in unterschiedlicher Weise nach neuen Märkten, nicht zuletzt auch im angrenzenden Ausland.

5. Die Position der Landes-Hypothekenbanken zur Jahrtausendwende

Ende 1999 stellten die Landes-Hypothekenbanken zwar insgesamt nur einen kleinen Teil der österreichischen Kreditwirtschaft dar, was aber nicht heißen soll, daß die einzelnen Institute nicht lebensfähig für die Zukunft wären. Teilweise wachsen sie sogar bedeutend schneller als der Gesamtmarkt, und zwar nicht nur hinsichtlich der Bilanzsumme, sondern auch des Ertrages.

Das ursprüngliche Kerngeschäft, die Emission von Pfandbriefen und Kommunalschuldverschreibungen, macht jedoch nunmehr in den Bilanzsummen weit weniger aus als früher, da auch zuvor nicht beachtete Geschäftsfelder bearbeitet werden.

Bei den Kommunalschuldverschreibungen, die nunmehr auch - ein wenig irreführend - „öffentliche Pfandbriefe" genannt werden, wird in den nächsten Jahren auf Grund der Budgetkonsolidierung das Umlaufvolumen stark zurückgehen, während die Pfandbriefe voraussichtlich ein bescheidenes Wachstum verzeichnen werden.

Der Anteil der privaten Hypothekenbanken in Österreich war in den letzten Jahrzehnten verglichen mit den Landesinstituten eher gering, woran sich auch in Zukunft nichts ändern dürfte.

7. Kapitel: Schlußbetrachtungen

1. Der Pfandbrief im Wandel der Zeit

Wenngleich der heutige Pfandbrief, der ein börsennotiertes Wertpapier, von einer auf Gewinn gerichteten Hypothekenbank emittiert, darstellt, mit dem „Urpfandbrief“ recht wenig gemein hat, ist der eigentliche Zweck dennoch stets der gleiche geblieben. Seine Aufgabe war und ist es, einem Investor, der einem Liegenschaftseigentümer Geldmittel zukommen läßt, durch hypothekarische Sicherstellung eine gewisse Sicherheit zu verschaffen. An dieser Konstruktion ändert auch das Dazwischentreten eines Dritten (anfangs einer Zwangsgenossenschaft, später einer Bank) nichts. War dem Investor anfangs noch bekannt, welche Liegenschaft für seine Geldforderung haftet, so wurde die gesamte Deckungsmasse eines Kreditinstitutes zur Sicherheit, was einerseits die einzelne Liegenschaft für den Pfandbriefinhaber bedeutungslos werden ließ, andererseits aber sein Risiko bedeutend verminderte. Freilich kann die durch hypothekarische Sicherstellung in ihrem Risiko verminderte Geldanlage keine absolute Gewähr gegen Verluste bieten, da ein Schutz gegen Inflation einem Forderungswertpapier allenfalls bei vorher festgelegter Zinsgleitklausel eigen sein kann. Die Inflationen nach den beiden Weltkriegen haben indes (insbesondere nach dem 1. Weltkrieg) dem Pfandbrief als Wertanlage gehörig zugesetzt.

Daß es zur Absicherung der Gläubiger allerdings mehr bedarf, als ein bloßes Versprechen einer Bank, Pfandbriefgläubiger bevorzugt zu behandeln, zeigte der Börsenkrach von 1873. Das damals geltende Recht konnte im Ernstfall - im Konkurs der Bank - keinen wirklichen Schutz bieten. Dem Gesetzgeber ist es binnen eines Jahres gelungen, ein Sicherheitsnetz zu spannen, das auch im Konkurs der Bank kaum reißen kann. Zwar ist die gewählte Konstruktion der Treuhandschaft einer Besachwaltung der Hypothekenbank nicht ganz unähnlich, sie hat jedoch bei näherer Betrachtung auch für die betroffene Bank erhebliche Vorteile. Die Hypothekenbanken haben die umfangreiche (und vor allem antizipative) Kontrolle stets als Verkaufsargument für Pfandbriefe ins Spiel gebracht, was vom Publikum auch reichlich honoriert wurde. Bei den Landes-Hypothekenbanken konnte zudem auch noch die Landeshaftung als zusätzliches Kriterium erfolgreich in die Werbung einbezogen werden.

Die Tatsache, daß in Österreich nach dem Inkrafttreten der strengen Sicherheitsbestimmungen über hundert Jahre keine Hypothekenbanken in Konkurs gingen, gibt Zeugnis von der Qualität der gesetzlichen Regelung, die es offenbar versteht, bereits im Vorfeld das Anlegerrisiko zu minimieren.

Daß Österreich weit früher als Deutschland über ein umfangreiches Sicherheitssystem für Pfandbriefgläubiger verfügte, wurde bereits dargestellt. Dabei wurde eindrucksvoll sichtbar, daß nicht nur die eigentliche Pfandbriefgesetzgebung von Bedeutung ist, sondern auch gesetzliche Rahmenbedingungen, etwa ein einheitliches Zivilrecht bzw. Konkursrecht.

Wie am Beispiel Vorarlbergs im 19. Jahrhundert leicht zu erkennen ist, nützen aber auch die besten Konkurssicherungsmaßnahmen nichts, wenn das unmittelbare, für den Pfandbrief lebensnotwendige Umfeld nicht aufbereitet ist. Ohne ein funktionierendes Grundbuchsystem kann ein Pfandbriefwesen nicht aufgebaut werden, geschweige denn expandieren.

Die Rahmenbedingungen für Wertpapierbesitzer und somit auch für Pfandbriefgläubiger haben sich im Lauf der Zeit grundlegend geändert. War es früher üblich, die Wertpapiere effektiv zu besitzen, so werden diese heute in der Regel gar nicht mehr gedruckt, sondern durch eine Sammelurkunde repräsentiert. Was sich für die Zinsen- und Tilgungsverwaltung des einzelnen Wertpapierbesitzers durchaus als Vorteil darstellt (er braucht sich de facto um nichts mehr zu kümmern), ist aus Sicht des Konsumentenschutzes jedoch eher bedenklich. Waren nämlich auf früheren Pfandbriefen die rechtlich relevanten Daten (etwa ein vorzeitiges Kündigungsrecht der Hypothekenbank) angeführt und durch das effektive Aushändigen des Wertpapiers an den Anleger diesem auch zugänglich, so ist heute diese Information weit schwerer zu bekommen. Gerade in der Hochzinsphase zu Beginn der 80er Jahre wurde von Bankmitarbeitern nicht immer darauf hingewiesen, daß seitens der Bank ein Recht zur vorzeitigen Kündigung des Pfandbriefs besteht. Während Staatsanleihen tatsächlich über die gesamte Laufzeit bis zu 11% abwarfen, da sie nicht gekündigt wurden bzw. unkündbar waren, war dies bei Pfandbriefen meist nicht der Fall.

War der Pfandbrief früher vor allem ein festverzinsliches Wertpapier mit teilweise extrem langen Laufzeiten, wurde er in der jüngsten Zeit oft zu einem flexibel verzinsten Anlageinstrument mit teils eher kurzen Laufzeiten.

Gab es früher in Österreich auf Grund der Dominanz der Landeshypothekenanstalten für den Kunden meist keine oder bloß geringe Depot- und Kontoführungsgebühren, so wurde - vor allem ab 1979 - mit dem Trend zur Universalbank auch im Hypothekenbanksektor zunehmend darauf geachtet, Kosten auf den Kunden überzuwälzen, wenngleich eigene Emissionen zumeist kostenbegünstigt für Anleger verwaltet werden.

Der österreichische Sparer ist nicht nur risikoavers, was in der für westeuropäische Verhältnisse extrem niedrigen Quote von Aktienbesitzern sichtbar wird, er hat auch dem Wertpapiersparen in Form von Obligationen (im Vergleich zum

Sparbuchsparen) in den letzten Jahrzehnten relativ wenig Wert beigemessen. Erst in der zweiten Hälfte der 90er Jahre wurde der Trend zum Investmentzertifikat sichtbar, wobei der weitaus überwiegende Anteil in Rentenwerten veranlagt ist. Viele der Investmentzertifikatbesitzer sind sich höchstwahrscheinlich gar nicht bewußt, daß in ihren Fonds Pfandbriefe enthalten sind, geschweige denn dürften sie über die besonderen Sicherheitsmerkmale informiert sein. Unverkennbar ist aber in den letzten Jahren das Ertragsdenken der Anleger stärker geworden, wobei die zuletzt historisch tiefen Sparbuchzinsen nicht unmaßgeblich dazu beigetragen haben dürften, auf alternative und trotzdem sichere Anlageformen umzusteigen. Den Banken (auch den Hypothekenbanken) wiederum bringen Wertpapiergeschäfte meist mehr Ertrag als das Einlagengeschäft, das in den letzten Jahren eher magere Gewinne abgeworfen hat.

Trotz der enormen Umbrüche, die der Pfandbrief in den letzten zwei Jahrhunderten erlebt hat, zählt er auch heute zweifelsohne zu einem modernen Mittel eines Investments. War es am Anfang eher der landwirtschaftliche Grundbesitz, der dringend günstiges Geld benötigte, wurde mit der Zeit zunehmend der private Wohnbau Nachfrager nach billigem Geld. Der Pfandbrief konnte den geänderten Bedürfnissen Rechnung tragen, ohne sein Wesen auch nur im geringsten zu verändern. Daß die österreichischen Bundesländer auch für den Wohnbau zuständig sind, hat die Entwicklung der Landes-Hypothekenbanken sicher positiv beeinflußt.

Die zunehmende Internationalisierung der Kapitalmärkte hat auch Auswirkungen auf den Pfandbrief. Einerseits wird es für den Anleger immer leichter, auch auf ausländischen Börsen direkt oder indirekt (etwa in Form von Investmentzertifikaten) zu investieren. Andererseits führt der Binnenmarkt der Europäischen Union vermehrt dazu, daß ausländische Banken in (bisher geschützte) nationale Märkte eindringen. Dies kann in vielfältiger Weise geschehen, etwa durch direkte Marktpräsenz oder durch Tochterbanken. Zudem wird durch die ab Jänner 1999 vereinheitlichte Währung auf den Wertpapiermärkten mehr Transparenz geschaffen, was klarerweise nicht bloß Auswirkungen auf die Aktienmärkte hat, sondern ebenso die Rentenmärkte beeinflußt. Neue Vertriebsformen für Wertpapiere, nicht zuletzt die Möglichkeit, Wertpapiere im Internet zu ordern, schaffen eine Mobilität von Kapital, die nicht bloß zu Zeiten der ersten Pfandbriefe, sondern noch vor kurzem undenkbar war.

Wenngleich die immer stärker werdende Vernetzung der internationalen Kapitalmärkte nicht nur Vorteile bringt, da auch Störfaktoren sehr rasch wirksam werden und teilweise Überreaktionen der Anleger zu völlig realitätsfremden Entwicklungen (in beide Richtungen) führen, so ist - bezogen auf den Pfandbrief - eine weite Öffnung der Märkte eigentlich von Vorteil. Den überregional tätigen Hypothekenbanken eröffnen sich neue Möglichkeiten, sich Kapital zu beschaffen, das sie entweder im Inland oder im Ausland an Kunden vergeben können. Durch den Wegfall des Währungsrisikos im Europäischen Binnenmarkt ist es auch für den Investor leichter geworden, noch risikoloser als bisher in Pfandbriefe zu veranlagen. Freilich darf nicht übersehen werden, daß damit verbunden auch gewisse neue Schwierigkeiten entstehen können, etwa die im Einzelfall durchaus größere Mühe, in einem Konkurs außerhalb Österreichs zu seinem Geld zu kommen, ohne dafür unverhältnismäßig hohe Kosten zu haben. Auch für Hypothekenbanken, die am Heimmarkt durchaus erfolgreich waren und sind, ist auf einem großen Binnenmarkt auf Grund ungenügender Marktkenntnis durchaus ein Mißerfolg nicht auszuschließen.

Wenn der Anleger seine Chancen im Binnenmarkt optimal nützen will, muß er beim Kauf eines Pfandbriefes also beachten, wo die Hypothekenbank ihre Hauptgeschäftsfelder hat, welcher Rechtsordnung sie unterliegt und welche Sicherheiten für den Fall des allfälligen Konkurses bestehen. Es wäre gefährlich zu glauben, daß in einem Binnenmarkt ohne Währungsschwankungen ein Pfandbrief automatisch absolut sicher sei. Auch die besten Gesetze können -wenn sie schlecht vollzogen werden - einen Schaden für Anleger nicht verhindern.

Eine Hypothekenbank, die den Binnenmarkt optimal nützen will, muß danach trachten, sich in beiden Bereichen ihres Geschäftsfeldes für Pfandbriefe richtig zu positionieren. Das heißt etwa bei der Hereinnahme von Geldern auf gewisse Kriterien zu achten, zum Beispiel könnten (auch im Binnenmarkt noch bestehende) Steuerunterschiede für Anleger oder unterschiedliche Marktliquiditäten feingesteuert beachtet werden. Im Ausleihungsgeschäft kann gerade der Hypothekarkredit nicht auf präzise Marktkenntnis vor Ort verzichten. Will also eine Hypothekenbank ihren Tätigkeitsbereich örtlich vergrößern, muß jedenfalls mit Experten, die über genaue Detailkenntnis verfügen, kooperiert werden. Größe und Kapitalmacht allein werden sicherlich noch kein ertragreiches Geschäft garantieren können.

Man braucht kein Prophet zu sein, um dem Pfandbrief ein langes Leben über die nächsten Jahrzehnte hinweg vorauszusagen. Das bewährte System eines dreipersonalen Schuldverhältnisses, das in der Beziehung Hypothekenbank - Schuldner auf (lange) Dauer ausgerichtet ist, im Verhältnis Hypothekenbank - Pfandbriefgläubiger jedoch auf Grund der wertpapierrechtlichen Konstruktion in Verbindung mit der Börsenfähigkeit ein (wenn vom Wertpapierbesitzer gewollt) durchaus kurzfristiges und wechselhaftes sein kann, ohne daß sich der Charakter des Pfandbriefs als (auch) sehr langfristiges Anlageinstrument ändert, ist samt den oben genannten Verfeinerungsmöglichkeiten (etwa dem Investmentsparen) schon sehr ausgereift und zukunftsträchtig. Im Gegensatz zur Wandelbarkeit des kommerziellen Pfandbriefwesens bedarf die rechtliche Konstruktion der Sicherheit der Anleger keiner wie immer gearteten Änderung.

2. Die Hypothekenanstalten bzw. Hypothekenbanken im Wandel der Zeit

War es beim „Urpfandbrief" noch eine Zwangsgenossenschaft, die die Ausgabe der Pfandbriefe besorgte, kamen in der Folge freiwillige Zusammenschlüsse (ebenfalls in Form einer Genossenschaft) häufiger vor. Mitte des 19. Jahrhunderts gab es vor allem in Deutschland den Trend zur Hypothekenbank in Form einer Aktiengesellschaft. Da sich der Pfandbrief in Österreich nur sehr schwer durchsetzen konnte, wurde auch die Frühform der Genossenschaft gleichsam übersprungen. Bis zum Börsenkrach von 1873 waren Pfandbriefe fast nur von auf Gewinn gerichteten Banken, die nebenbei oder vorwiegend auch noch andere Geschäftsfelder abdeckten, in Umlauf gebracht worden. Erst relativ lange nach dem Börsenkrach wird die Pfandbriefemission Ende der 80er Jahre des 19. Jahrhunderts von Instituten übernommen, die im Volleigentum von Ländern stehen. Diese - damals „Landeshypothekenanstalten" genannten - Institute waren als bewußtes Gegengewicht zu den kapitalistisch orientierten Aktienhypothekenbanken konzipiert.

Was das Emissionsvolumen anlangt, sind die Landesinstitute (nach nunmehr über hundert Jahren) auf dem Gebiet der Pfandbriefvermarktung auch heute noch weit bedeutender als der Sektor der privaten Banken, die sich aber hauptsächlich anderen Geschäftsfeldern widmen.

Die gegenwärtige Situation der Landes-Hypothekenbanken kann am besten mit „Strukturanpassung in einer sich wandelnden Bankenwelt" umschrieben werden, wobei sich folgende Problemfelder abstecken lassen:

a. Privatisierungstendenzen

Nahezu alle westlichen Staaten Europas haben sich in den letzten Jahren von Staatseigentum getrennt, indem dieses an Private veräußert wurde. Diese Teil- oder Vollprivatisierungen erfolgten meist aus einer finanziellen Notlage heraus und konnten (zumindest kurzfristig) defizitmindernd wirken. Ein nicht unerheblicher Teil der Privatisierungen betraf auch Banken und Sparkassen.

Die Frage, ob der Staat Unternehmer sein soll oder nicht, ist nicht selten rein ideologisch beantwortet worden. Sie ist - bei genauer Betrachtung - weder eindeutig logisch beantwortbar, noch kann sie für alle Fälle in gleicher Weise gelten.

Die eine Extremposition, die besagt, der Staat sei ein schlechter Unternehmer, übersieht nämlich, daß gewisse Zweige der Staatswirtschaft selbst dort, wo keine Monopolstellung gegeben ist, durchaus rentabel wirtschaften konnten und können. Ferner wird geflissentlich verschwiegen, daß auch in der Privatwirtschaft keineswegs alle Unternehmen nachhaltig Gewinne erwirtschaften und die Zahl der jährlichen Insolvenzen teilweise erschreckend hoch ist, wobei nicht selten Managementfehler ausschlaggebend sind. Zudem wird eine völlig verkürzte Schlußfolgerung gezogen, daß die Eigentümerstruktur unmittelbar auf den Geschäftserfolg durchschlägt.

Die andere Extremposition hält jede Art von Rückzug des Staates aus der Wirtschaft für eine Gefahr, insbesondere aus Sicht der Beschäftigungspolitik. Nur ein stark mit der Wirtschaft verflochtener Staat könne auf Dauer Wohlstand für alle erzeugen.

Meiner Ansicht nach sind beide Denkansätze grundlegend falsch.

Anhand der Landes-Hypothekenbanken etwa kann aus langjährigen Erfahrungen unschwer erkannt werden, daß diese den Ländern nicht nur keine Verluste, sondern Gewinne gebracht haben. In keinem einzigen Bundesland ist die Landes-Hypothekenbank nur noch deshalb am Leben, weil sie ständig vom Land subventioniert wird. Zudem kann wohl nur von einem Uninformierten behauptet werden, daß sich in Österreich kein Wettbewerb unter den Banken und Sparkassen abspiele oder der Markt (auch lange vor der EU-Öffnung) ein komplett geschützter gewesen wäre. Mag man auch die Verflechtung von Politik und Wirtschaft kritisch betrachten, sprechen die Fakten doch eindeutig dafür, daß ein im Eigentum der öffentlichen Hand stehendes Unternehmen nicht automatisch verlustträchtig sein muß.

Die Teilprivatisierung von Staatsbetrieben beläßt die gesellschaftsrechtliche Entscheidungsfindung meist unverändert, privatisiert aber klarerweise auch die Gewinne und ist langfristig keineswegs sinnvoll.

Privatisierung bzw. Beibehaltung von Verstaatlichung sollten meiner Meinung nach keine Dogmen sein, sondern anhand der Realität und im Einzelfall differenziert betrachtet werden. Nicht zu vergessen ist auch der Umstand, daß es Eigentümern natürlich auch völlig freisteht, sich aus dem Tagesgeschäft herauszuhalten und öffentliche Betriebe daher von Experten geführt werden können, die (nach vorheriger Zielvereinbarung) frei agieren können.

Auf die Landes-Hypothekenbanken bezogen wäre daher eine über die Hälfte hinausgehende Privatisierung nicht im langfristigen Interesse der Landesbürger.

b. Zentralisierungstendenzen

Die letzten Jahre haben in der gesamten Wirtschaft und nicht zuletzt auch in der Bankenwelt zu großen und größten Konzentraktionsbewegungen geführt. Nicht wenige Experten meinen, daß dieser Prozeß noch lange nicht beendet ist. Da die (relativ) kleinen Landes-Hypothekenbanken im kleinen Markt Österreich gesamt gesehen keinen besonders großen Sektor bilden, sind sie im internationalen Maßstab betrachtet eigentlich Zwerge. Folgt man nun der Theorie, daß die Zentralisierung noch lange nicht abgeschlossen ist, wäre die logische Konsequenz, den Landes-Hypothekenbanken einen baldigen Tod zu prophezeien.

Ich kann diese Meinung beim besten Willen nicht teilen.

Zunächst kann Größe allein noch kein alleine gültiges Kriterium darstellen. Wenngleich Fusionen erhebliche Synergieeffekte bringen können, sind diese auch nicht immer von Dauer. Große Einheiten haben nämlich stets die Gefahr in sich, unüberschaubar zu werden. Gerade im Bankengeschäft laufen zwei gegensätzliche Tendenzen simultan ab: einerseits werden immer mehr Vorgänge (etwa im Zahlungsverkehr) automatisiert und somit weniger personalintensiv. Andererseits steigt der Bedarf nach Finanzberatung überproportional an. Die vielzitierte „Generation der Erben“ wird dabei einen (auch in Österreich) ertragversprechenden Markt schaffen. Wer Nischenprodukte anbietet oder sich auf spezielle Marktsegmente konzentriert, wird - sofern er es professionell tut - auch dann überleben und auch gut leben können, wenn er (relativ) klein ist.

Die Chancen der Landes-Hypothekenbanken liegen daher meiner Ansicht nach einerseits in einer noch verstärkten innersektoralen Kooperation (zum Beispiel in der EDV-Vernetzung, der Produktpalette, dem gemeinsamen Marketing), andererseits in der verstärkten Hinwendung zum qualitativen Bankgeschäft, das die lokalen Gegebenheiten (etwa im Hypothekengeschäft) bestens kennt. Das schließt keineswegs Kooperationen mit (auch ausländischen) Partnern aus. Mit einer stets am Bedarf orientierten Produktpolitik sollte den Landes-Hypothekenbanken aber auch in Zukunft ein fester Platz in der österreichischen Bankenlandschaft sicher sein.

c. Wettbewerbsvorteile durch Privilegien?

Die von den Landes-Hypothekenbanken entgegengenommenen Gelder sind - wenn sie in Pfandbriefen angelegt sind - mehrfach gesichert. Neben der hypothekarischen Sicherheit gibt es ja auch noch die Landeshaftung. Die im Vergleich zu Privatbanken erhöhte Sicherheit durch eine Ausfallshaftung ist im EU-Recht nicht unumstritten, zumal dadurch der Wettbewerb unter den Banken verzerrt werden könnte, da sich die Bonität auf die Zinsenhöhe auswirkt.

Selbst wenn die EU die Landeshaftung für wettbewerbsverzerrend halten und abschaffen sollte, wäre das kein Grund, die Landes-Hypothekenbanken zu verkaufen oder aufzulösen. Da die über hundertjährige Geschichte der Landes-Hypothekenbanken gezeigt hat, daß schon allein die hypothekarische und letztlich konkursrechtliche Sicherheit de facto 100% beträgt, würde ein allfälliger Wegfall der Landeshaftung eigentlich nichts Wesentliches betreffend Sicherheit ändern.

Da die EU (wenn auch nicht euphorisch) das System der föderalen Struktur von Mitgliedsstaaten (insbesondere Deutschlands und Österreichs) anerkennt, steht einem Weiterbestehen von im Eigentum von Ländern stehenden Banken außer gewissen allenfalls zu beseitigenden Vorteilen europarechtlich nichts entgegen. Da es den Ländern in Österreich freisteht, privatwirtschaftlich tätig zu werden, wäre ein Fortbestehen zwar vielleicht modifiziert, im Grunde aber in gleicher Weise wie bisher europarechtlich völlig unbedenklich.

d. Zukunftsperspektiven

Wie bereits dargestellt, sind meines Erachtens in der Zukunft weder Größe noch Eigentümerstruktur von zentraler Bedeutung für die Weiterentwicklung der Landes-Hypothekenbanken. Viel bedeutender wird es sein, auf die Bedürfnisse des Anlegerpublikums zu achten.

Der Pfandbrief ist auch heute ein absolut attraktives Mittel zur Geldanlage für ein breites Bevölkerungssegment. Er wirft auch in Zeiten von Niedrigzinsen Realerträge ab und ist somit für Anleger, denen die Sicherheit wichtig ist, ein wertvolles Instrument. Gleiches gilt auch für den Kommunalbrief. Freilich wird der direkte Erwerb von Pfand- und Kommunalbriefen in Zukunft zugunsten der Investmentzertifikate, die Pfand- und Kommunalbriefe enthalten, zurückgehen. Auf Grund der jederzeitigen Rücknahme von Investmentzertifikaten wird dadurch die Attraktivität jedoch sogar noch weiter gesteigert.

Ob der 1979 durch die Gesetzgebung begünstigte Trend zur Universalbank mit allen Geschäftsfeldern in Zukunft verstärkt oder abgeschwächt werden wird, kann nicht eindeutig beantwortet werden. Durch eine gezielte Nutzung der neuen Medien könnte das Internet-Banking eine starke Stütze im Vertrieb werden, wenn die Transaktionskosten für den Konsumenten konkurrenzfähig sind. Höchstwahrscheinlich wird auch das Anlegerpublikum nicht bloß eine oder zwei, sondern durchaus mehrere Bankverbindungen präferieren, was Spezialbanken durchaus Marktanteilsgewinne verschaffen kann.

Bei erfolgreichen Wertpapierabsätzen dürfte es auch leicht möglich sein, neue Kundenschichten im Darlehensgeschäft anzusprechen. Dabei sollte sich ebenfalls die langjährige Erfahrung der Landes-Hypothekenbanken bezahlt machen.

Was die künftige Eigentümerstruktur anbelangt, wird sich wohl insofern nichts Grundlegendes ändern, als die Bundesländer ihren Mehrheitsanteil wohl behalten werden (wollen). Trotz Eigenständigkeit der einzelnen Institute wird es wohl schon auf Grund der Kleinheit Sinn machen, gewisse Tätigkeiten (Vertrieb, Werbung, EDV udgl.) gemeinsam auszuführen, um Kosten zu sparen.

Des weiteren eröffnet der Binnenmarkt der EU mit seiner neuen Einheitswährung neben gewissen Gefahren auch eine Fülle von Möglichkeiten. Während das Ausleihungsgeschäft mitunter wegen mangelnder Erfahrung in lokalen Märkten wenig ertragreich sein könnte, eröffnet der Binnenmarkt doch ganz neue Möglichkeiten der Kapitalakkumulation.

Fraglich ist, ob die zu erwartende Ostöffnung der EU für die Landes-Hypothekenbanken neue Betätigungsfelder bringen kann. Allzu große Euphorie erscheint nicht angebracht zu sein, da die Kapitalmärkte der Beitrittskandidaten noch sehr unterentwickelt sind und zudem das für den Pfandbriefverkauf unumgänglich notwendige Grundbuchswesen noch lange nicht den österreichischen Standard aufweisen wird. Die Landes-Hypothekenbanken werden in ihrem eigenen Interesse gut beraten sein, dem Ertragsdenken Vorrang gegenüber dem Gewinnen von Marktanteilen zu geben.

Die Landes-Hypothekenbanken haben aber auch in der schwierigen Zeit nach dem 2. Weltkrieg die damals noch sehr kapitalschwachen Österreicher an das (gegenüber dem Sparbuchsparen weit ertragreichere) Wertpapiersparen herangeführt. Gleiches könnte ihnen (bei aller gebotenen Vorsicht in neu entstehenden Märkten) wohl auch in den Reformländern gelingen.

Alles in allem besteht kein Anlaß zur Sorge, daß das bisherige System der Landes-Hypothekenbanken in nächster Zeit obsolet werden könnte.

Gerade die relative Kleinheit des Sektors könnte die nötigen Freiräume für eine auf Ertrag angelegte und nicht bloß auf Marktanteilsgewinne achtende Expansion schaffen. Die Produkte „Pfandbrief" und „Kommunalbrief" werden mit Sicherheit auch in absehbarer Zukunft konkurrenzfähig bleiben und so die Existenz der Landes-Hypothekenbanken absichern.

Literaturverzeichnis

Arnold Wolfgang, Die Novelle des deutschen Kreditwesengesetzes, in: Österreichisches Bankarchiv 1985, 87 ff

Baltzarek Franz, Die Geschichte der Wiener Börse, Wien 1973

Bank & Börse, Wien, diverse Ausgaben

Dannenbaum Fritz, Deutsche Hypothekenbanken, 1. Auflage, Berlin 1911

Festschrift „Ein Jahrhundert CA-BV", Wien 1957

Festschrift „25 Jahre Landeshypothekenanstalt für Niederösterreich 1922 - 1947", Wien 1947

Festschrift Hans Krasensky, herausgegeben von der Österreichischen Bankwissenschaftlichen Gesellschaft, Wien 1968

Festschrift Hans Krasensky, herausgegeben von Fuchs Konrad/Schreithauer Max, Wien 1983

Finanznachrichten, herausgegeben von Horst Knapp, diverse Ausgaben

Friedländer Martin, Kommentar zum Hypothekenbankgesetz, Berlin, Leipzig 1929

Geschäftsbericht der Landes-Hypothekenbank Steiermark 1998

Geschäftsbericht der Niederösterreichischen Landes-Hypothekenbank 1995

Geschäftsbericht der Salzburger Landes-Hypothekenbank 1998

Gierke Otto, Deutsches Privatrecht, II. Band, Leipzig 1905

Grabmayr Karl von, Schuldnot und Agrarreform, Meran 1894

Hofmeister Herbert in: Handwörterbuch zur deutschen Rechtsgeschichte, 25. Lieferung

Hübner Rudolf, Grundzüge des deutschen Privatrechts, 5. Auflage, Leipzig 1930

Internet, www.hypo-alpe-adria.com

Internet, www.hypotirol.at

Jahrbuch der Wiener Börse 1981, Wien 1982

Janauer Walter, Die österreichischen Landes-Hypothekenbanken, in: Das Kreditwesen in Österreich, Festschrift Hans Krasensky, Wien 1983

Kafka Eduard, Grundzüge einer in Österreich zu errichtenden Hypothekenbank, Wien 1850

Landesarchiv Niederösterreich, Ständische Bücher Nr. 284 und 296

Letschert Günther, Private Hypothekenbanken, in: Steffan, Handbuch des Real- und Kommunalkredits, 2. Auflage, Frankfurt am Main 1977

Lütge Friedrich, Bauernbefreiung in Preußen, in: Moderne Preußische Geschichte 1648 - 1947, Berlin, New York 1981
Marcks Erich, Das Königtum Friedrich des Großen, in: Moderne Preußische Geschichte 1648 - 1947, Berlin, New York 1981
Matis Herbert, Österreichs Wirtschaft 1848 - 1913, Berlin 1972
Müller Ralf, Recht und Rechtsverfolgung im Realkredit, in: Steffan, Handbuch des Real- und Kommunalkredits, 2. Auflage, Frankfurt am Main 1977
Moderne Preußische Geschichte 1648 - 1947, Berlin, New York 1981
Ogris Werner, Der mittelalterliche Leibrentenvertrag, Wien-München 1961
Ogris Werner, in: Handwörterbuch zur deutschen Rechtsgeschichte, II. Band
Otta Norbert, Die österreichischen Landes-Hypothekenanstalten, in: Das Kreditwesen in Österreich, Festschrift Hans Krasensky, Wien 1968
Österreichisches Bankarchiv, Zeitschrift für Bankrecht, Wien
Pavlicek Anton, Das Pfandbriefrecht, Wien 1895
Pernthaler Peter, Die föderalistische Bedeutung der Landes-Hypothekenbanken für die Länder, Wien 1988
Preßburger S., Österreichische Notenbank 1816 - 1966, Wien 1966
Rachel Hugo, Der Merkantilismus in Brandenburg-Preußen, in: Moderne Preußische Geschichte 1648 - 1947, Berlin, New York 1981
Schubäus Klaus, Das Hypothekenbankgeschäft in den Niederlanden und in der Bundesrepublik Deutschland, Berlin 1984
Schulte Fritz, Die Bodenkreditinstitute der Österreichisch-Ungarischen Monarchie 1841 - 1910, München und Leipzig 1912
Sedatis L., Pfandbrief, in: Handwörterbuch zur deutschen Rechtsgeschichte, III. Band
Statistisches Monatsheft der Österreichischen Nationalbank, diverse Ausgaben
Steffan Franz, Handbuch des Real- und Kommunalkredits, 2. Auflage, Frankfurt am Main 1977
Tätigkeitsbericht des Verbands der Österreichischen Landes-Hypothekenbanken, Wien, diverse Ausgaben
Tremer Gerhard, Öffentlich-rechtliche Bodenkreditinstitute, in: Steffan, Handbuch des Real- und Kommunalkredits, 2. Auflage, Frankfurt am Main 1977
Vranitzky Franz, Gedanken zu einer leistungsstarken Kreditwirtschaft, in: Österreichisches Bankarchiv 1985, 149 ff (Vortrag vom 7. Mai 1985)
Wesenberg Gerhard/Wesener Gunter, Neuere deutsche Privatrechtsgeschichte, 1976
Weyermann Moriz, Zur Geschichte des Immobiliarkreditwesens in Preußen mit besonderer Nutzanwendung auf die Theorie der Bodenverschuldung, Karlsruhe 1910
Wiener Zeitung vom 29. 4. 1992, 10

Quellenverzeichnis

Begründung zu dem Entwurfe eines Hypothekenbankgesetzes, Reichstagsdrucksachen, 10. Legislaturperiode, I. Session Nr. 106

Kommissionsbericht über den Entwurf eines Hypothekenbankgesetzes, Reichstagsdrucksachen, 10. Legislaturperiode, I. Session Nr. 320

Protokolle des Ministerrats 1873, Österreichisches Staatsarchiv

Reichstagsdrucksachen, 10. Legislaturperiode, I. Session

Salzburger Landesarchiv, Landtagsverhandlungen 1878

Ständische Bücher Nr. 284 und 296, Landesarchiv Niederösterreich

Stenographische Berichte des Reichstags, 10. Legislaturperiode

Stenographische Protokolle des Hauses der Abgeordneten, 8. Session

Stenographische Protokolle des Herrenhauses, VIII. Session

Stenographische Protokolle des Niederösterreichischen Landtags, diverse Legislaturperioden

Stenographische Protokolle des Tiroler Landtages, diverse Legislaturperioden

Stenographische Protokolle des Vorarlberger Landtages, diverse Legislaturperioden

Stenographischer Bericht des Wiener Landtages, 3. Wahlperiode

FORSCHUNGEN ZUR WIRTSCHAFTS-, FINANZ- UND SOZIALGESCHICHTE

Geschäftsführender Herausgeber:

Franz Baltzarek

Fachbereich Wirtschaftsgeschichte des Instituts für Wirtschaftswissenschaften der Universität Wien

Herausgebergremium:

Franz Baltzarek, Ronald E. Coons, David F. Good, Karl Hardach, Herbert Hofmeister †, William McCagg †, E. Streissler, Erwin Weissel

Band 1 Joachim Liese: Staatskredit und Defizitfinanzierung in der ersten konstitutionellen Periode der Habsburger Monarchie 1860-1867. 1993.

Band 2 Wolfgang Werner: Zur Vorgeschichte der österreichischen Raiffeisenbewegung. 1993.

Band 3 Max-Stephan Schulze: Engineering and Economic Growth. The Development of Austria-Hungary's Machine-Building Industry in the late Nineteenth Century. 1996.

Band 4 Johann Brazda / Robert Schediwy / Gerhard Rönnebeck (Hrsg.): Pioniergenossenschaften – am Beispiel der Konsumgenossenschaften in Großbritannien, Schweden und Japan. 1996.

Band 5 Wolfgang Zipser: Auf der Suche nach Stabilität. Das Zentralbankgeldangebot der österreichischen Nationalbank 1923 bis 1937. 1997.

Band 6 Sun-Jae Lee: Der Aufstieg der Industrie Koreas in der Weltwirtschaft. Die "Skalenerträge-Politik" und ihre Konsequenzen für den Handel mit der EG. 1998.

Band 7 Leopold-Michael Marzi: Das Recht der Pfandbriefe und Hypothekenbanken in Vergangenheit und Gegenwart. 2002.

Hanno Merkt

Beiträge zur Börsen- und Unternehmensgeschichte

Frankfurt/M., Berlin, Bern, Bruxelles, New York, Oxford, Wien, 2001. 382 S.
ISBN 3-631-37284-1 · br. € 50.10*

Börsengeschichte und Unternehmensgeschichte sind nicht allein Teilgebiete der allgemeinen Wirtschaftsgeschichte. Auch für die Rechtswissenschaft – und hier natürlich insbesondere für das Wirtschaftsrecht – sind sie von nicht zu unterschätzender Bedeutung, namentlich etwa im Rahmen der rechtspolitischen Diskussion um die Reform des Rechts oder für Fragen der Gesetzesauslegung. Die hier versammelten, mehrheitlich bereits in juristischen Fachpublikationen veröffentlichten Beiträge stammen aus der Feder eines Juristen und sollen auf diesem Wege einer breiteren, auch wirtschaftshistorisch interessierten Leserschaft zugänglich gemacht werden. Die Beiträge spiegeln das Verständnis eines Juristen für die historischen Entwicklungen und Zusammenhänge in den behandelten Bereichen wider. Dabei sind Darstellung und Akzentsetzung von dem Bestreben geleitet, die Entstehung des heutigen Rechts und der heutigen Institutionen für ein Publikum ohne vertiefte Kenntnis der Wirtschaftsgeschichte zu erklären und nachvollziehbar zu machen.

Aus dem Inhalt: Die Geschichte der Unternehmenspublizität in Deutschland, Europa und den USA · Die Geschichte des deutschen Börsenrechts von den Anfängen bis zum zweiten Finanzmarktförderungsgesetz von 1994 · Die Geschichte des US-amerikanischen Gesellschaftsrechts · Die Geschichte der Namensaktie

FSC
www.fsc.org
MIX
Papier | Fördert
gute Waldnutzung
FSC® C083411

Kolibri 360 GmbH
Ferdinand-Jühlke-Straße 7
99095 Erfurt, Deutschland
produktsicherheit@kolibri360.de

Druck:
CPI Druckdienstleistungen GmbH
im Auftrag der
Kolibri 360 GmbH
Ferdinand-Jühlke-Str. 7
99095 Erfurt